国家と社会の基本法

the fundamental law of the state and society in Japan

〔第5版〕

上野幸彦・古屋　等〔著〕

成文堂

第５版はしがき

初版以来、版を重ねながら、15 年を迎えた。類書も多い中で、本書を手に取って読んでくださった皆さんには、あらためて感謝の気持ちをお伝えしておきたい。

近年、情報技術の高度化や AI 技術の進化等にともなって、社会状況の変化は著しい。これにともなって、グローバルに、また各分野においてあらたな社会的な課題も次々に生じている。こうした状況を背景に、社会的な問題を解決するために法的な対応や取り組みも積極的に推進されている。とりわけ、近年においては、重要な法律の改正も頻繁に行われるようになった。また、司法の場面でも、新しい問題に対する判断を求められ、注目すべき裁判例も多々見られるのである。このような状況により、本書も逐次の情報更新の必要性を迫られているところ、今回、改版の機会に恵まれ、必ずしも十分とはいえないが、一定の対応を図ることができた。筆者としての務めを多少なりとも果たすことができたと感じているものの、これが一瞬のことであり、すぐに色褪せた内容になるのではないかという不安も抱いている。もっとも、現象のうえでのさまざまな変化の背後に、法というものの固有の考え方や一定の普遍性をもった法的価値のようなものを理解することも大切である。変化する情報に関心を寄せることも必要であるが、それと同時に法について少しだけ深く考えてみることも忘れてはならないだろう。この点も意識して、本書を読んでいただけると幸いである。

第５版についても、成文堂・刑事法ジャーナル編集長の田中伸治氏が編集の作業を丹念に行ってくださったお陰で、ここに無事に刊行することができた。そのご尽力に心から御礼を申し上げる。

2023 年 9 月

上野幸彦・古屋　等

初版はしがき

本書は、日本の国家と社会にかかわるもっとも基本的な法領域について、基礎的な説明を行うものである。そこには、各人の人生とその生活空間に接して広がる法の世界が記述されている。社会の一人ひとりが共通に関わる基本的な法の内容が示される。日常の生を営む人間にとって、重要で基本的な事項に関するという意味で、「基本法」と銘打たれている。一般の人びとの人生と生活にかかわる事項について、極めて部分的ではあるが、しかしもっとも基幹的な法領域が取り上げられている。法に少しでも関心を寄せる人びとにとって、日常的で身近な問題として理解することができるように配慮された、法の入門ガイドとしての役割を担う。

「法」は、ドイツ語では、Recht という。この語は、同時に「権利」という意味をもっている。法は、人（法主体）と人との間に作用する。法の世界では、この相互関係を基本的に「権利」と――これを実現するための――「義務」の関係に置き換えて把握される。Recht は正義をも意味し（英語の right も、「権利」を意味すると同時に、「正しさ」「善」を表している。）、正しい事であるならば、そう在るべきである。そして関係者に義務づけを行って在るべき状態の実現を図ろうとするのである。人びとの相互関係を、権利と義務の関係に分析し、公権力を介在させて、公正の実現を目指す、これが法の構想であるといってもよい。

本書は、法の世界に初めて足を踏み入れる人びとを念頭に置いて書かれている。したがって、何よりも分かり易い説明を心掛けた。これに加えて、とくに次の2点を特徴として挙げておきたい。一つは、人権に関して、重要な最高裁判所の判例情報を数多く紹介していることである。読者は、人びとが実際に人権上の問題として提起した事案を知り、これに対する司法判断に触れることで、憲法に規定された人権条項の社会生活上の具体的な現実の姿を理解することができるだろう。そして、主権者の一人として、国民が憲法の人権条項に託した規範的要請とこの現実の姿との相似性について考える手がかりとなる。二つには、夜警国家から社会福祉国家への変貌にともなって、行政の活動がわれわれの身近な生活領域に広範にかかわっている現状を踏まえ、類書には見られない程行政法に関する説明を盛り込んだ点である。

執筆者両名は、大学で「法学」の講義を担当している。講義の内容に共通な部分も多く、かつて大塚桂編『法の架橋』（成文堂刊）の執筆者としてともに名を連ねた。本書は、基本的な法内容の知識情報を中心としており、大学における「法学」の講義で、憲法および社会生活の基本的な法律を学習する場合のテキストとして適したものとなっている。本書を手にした人びとにとって、日本の法の主要な幹線を概観し、見通すのに少しでも役に立つマップとなれば、執筆者としてこの上ない報いに与ることになろう。そして、多くの人びとが、――随時更新を必要とする――共通のマップを導きとして、他の存在との関係を形成しようと努めるのであれば、あらゆる人に開かれたより公正な社会を切り拓くことができる。

法学学習のビギナーを対象としているとはいえ、法学諸領域の専門性に通じる内容を備えている。したがって、本書の叙述は、その多くを碩学の著書に頼っている。もし、読者が少しでも法「学」への興味を喚起されたとすれば、それはもっぱら碩学諸賢の功績による。また、とくに実直に忍耐強く講義に耳を傾けてくれた学生諸君からは、度々質問を受ける機会に恵まれた。こうした質問は、教師を大いに学ばせるものである。分かり易いという印象を覚えた読者がいるとすれば、それは熱心に質問を寄せた学生諸君のお陰である。そして、今般、成文堂の格別のご好意により、上梓することが叶った。編集については、挙げて同社の相馬隆夫氏の手を煩わせた。

このように、多くの方々に支えられながら、実を結ぶことができた。ここに記して心からの感謝を申し上げておきたい。この小さな実が、豊かな養分を蓄え、些かでも読者に裨益するところがあれば、執筆者として何よりの喜びである。

2008 年 3 月

上野幸彦・古屋　等

補訂版はしがき

本書発刊後１年余りが経ったが、多くの読者に恵まれ、今回の補訂版刊行となったことに心から感謝の気持ちを申し上げたい。

今日の社会状況の変貌は加速の度を増し、法の姿、形にも影響を与えている。この１年の間にも、最高裁判所が、国籍法に関連して違憲判決を下し、同法が国会で改正されるなど、看過し難い重要な動きが見られた。そして、折りしも、本年５月には一般国民が裁判官とともに刑事裁判に参加する制度がスタートする。そこで、必要最小限ではあるが、新たな状況に対応するために補訂を施すこととした。

本書を介して、読者は法との対話を始める。法学に携わり、法について研究してきた者として、わたくしどもが法に覚える魅力の一端でも、読者と共有できれば幸いである。

2009年５月

上野幸彦・古屋　等

第２版はしがき

2011 年は、歴史的な震災の年であった。未曽有の大地震とそれによる巨大津波が東日本の沿岸部を襲い、壊滅的な被害と２万人にも達するような死者と行方不明者をもたらした。犠牲となられた方々のご冥福を謹んでお祈りするばかりである。さらに、これに起因して原子力発電所がコントロール不能の状態に陥り、かつて経験したことのない最大規模の放射能による汚染に曝されている。被災者ならびに原発事故によって避難を余儀なくされた皆様には、心からお見舞いを申し上げなければならない。

しかし、大勢の人々が苛酷で困難な状況を強いられながらも、暴動一つ起こらず、物品価格の過剰な上昇も見られなかった。これには、海外からも賛美の声が届いた。人々の生活はさまざまに破壊されてしまったが、その状況の中でも、分別を失わない人々のお蔭で秩序は維持されたといっても良いかもしれない。秩序の破壊は赤裸々な力の行使を招く危険を高め、ひとりひとりの自由と安全を奪いかねない。また、悲しみと苦難を共有する被災者が互いに助け合い、協力する姿に、これまでにない支援の輪も広がった。日本は、このような善良な人々が大多数を占め、これを普通とする共通感覚を共にする人々によって構成される国家・社会であることをあらためて証明したのではないだろうか。

公正という理念を目指しつつ、各人の自律性を尊重しながら相互の秩序化を図る今日の法の構想は、一定の公共道徳性さえ無く、また他者への配慮にもまったく欠けている人間によっては到底実現し得ない。日本人の意識は、すぐれて法と親和的であり、これからも法と社会をなお一層発展させることができるだろう。

これまで編集の一切を引き受け、本書の発刊を支えてくださった成文堂の相馬隆夫氏が昨年退職された。版を重ねることができたのも、同氏の賜物であり、心から御礼を申し上げたい。今次の第２版については、同社の取締役土子三男氏のご尽力を得て、無事刊行の運びとなった。末筆ながら、ここに記して、感謝の気持ちを表する次第である。

東日本大震災から１年を迎えて

上野幸彦・古屋　等

第３版はしがき

本書が刊行されて７年を迎えた。本書が出会う機会に恵まれた多くの方々に、心から感謝の気持ちを伝えたい。来年は、日本国憲法が誕生して、70年である。この憲法も、世代を重ねて大勢の人々に支えられてきたのであろう。しかも、約70年前の姿のまま、今日も妥当しているのである。短期間に改訂を重ねてきた筆者にとっては驚くべき事実であるけれども、この憲法が現在においても妥当し得る普遍的価値に根差した国家の基本法であることを示しているのではないか。そしてまた、そうした憲法を、戦後日本国民が大切にしてきた事実を物語る年月であったといえるかもしれない。改正に向けた歩みが加速しているが、世代を超えて受け継いでいくべき価値を見失うことなく、将来を見据えた真摯な国民的議論を重ね、その結実として改正が実現されることを期待している。

さて、本書は、未だ試行錯誤のただ中にある。重要な判例の変更等もあり、この度版を改めることにし、さらに、憲法や社会上重要と思われる法律の説明にとどまらず、それらに通底する法について考察する部分をやや充実させることとした。このため、旧版とは多少異なる構成になっている。

このように編成に変更を生じたので、編集作業の手間も大きくなったのであるが、成文堂・刑事法ジャーナル編集長の田中伸治氏が引き受けて下さった。そればかりか、事項および判例の索引まで作成して下さったのである。読者と本書のために払われた多大なるご労力に、心から感謝を申し上げなければならない。

2015年３月

上野幸彦・古屋　等

第４版はしがき

本書が上梓されて、ちょうど10年の節目を迎えた。まず、本書を支えて下さった大勢の読者の方々に、心から感謝を申し上げたい。もし、読者が法の世界に少しでも興味を覚え、身近に感じて頂けたとすれば、本書の目的の大半は達せられたことになる。法に関する研究・教育に従事してきた者にとって、法は、まさに人生の糧であると同時に、大切にし、またそう思ってきた存在でもある。筆者が法に寄せている思いの一端を、読者と分かち合えたのであれば、これに優る喜びはない。

かねてより、改版の機会に抜本的に手を入れる必要を感じながら、これを果たさないままでいる。今回も、法律の改正や判例の動向にともなう、必要に迫られた当面の修正にとどまらざるを得ず、心苦しい限りである。それでも、できる限り、最新の情報にもとづいた内容としており、少なくとも、今回の改訂により、本書の劣化を食い止めることはできたのではないかと思っている。

改版に当たって、成文堂・刑事法ジャーナル編集長の田中伸治氏に編集の一切を引き受けて頂いた。加えて、内容についても有益な助言を頂戴した。本書が、見やすく、読みやすいのは、もっぱら田中氏のご尽力による。ここに記して、心より感謝の気持ちを表させて頂きたい。

2018年3月

上野幸彦・古屋　等

目　　次

I

国家の基本法

A　序　　説

第1章　総　　説

1　国家の成立要素

国家の形態は、時代により、地域により、一様ではないが、概括的に表現すれば、一定の地域を基盤にしつつ、統一的な権力によって、その人びとを支配する団体であるということができる。これによれば、国家が成立する要素は、①地域、すなわち領土、②人、すなわち国民、および③支配権、すなわち統治権（主権）に求められる（国家3要素説）。

[i]　領　土　「領土」は、領陸、領海およびこれらの上空域である領空から成る。領海の範囲については、国連海洋法条約で、基線から12海里を超えない範囲と定められており〔同条約3条〕、日本は12海里を領海として設定している〔領海法1条〕。

＊「海里」（sea mile ; nautical mile）は、海面上の距離などを示す単位で、赤道上の緯度1分（60分の1度）を基準に、1海里1852メートルと定義されている。

[ii]　国　民　国家の所属員が「国民」である。この身分、すなわち国籍の得喪は、各国家の定めるところによる。日本は、国民の要件について、「国籍法」で定めている。

国籍法は、日本国籍取得の原因として、出生（血統主義による）〔国籍法2条〕、準正〔同3条〕および意思による場合（帰化）〔同4条以下〕を定めている。

[iii]　統治権　国家の支配権の総体を、「統治権」という。国権とか主権と呼ばれることもある。国家が統治を行ううえで欠くことのできないもっと

も基本的な内容として、〔a〕領土内において人・物を支配する権利（領土高権)、〔b〕国家の所属員を支配する権利（対人高権)、〔c〕国家の組織・権限を自ら定めることができる権利（自主組織権・権限高権）が挙げられる。

2　国家の基本法

上述した国家の成立要素である統治権を、根本的に規律している法が、「憲法」(constitution）である。したがって、憲法は、国家ないし国家統治の基本法である。

(1)　憲法の意義

憲法とは、形式的意味においては、「憲法」という名称をもつ法典（憲法典）を指す。実質的意味を考察すれば、国家の本質的要素である統治権について、根本的に定めた法を憲法と呼ぶことができる（固有の意味の憲法)。しかし、統治の構造は、近代を境に抜本的な変革を遂げた。すなわち、近代以前においては、権力保持者と法が一体化しており、法はこの権力支配の手段という機能を果たすに止まっていたが、支配の客体でしかなかった人びとが自由と平等を求めて市民革命を成就し、これを契機として、統治される人びとが自ら統治権の主体となったのである（治者と被治者の同一性)。そこで、各個人の自由、人権を守るために、憲法によって、国家の統治権力をコントロールするという**近代立憲主義**（constitutionalism）の思想が生まれ、これにもとづいて近代憲法が制定された（B 第 1 章 1 (2) 参照)。このように国家統治の基本法が国家権力の規制という機能を担うに至った点で、近代憲法には歴史的に格別な意味が認められる。

(2)　分　　類

憲法は、いくつかの基準によって分類される。

[i]　存在形式を基準とする分類

一般に、一定の手続を経て制定され、成文の形式で存在する憲法を、**成文憲法**という。これに対して、成文の形式を備えていない憲法を、**不文憲法**という。今日、大多数の国は、成文の憲法典を制定しているが、たとえば、イギリスは、成文の憲法典をもっていない。

[ii]　制定主体を基準とする分類

君主が制定した憲法を、**欽定憲法**という。戦前、日本で効力をもっていた『大日本帝国憲法』は、天皇が制定したもので、この例である。他方、国民が制定した憲法を、**民定憲法**という。現行日本国憲法は、これである。また、歴史的に君主と議会（ないし国民の代表者）が話し合いにより合意して制定された憲法を、**協約憲法**という。

[iii]　改正手続を基準とする分類

通常の法律改廃手続と同一の要件で、憲法改正が可能であるものを、**軟性憲法**といい、通常の法律改正よりも要件が厳重に定められているものを、**硬性憲法**という。民定憲法の場合、硬性であることが通例であり、日本国憲法も、硬性となっている〔憲法 96 条〕(詳細は、C 第 6 章参照)。

(3)　憲法の性格

国家統治に関する法規範は数多いが、憲法は、これらの法規範そのものの定立について（組織、権限、手続など）定めた根本法である。したがって、憲法は、国家法の体系上、最終的な**授権規範**としての地位を占める。そして近代憲法は、個人の自由を保障するために国家権力を厳格にコントロールすることを内容としており、授権は制限的に行われるので、**制限規範**として機能する。この意味で、近代憲法は、「自由の基礎法」とも呼ばれる（芦部 10 頁)。また、憲法は、主権者が定めた国家の根本法として、国家法の中で最も強い形式的効力を認められる。日本国憲法も、憲法が「国の最高法規」であると宣言し、これに反する法令等の効力を否認している〔憲法 98 条〕。憲法は、国家の法規範の正当性、妥当性、有効性の最終的な根拠を提供する法規範である。

第2章　日本の基本法

1　大日本帝国憲法

(1)　制定経緯

日本において近代国家体制を整備するため、初めて制定された近代的な基本法が、『大日本帝国憲法』である。欧米列強との不平等条約の早期是正を図るべく、明治新政府は、富国強兵を目標に強力な国家建設を目指す観点から、伊藤博文を中心に、当時皇帝を中心とする中央集権的な国家体制を目指していたドイツ型の立憲君主制を範として草案を起草し、完成後、近代日本初の憲法典として、1889年に天皇により制定公布され、翌年から施行された。

(2)　特　徴

「国家統治ノ大権ハ朕カ之ヲ祖宗ニ承ケテ之ヲ子孫ニ伝フル所」（上諭）とあるように、天皇による統治支配の正統性の根拠が神意に求められ、第1条で「大日本帝国ハ万世一系ノ天皇之ヲ統治ス」と宣言された。そして、天皇について「神聖ニシテ侵スヘカラス」〔大日本帝国憲法3条〕とされ、国の元首であり統治権の総覧者として位置づけられた〔同4条〕。立法、行政、司法の統治機構が定められていたが、天皇に仕える賛助、補助機関に過ぎなかった。

表現の自由など各種の自由権を保障する規定も設けられたが、「法律の範囲内」でというように、**法律の留保**をともなった条件付きの人権保障に止まっていた。このため、人権を法律によって制限することが可能であり、実際に治安警察法や治安維持法などの治安諸立法にもとづいて、自由・人権の弾圧が行われたのである。

このように明治憲法は、日本初の近代的憲法典であったものの、極めて神権主義的な性格を帯びた立憲君主制をその内容とし、かつ人権保障も限定的であって、本来の立憲主義とは程遠い内容のものだった（芦部18—20頁）。

2　日本国憲法の成立

(1)　制定経緯

1945年8月14日のポツダム宣言の受諾によって、第2次世界大戦が終結し、日本はＧＨＱの占領統治の下に、大日本帝国憲法が定める改正手続にしたがって、1946年11月3日新憲法が制定公布され、半年間の周知期間を経て、翌年5月3日から施行された。

(2)　特　　色

日本国憲法は、体裁上旧憲法の改正手続に則って制定されてはいるけれども、その内容は主権者の変更をともなう革命的なものであって、旧憲法との実体的な連続性は認められない。日本国憲法は、まず**国民主権**を宣言し〔憲法前文1段〕、旧憲法上の主権者であった天皇について、日本国及び日本国民統合の象徴と位置づけ〔同1条〕、国政に関する権能を一切否認し〔同4条〕、もっぱら内閣の助言と承認にもとづく形式的な国事行為のみを行う〔同7条〕存在と規定した（象徴天皇制）。そのうえで、近代的な権力分立システムが採用され、権力の濫用を防止する目的で、立法、行政、司法の各機関相互に、「抑制と均衡」を図る権能が与えられた。人権保障とあわせて、ここに、日本において真の立憲主義が確立されたといえよう。

現行憲法は、**人権**を最大限に尊重する観点から、その制限は基本的に他の人権との調整を図る必要にもとづく限界、すなわち「公共の福祉」〔同13条参照〕に限って許容する。また、20世紀型の現代憲法として、保障される人権の内容についても、自由権に止まらず、社会権にまで拡大された〔同25条〜28条〕。

さらに、歴史上未曽有の犠牲と惨劇をもたらした大戦を反省し、徹底した**平和主義**と国際協調の精神にもとづいて〔同前文2段〕、戦争の放棄と戦力の不保持が定められたこと〔同9条〕が、特筆に価する。

3　日本国憲法の基本原理

(1)　前文と基本原理

憲法典には、各本条に先立って、憲法制定の経緯や理念、目的などを記した部分が置かれるのを通例とする。これを「前文」といい、日本国憲法にも置かれている。この前文において、日本国憲法の基本原理があまねく示されている。まず、「日本国民は、……ここに主権が国民に存することを宣言し、この憲法を確定する。」と述べ、**国民主権**に立脚していることを明言する。また、「自由のもたらす恵沢を確保すること」および「政府の行為によつて再び戦争の惨禍が起ることのないやうにすること」が、憲法の目的であると述べ、**人権の尊重**と**平和主義**を理念とする旨を定めている。

(2) 国民主権

[i] 「主権」の概念

主権（sovereignty）の概念は、歴史的に近代国家生成の過程で形成された。フランス絶対主義時代に、ボーダン（仏の経済学者・法学者。主著は『国家論』）によって、王権が、国内において諸侯よりも上位にあり、対外的には教皇の権威や神聖ローマ皇帝の権力から独立していることを示すため、絶対的恒久的な最高権力として主権概念が構成され、その唯一不可分性、不可譲性が主張された。

絶対主義時代にあっては、「朕は国家なり」という言葉に示されるように、君主イコール国家だったが、市民革命によって、王権が打倒されると、国家主権の担い手は誰かという問題を生じた。ここに、君主主権に対抗して、国民主権論や人民主権論が主張され、主権が国家の最高決定権の意味で使われるようになったのである。

「主権」という概念は、以上のような歴史的な変遷とその影響を受け、多義的である。やや整理すれば、〔a〕属性としての**最高独立性**、〔b〕国家の**最高決定権**の所在、さらに〔c〕**統治権**という意味に分けられる。

[ii] 国民主権

ここにいう「主権」とは、上記〔b〕の意味で、国家の最高決定権ないし権力が国民にあることを意味する。これと対立するのが君主主権である。憲法は国家統治の根本を規律する国家の基本法であるから、国民主権は、憲法を制定する権力ないし権威の保持者が国民であることを帰結する。

国民主権原理には、異なる二つの性格が認められる。一つは、国家権力の正当性の根拠（源泉）としての側面であり（正当性の契機）、二つには、国民自らが国政に参加し権力を行使するという側面である（権力的契機）。国民の意味内容も、前者の側面における「国民」とは抽象的な意味での「全国民」に求められるが、後者の側面では、国家機関として具体的に権力を行使する「有権者団」を意味することになる。

[iii]　国民主権と民主制

国民主権原理は、民主主義的な政治制度を要求する。日本国憲法は、代表（間接）民主制（議会制民主主義）を基本としつつ、最高裁判所裁判官に対する国民審査〔憲法 79 条 2 項〕、憲法改正における国民投票〔同 96 条 2 項〕に、直接民主主義の要素を採用している。

(3)　平和主義

[i]　平和主義の精神

第 2 次世界大戦は、戦勝国であると戦敗国であるとを問わず、また軍人と一般市民の別なく、人類史上未曽有の犠牲を強いた。日本も、アジア太平洋地域に対する軍事的な侵略活動によって多大の犠牲をもたらすとともに、米軍による史上初の原爆投下により、一瞬にして数万から十数万の生命が奪われ、さらに今日にも及ぶ深刻な放射能による被害を蒙った。この戦争に対する深い反省にもとづいて、日本国憲法は、「政府の行為によつて再び戦争の惨禍が起ることにないやうにすること」を制定目的の一つに掲げ〔同前文 1 段〕、「日本国民は、恒久の平和を念願し、……平和を愛する諸国民の公正と信義に信頼して、われらの安全と生存を保持しようと決意した。」と宣言する〔同前文 2 段〕。

[ii]　憲法第 9 条

前文における平和主義の精神を具体化する規定が、憲法第 9 条である。第 1 項で**戦争の放棄**を定め、第 2 項で**戦力の不保持**および**国の交戦権の否認**が規定されている。

侵略戦争を放棄する動きは、既に 1791 年のフランス憲法に見られ、さらに第 1 次世界大戦後は、国際法上も一般に違法視されるに至り、1928 年には「戦争放棄に関する条約」が成立した。日本国憲法の戦争放棄条項も、こうした国際的に確立したルールに沿ったものである。だが、これに止まらず、戦争遂行の手段である戦力そのものの放棄が規定された点で、日本国憲法は、世界的に見てもすぐれて特徴的な、徹底した平和主義を採用したものとなっている。

[iii]　憲法第9条と自衛隊

もっとも朝鮮戦争を契機として、日本を取り巻く世界情勢が再び緊張に転じるのにともない、警察予備隊、保安隊そして自衛隊へと再軍備が進められた。このような現実が憲法第9条との乖離を生じ、その合憲性について激しく議論されている。

政府の公定解釈によると、国家である限り固有に自衛権は認められ、この自衛権にもとづいて、自衛のための必要最小限度の実力を保持することは、憲法が禁止する戦力には該当せず、自衛隊の組織はこの範囲内のものである。つまり、憲法によっても否定されていないと考えられる国家固有の自衛権にもとづいて、必要最小限の自衛力の保持は禁止されないと解することにより、自衛隊の合憲化が図られたのである。

しかし、自衛隊を巡っては違憲論も根強く、司法の場でも争われた。国家の自衛権の存在については、最高裁判所も、第9条によって否定されていないと明言したものの（判例 **1**）、自衛隊の合憲性については、憲法判断を行っていない。高裁のレベルで、いわゆる**統治行為論**（高度に政治的な国家の行為については、司法審査が及ばないとする考え）によって、憲法判断を回避した例が注目される（判例 **2**。なお、C第4章7(3)参照）。国家そのものの存立に関わる安全保障の問題について、司法機関が軽々に判断すべきでなく、むしろ究極的には国民自身の判断に委ねられるべきであるとする考慮にもとづいて、自衛隊の合憲性について、裁判所は憲法判断に慎重な姿勢をとっているものと考えられる（C第4章6(2)〔iii〕参照）。

判　例 1　**砂川事件**

1957年、国は米軍立川飛行場を拡張するため、収容対象地域であった東京都砂川町で測量を開始した際、これに抗議する集団の一部が飛行場敷地内に立ち入り、(旧) 日米安保条約第3条に基く行政協定に伴う刑事特別法違反で起訴された事件。

第1審（東京地裁昭和34年3月30日判決刑集13巻13号3305頁〔いわゆる伊達判決〕）は、駐留米軍は、憲法が禁じる戦力に該当し違憲であるとした上、前記刑事特別法は軽犯罪法よりも重い刑罰を定めており、憲法第31条に違反し無効であるとして、被告人に無罪を言い渡した。

検察官は、最高裁に飛躍上告し、最高裁は原判決を破棄し、差し戻した（大法廷昭和34年12月16日判決刑集13巻13号3225頁)。

最高裁は、第9条が主権国として持つ固有の自衛権を否定するものではないことを明言する。そして、「戦力の不保持を規定したのは、わが国がいわゆる戦力を保持し、自らその主体となってこれに指揮権、管理権を行使することにより、……一項において永久に放棄することを定めたいわゆる侵略戦争を引き起こ」さないためであり、「二項がいわゆる自衛のための戦力の保持をも禁じたものであるか否かは別として、同条項がその保持を禁止した戦力とは、わが国がその主体となってこれに指揮権、管理権を行使し得る戦力をい(い) ……外国の軍隊は、たとえそれがわが国に駐留するとしても、ここにいう戦力には該当しない」と解した。

また、安全保障条約については、「わが国の存立の基礎に極めて重大な関係をもつ高度の政治性を有するものというべきであって、……一見極めて明白に違憲無効であると認められない限りは、裁判所の司法審査権の範囲外」であり、本件条約につき違憲無効であることが一見極めて明白であるとは到底認められない、と説いた。

判例2　長沼事件

防衛庁が、北海道長沼町の山林にミサイル基地建設を計画し、そのため農林大臣が保安林の指定を解除する処分を行ったことに対して、地元住民が、自衛隊は違憲であるなどとして、解除処分の取消を求めて提起された裁判。

第1審（札幌地裁昭和48年9月7日判決民集36巻9号1791頁）は、自衛隊が憲法第9条によって禁じられている「戦力」に該当するとして、違憲であると判示した。

これに対し、控訴審（札幌高裁昭和51年8月5日判決民集36巻9号1890頁、行集27巻8号1175頁）は、国の存立維持に直接影響を生じる国家行為については高度の政治判断を要し、統治行為として終局的には主権者である国民自身の政治的批判に委ねられるべきであり、一見極めて明白に違憲・違法と認められるものでない限り、司法審査の対象ではないとの見地から、自衛隊の存在等は統治行為に関する判断であり、裁判所が判断すべき事項ではないと判示し、いわゆる統治行為論によって、憲法判断を回避した。

なお、本件は上告されたものの、最高裁は、訴えの利益についてのみ検討を行い、自衛隊の合憲性については触れないまま、原告の請求を退けた（昭和 **57** 年 **9** 月 **9** 日判決民集 **36** 巻 **9** 号 **1679** 頁）。

[iv]　集団的自衛権

国連憲章第 51 条では、武力攻撃が発生した場合に、「安全保障理事会が国際の平和及び安全の維持に必要な措置をとるまでの間、個別的又は集団的自衛の固有の権利を害するものではない」と定められており、国家固有の自衛権として集団的自衛権が認められている。他方で、政府は、従来、日本国憲法第 9 条によっても否定されない国家固有の自衛権とは、個別的自衛権を意味すると解し、集団的自衛権の行使は、憲法上許されないとする立場を採ってきた。しかし、安倍内閣は、2014 年 7 月 1 日の閣議決定で、この政府解釈を変更し、部分的に集団的自衛権の行使も容認されるとする解釈を採用するに至っている。その背景として、今日における日本の安全保障環境の変化が挙げられている。こうした変化に対応し、国家の存立と国民の生命を守り安全を確保するうえで、同盟国との連携強化や国際的な集団的安全保障措置への積極的な寄与の重要性を考慮し、憲法解釈の変更に踏み切ったものである。これにもとづいて、2015 年、平和安全法制整備法（関連法の改正立法）および国際平和支援法（新規立法）が制定され、日本の平和安全法制の整備が図られた。

＊平和安全法制整備法は、自衛隊法、国際平和協力法、重要影響事態安全確保法（旧周辺事態安全確保法）、船舶検査活動法、事態対処法、米軍等行動関連措置法、特定公共施設利用法、海上輸送規制法、捕虜取扱い法、国家安全保障会議設置法の一部を改正する法律である。国際平和支援法は、国際社会の平和及び安全の確保のために共同して対処する諸外国軍隊に対する支援活動の実施について定めている。

[v]　平和的生存権

憲法前文第2段は、「われらは、全世界の国民が、ひとしく恐怖と欠乏から免れ、平和のうちに生存する権利を有することを確認する。」と宣言する。

人びとが、家族とともに生活を営む日常の暮らし、この当たり前の日常は、平和という条件を前提に成立している。殺戮と破壊が繰り返される状況の下で、およそ人びとが幸福を追い求め、その生を自律的に歩むことなど、不可能である。したがって、平和は、すべての各人が自律的な人生を営むために不可欠な基底的条件といえよう。人間らしく自由に生きる権利は、平和が確保されてはじめて実現され得ると考えるならば、平和もまた人間にとって必須固有の権利と認められなければならない。憲法も、この意味で、「全世界の国民」が享有すべきものとして、平和的生存権を認めたと解される。

もっとも、その性質や内容については、必ずしも明らかではない。個人がこの権利を侵害されたとして直ちに裁判所に救済を求めることが可能な程度に、明確で具体的な内容をもった法的権利とまでは言い難い。判例も、平和的生存権の多様性・抽象性などから、一般に裁判規範性を認めていない（たとえば、百里基地事件控訴審判決：東京高裁昭和56年7月7日判決民集43巻6号590頁、判時1004号3頁）。

しかし、国家が、国民の平和的生存権を一般的・抽象的に保護する義務を負い、対外的には——全世界の国民の平和的生存権に資するため——日本国として、憲法第9条において戦争および戦力の放棄を定めたと解することも可能である。この限りでは、国家活動の規範となり得るのであって、平和的生存権の裁判規範性も皆無とはいえないから、法的権利と認めることに支障はない（辻村90-91頁参照）。

(4)　基本原理間の相互関係

後に詳述する人権尊重主義、国民主権そして平和主義という日本国憲法が採用する三つの基本原理は、相互に密接な関連性が認められる。歴史的に、自由・人権の保障は、国民主権によって実現されたのであり、他方国民主権・民主主義は、各人の自由と平等を前提として初めて成立するものである。このように自由と民主は、不可分の関係にあり、相互に結合しながら発展を遂げてきた。また、自由の実現にとって平和が不可欠である一方、民主主義、自由を欠いた平和は、暴力と恐怖が支配する秩序でしかない。したがって、民主、自由としっかりと結び合った平和にこそ、価値がある（世界人権宣言の前文は、冒頭で「人類社会のすべての構成員の固有の尊厳と平等で譲ることのできない権利とを承認することは、世界における自由、正義及び平和の基礎である」と宣言する。）。このように、三つの基本原理は、不可分に結合し、相互に依存・補完し合って、**個人の尊厳**という最も基本的な価値を支えているのである（芦部 36 - 37 頁）。

【参考文献】

芦部信喜（高橋和之補訂）『憲法　第 7 版』（岩波書店・2019 年）
佐藤幸治『日本国憲法論　第 2 版』（成文堂・2020 年）
浦部法穂『憲法学教室　第 3 版』（日本評論社・2016 年）
渋谷秀樹『憲法　第 3 版』（有斐閣・2017 年）
辻村みよ子『憲法　第 5 版』（日本評論社・2016 年）
松井茂記『日本国憲法　第 4 版』（有斐閣・2022 年）

B　人　　権

第1章　総　　説

1　歴史と展開

(1)　啓蒙思想

十字軍の遠征によって、ヨーロッパ社会には、アラビア世界を通じて、あらためてギリシャ、ローマの古典時代の文化がもたらされた。これに触発されて、ルネサンスが興り、個の自覚が生じると、やがて中世の精神世界を支配してきたローマカトリックに対する批判も強まり、宗教改革へと連なっていった。ここに至り、それまでの神や神学にもとづいた学問に代わって、より合理性を追究する理論の探求が行われるようになった。いわゆる啓蒙思想の登場である。

啓蒙思想家達は、個人を出発点に、国家や権力の問題を考察した。**ホッブズ**〔英〕は、『リヴァイアサン』を著し、人びとは、自然状態にあっては「万人の万人に対する闘争」に陥ってしまうので、これを回避するために、各人相互間の社会契約によって国家が樹立されたと説いた。自然状態の想定こそ、ホッブズとは異なるものの、**ロック**〔英〕もまた、『統治二論』の中で、王権神授説を批判しつつ、各人の自然権（その内容としてプロパティ、すなわち生命、自由、財産の所有が認められる。）を守るために、社会契約によって国家に自然的権力を信託したものであると説き、さらに個人の抵抗権も容認した。

『社会契約論』を著した**ルソー**〔仏〕も、社会契約によって結ばれた共同体において、人間の共通の意思である「一般意思」（主権者の意思）の具体的な表現が法であり、自らが制定した法への服従こそ自由であり、人間は、このような共同体の成員としてはじめて市民的・道徳的自由を獲得すると論じ、一般意思を見い出すために直接民主制を支持し、また人民主権論を唱えた。

(2) 近代立憲主義の精神

こうして、近代自然権思想によって、個人の生来の自由が基礎付けられると同時に、国家は、この各人の自由を守るために、社会契約によって成立した存在だと捉えられるに至った。つまり、国家社会を構成する原理が、合意＝契約に求められたのである。この社会契約を実定化したものが、憲法に他ならない。ここに、憲法によって国家を規律し、個人の自由を守るという**近代立憲主義**（constitutionalism）が形成される。近代立憲主義は、**自由の保障**を目的としている点で**自由主義**と結合するとともに、国民の意思の反映を不可欠とする点で**民主主義**とも結びついている。そして、権力は、つねに濫用される危険を孕んでいるため、既にギリシャ、ローマの時代から、政治権力の集中を排し、権力の分割と相互の check and balance によって濫用の防止が試みられてきたのであるが、立憲主義にもとづいて成立した憲法でも、権力の濫用から国民の自由を守るために、**権力分立**の仕組みが採用された。フランス人権宣言第 16 条は、「権利の保障が確保されず、権力の分立が定められていないすべての社会は、憲法をもつものではない。」と宣言している。

(3) 市民革命と人権宣言の成立

[i] イギリス

人権思想の起源は、1215 年の『マグナ・カルタ（大憲章）』にまで遡ることができるといわれる。権力を濫用する国王に対し、教会やバロン達が自由を含む様々の要求を突きつけ、これらを認めさせたことによって、王権を制限し自分たちの自由を勝ち取ったという意味で、人権のルーツとも位置付けられている。その後も、度々議会による王権の制限が行われ、次第に国民の権利が確立されていった。1628 年の『権利請願』では、議会の同意を得ない課税の禁止や人身の自由が確認され、1679 年には、人身の自由を保障するための詳細な手続を定めた「人身保護法」が制定された。そして、1689 年、名誉革命を機に、『**権利章典**』が制定され、国民の自由と権利が宣言された。

このようにイギリスでは、王権と議会との長い歴史的な緊張関係の中で、ブラクトンの言葉と伝えられる「国王は、何人の下にもあるべきではない。しかし神と法との下にあるべきである。」という伝統的な思想によって、**「法の支配」**（rule of law）が育まれ、王権が制限される一方で、国民の自由と権利が保障されてきた。もっとも、これらの自由や権利が、人間が生まれながら当然に享有しているものと理解されたわけではなかった点で、近代的人権観念との隔たりを否定することができない。

[ii]　アメリカ

近代的な人権が明確な形で宣言されたのは、18世紀後半のアメリカの独立戦争時であった。そのもっとも初期のものが、1776年6月に採択された**ヴァージニア権利章典**で、同月直後には政府組織の部分と合体して、同憲法が成立した。この第1条は、「すべての人は、生まれながらひとしく自由かつ独立しており、一定の生まれながらの権利を有する。これらの権利は、人民が社会を組織するにあたり、いかなる契約によっても、その子孫からこれを奪うことのできないものである。財産を取得所有し、幸福と安寧とを追求獲得することを手段として、生命と自由とを享有することがそれらの権利である。」と定めている。

同年7月の**独立宣言**の中でも、冒頭で次のように宣言された。「われらは、次の事柄を自明の真理であると信ずる。すべての人は、平等に造られ、造物主によって一定の奪うことのできない権利を与えられ、その中には生命、自由および幸福の追求が含まれる。これらの権利を確保するために人びとの間に政府が組織され、その権力の正当性は被治者の同意に由来する。いかなる統治形態といえども、これらの目的を損なうものとなるときは、人民はそれを改廃し、彼らの安全と幸福をもたらすものと認められる諸原理と諸権限の編制にもとづいて、新たな政府を組織する権利を有する。」ここに、ロック流の自然権思想と社会契約論の思想の端的な表現を見い出すことができる。

こうした人権宣言は、諸州で相次いで制定された憲法に盛り込まれた。

1788年に制定された合衆国憲法には、当初統治組織に関する条項だけが規定されたが、1791年に人権に関する規定が修正条項として盛り込まれ（一般にこの部分を、Bill of Rightsという。）、いくつかの追加、改正を経て今日に至っている。

[iii] フランス

フランスの人権宣言は、既に成立していたアメリカの人権宣言の影響を受けながら、ルソーなどの思想を取り入れ、1789年の市民革命時に成立した。

この『**人および市民の権利宣言**』（仏人権宣言）には、「人の譲り渡すことのできない神聖な自然的権利」が提示された。第1条では、「人は、自由、かつ権利において平等なものとして生まれ、生存する。社会的差別は、共同の利益にもとづくのでなければ設けられない。」と規定され、近代的な人権思想にもとづいたもっとも基本的な人権が、まずはっきりと定められた。そして、自然的諸権利の保全が政治的結合の目的とされ、その諸権利として、「自由、所有、安全および圧制への抵抗」が挙げられている〔2条〕。その自由とは、「他人を害しないすべてのことをなしうること」と定義し〔4条〕、「法律は、社会に有害な行為しか禁止する権利をもたない。」と定めている〔5条〕。

また、「すべての主権の淵源は、本質的に国民」にあり〔3条〕、一般意思の表明である法律の形成に、すべての市民が自らまたはその代表者によって参与する権利が認められた〔6条〕。

このほかに、具体的な保障規定として、人身の自由（適法手続の保障）〔7条〕、罪刑法定主義〔8条〕、無罪推定〔9条〕、表現の自由〔11条〕、租税、所有の不可侵〔17条〕などが定められている。

(4) 人権の展開

18世紀後半から19世紀にかけて、自由と平等を中核とする人権は、欧米各国の憲法で保障され、ここに身分制にもとづく封建社会は終止符を打たれ、新たに近代的な国家社会が歩み始める。やがて産業革命の進行によって、土地の束縛から解放された人びとは、都市の工場労働者として生活を営むことになった。しかし、これらの人びとは、低賃金、長時間の劣悪な労働を余儀なくされた。資本家・使用者と労働者とは、ともに独立した主体として自由と平等を享有しているけれども、労働者は、雇い入れられなければ路頭に迷うことになる。このように経済力に違いのある者の間で、自由な契約を行わせたならば、必然的に経済力の乏しい者にとって不利に働く。この結果、労働者は、形式的には自由が保障されているが、実態を見るとその自由とは「飢える自由」「貧しくなる自由」でしかなかった。資本主義の発達は、益々富の偏在を増幅させ、労使の緊張と対立の激化を招いた。人間に値する生存を求めて、労働運動が社会的な広がりをもつようになると、ある程度民主化された国家では、社会的・経済的弱者の人たるに値する生存の保障が図られるに至り、他方絶対制を敷いていた国家では、そのエネルギーが社会主義革命となって現れた。第1次世界大戦の敗北によって帝政が崩壊し、共和制となったドイツは前者の例であり、1919年に成立した憲法（通称ヴァイマール憲法）では、「経済生活の秩序は、すべての者に人間に値する生活を保障することを目的とする正義の諸原則に適合しなければならない。」〔151条〕と規定された。後者の例は、ロシアであり、社会主義革命の成就によって帝政が打倒され、ソビエト社会主義連邦共和国が成立した。

こうして、20世紀に入ると、実質的な自由・平等の実現が目指され、人間に値する生存を営むことが、人間の権利として認められ、憲法上も人権の一部として保障されることとなった。これが、**社会権**である。

(5)　人権の国際化

人権は、人間である限り誰でも享有すべき権利として生成してきた。したがって、それは、国境を越えて、全世界の人びとが享有すべき権利である。世界を巻き込んだ第2次世界大戦を契機として、国際平和の構築とともに、またそのためにも国際的な人権保障の重要性が認識されるに至っている。

「基本的人権と人間の尊厳及び価値」〔国連憲章前文〕に関する信念を確認した国際連合は、1948年、すべての人民とすべての国が達成すべき「共通の基準」として、『**世界人権宣言**』を採択した。その前文は、「人類社会のすべての構成員の固有の尊厳と平等で譲ることのできない権利とを承認することは、世界における自由、正義及び平和の基礎」であるとし、「法の支配によって人権を保護することが肝要である」と述べる。そして、「すべての人間は、生まれながらにして自由であり、かつ、尊厳と権利とについて平等である。人間は、理性と良心とを授けられており、互いに同胞の精神をもって行動しなければならない。」と人権全体に通底する自由と平等を第1条に掲げ、第2条以下に具体的な個別の人権が宣言された。

もっとも、この宣言は、加盟各国を法的に義務づけるものではなかった。そこで、法的拘束力を有する国際条約の成立が企図され、1966年に、国連総会は2つの国際人権規約を採択した。その一つが**『経済的、社会的及び文化的権利に関する国際規約』**（略称、A規約）、他が**『市民的及び政治的権利に関する国際規約』**（略称、B規約）である。前者は、社会権を中心に、後者はおもに自由権について規定している。日本も、1979年に批准した。

こうした一般的な人権条約のほか、差別されたり、人権の保障が十分ではない特定の人権弱者を擁護するための条約も存在する。たとえば、『難民の地位に関する条約』（1954年発効、1982日本批准）、『女子に対するあらゆる形態の差別の撤廃に関する条約』（1981年発効、1985年日本批准）、『児童の権利に関する条約』（1990年発効、1994年日本批准）などがその例である。

2　人権の観念と分類

(1)　人権の観念

上述した人権の歴史に見られるように、近代的な人権の観念は、自然権思想を出発点として形作られた。そこで、人権とは、人間が生まれながらに有する自由・平等などと定義される。このような人権観念は、①人間であることにもとづいて当然に有する権利であるという意味で、**固有性**をもち、②とくに公権力によって侵されることはないという意味で、**不可侵性**を認められ、③人種や性別等に関わらずすべての人間に享有される権利であるという意味で、**普遍性**を帯びている。このような人権の観念は、いわば前国家的な権利として捉えられるものである。日本国憲法も、こうした人権の観念を継承していると解される〔憲法11条、97条参照〕。

もっとも、実定憲法が保障する権利には、そのような前国家的な権利と見られるもののほか、参政権や、20世紀になって認められるに至った社会権などもある。

近代人権思想は、欧米の精神世界で培われた。とくにアメリカ独立宣言には、まさに人権神授説とも言うべき精神にもとづいた人権観念を見い出すことができる。人権の固有性・不可侵性・普遍性が説かれたのも、「神から授かった」とする精神と無関係ではない。

このように人権思想は、すぐれて欧米の精神風土が生んだ観念であったが、今日、世界中に人権尊重の思想は受容されている。人類に生を享けた人間ひとりひとりが、かけがえのない大切な存在であるということ、このことがグローバルに認められたといってよいであろう。そうであるとすれば、人権の根拠は、国際人権規約前文に示されるように、人間の尊厳性に求めることが妥当であろう（芦部80頁）。

(2)　人権の種類

[i]　自　由　権

封建的な身分制社会の束縛、絶対君主による支配に対して、自由を求めた市民による革命の成功によって、近代社会は切り開かれた。近代の立憲主義的憲法も、まず個人の自由権を保障した。自由権は、個人の自律性を尊重し確保するために認められる権利で、これにもとづいて、個人は国家に対して権力的介入の排除を請求することができる。自由権は、「国家からの自由」とも呼ばれ、国家権力の不介入という不作為によって実現保障される。

[ii]　参　政　権

もっぱら支配の対象に過ぎなかった人びとは、市民革命を成就し、自分の手で自由を獲得し確保するため、国民主権の下、自らが主体的に統治に参加するシステムを近代社会において構築した。参政権は、国民が国政に参加する権利で、「国家への自由」とも呼ばれ、人権を確保する上で不可欠な権利として、近代憲法で保障された。

[iii]　社　会　権

先に見たように、社会権は、20世紀になって保障されるに至った人権で、実質的な自由・平等の理念にもとづいて、人間に値する生存を享有できる権利である。国民は、国家に対して積極的な配慮や措置を求めることができきる。個人の自律性は、現実的には当該個人の自立性ないし自立能力に依存する側面も見られ、自立性が乏しければ、自律性（選択決定の範囲・選択肢）の範囲も狭まる。この意味で、真に人格的な自由を確保するためには、自立性を支え強化して、その自律性の範囲を実質的に拡大することが必要となる。自律性は自由権によって保障されるが、社会権は、自立性を支えることによって、実質的な自由・平等の確保を図るものといえよう。社会権は、自由権の場合とは正反対に、国家による積極的な関与・支えによって実現保障される。この意味で、**「国家による自由」**とも呼ばれる。

(3) 憲法上の権利の分類

イェリネック（1851-1911．ドイツの公法学者で、『一般国家学』などの著作で知られる。）は、国家に対する国民の地位を分析し、〔i〕国家権力から自由であるという「消極的地位」、〔ii〕国家の活動を自己のために請求するという「積極的地位」、〔iii〕国家活動を担当するという「能動的地位」、国家に従属するという「受動的地位」（これは、義務に対応する。）に区別した。国民の国家に対する請求内容を考察する上で有効な分類であるが、この分類を前提にすると、〔i〕に自由権、〔ii〕に国務請求権（受益権）および社会権、〔iii〕に参政権が対応する。

日本国憲法上の権利保障規定について、もう少し権利の性質・内容に照らして整理すると、5つに分類することができる。①人権全体に通底する総則的・包括的規定（13条、14条。家族生活に関しては24条）、②自由権（19-21条、23条〔精神的自由権〕、22条、29条〔経済的自由権〕、18条、31条、33-39条〔人身の自由〕）、③社会権（25-28条）、④参政権（15条）、⑤国務請求権（受益権ともいう。16条、17条、32条、40条）。

もっとも、以上の区分は相対的なものであることに留意すべきである。例えば、教育を受ける権利〔憲法26条〕は自由権的側面を有し、また表現の自由〔同21条〕に含まれる知る権利には積極的な作為請求権という性質も認められる。

3　憲法の人権規定と私人間効力

(1)　問題の所在

近代社会は、公権力による束縛から個人を解放すべく、憲法によって国家権力を厳格に規制し、その介入を極力排除する一方、自由で平等な個人が相互に契約を通じて自由に権利義務関係を形成しあうことを保障した（私的自治の原則）。したがって、近代憲法が規定する人権条項は、基本的に国家との関係において、個人の自由を確保するために設けられたものということができる（この意味で、憲法は、国家と個人との関係を規律する法であり、「公法」に属する。）。そこで、私人間での人権侵害について、憲法の人権規定が適用されるのかという問題を生じる。これを、憲法の私人間効力という。

(2)　学　　説

この問題について、①非適用説（無効力説）と②適用説（効力説）とが考えられる。①は確かに歴史的に忠実な見解ではあるものの、夜警国家から福祉国家へと変容した現代国家において、私人間に対する国家の介入は増大し、これによって弱者の人権が支えられるという側面を否定できない。他方で社会的な権力による市民の人権侵害も無視することができず、国家の公権力を通じた人権擁護の必要性も高まっている。このような現代社会状況を前提として考察すれば、およそ私人間への効力を否定するのは妥当でない。

②の見解は、人権規定の私人間への適用のさせ方（効力の及ぼし方）をめぐって、直接適用説と間接適用説とに分かれている。直接適用説も有力であるが、私的自治の原則を損ね、却って私人の自由を不当に侵害する危険性もある点が批判される。**間接適用説**は、私人間を規律している私法の一般条項（たとえば、民法第90条が定める「公序良俗」違反の法律行為を無効とする規定など）を利用して、ここに憲法の趣旨を反映させることによって、人権規定の効力を間接的に私人間に及ぼす。私的自治を尊重しながら、憲法の趣旨を活かす見解として、間接適用説が通説となっている（なお、規定上、直接私人にも効力をもつと解される人権規定があることに注意すべきである。たとえば、憲法15条4項、18条、28条などがそれである。）。判例も、この見解を採用している。

判 例 3 **三菱樹脂事件**

昭和38年3月大学卒業後、会社に採用された原告が、3ヶ月の試用期間終了時に、入社試験の際に在学中の学生運動歴について虚偽の申告を行ったことを理由に、本採用を拒否されたため、憲法第19条の思想良心の自由や同第14条の法の下の平等に違反するなどとして、労働契約関係の存在の確認を求めて争った事案。

第1審および第2審は、原告の請求を認めたものの、最高裁は破棄して差し戻した（大法廷昭和48年12月12日判決民集27巻11号1536頁）。

最高裁は、憲法第19条、第14条は、「国または公共団体の統治行動に対して個人の基本的な自由と平等を保障する目的に出たもので、もっぱら国または公共団体と個人との関係を規律するものであり、私人相互の関係を直接規律することを予定するものではない。」と説示し、私人間の関係における人権侵害につき、侵害の態様、程度が社会的に許容しうる一定の限界を超える場合にのみ、「私的自治に対する一般的制限規定である民法一条、九〇条や不法行為に関する諸規定等の適切な運用によって、一面で私的自治の原則を尊重しながら、他面で社会的許容性の限度を超える侵害に対し基本的な自由や平等の利益を保護し、その間の適切な調整」が図られると説いた。

さらに、企業者は、経済活動の一環として契約締結の自由を有し、特定の思想、信条を有する者の雇い入れを拒否したとしても違法ではないと、述べている。

判 例 4 **昭和女子大事件**

無届で署名活動を行ったり、許可なく外部の政治団体に加入するなどした原告の学生に対し、大学がその指導精神にもとづいて定めた「生活要録」に違反するとし、自宅謹慎を申し渡していた最中、学生はマスコミに大学の対応などを公表したため、大学は学則にもとづいて退学処分とした。これに対し、学生が、生活要録は、憲法第19条、21条などに反するとして、身分の確認を求める訴えを提起した事案。

第1審は、原告の請求を認容したもの、控訴審はこれを取り消した。学生は上告したが、最高裁は棄却の判決を下した（昭和49年7月19日判決民集28巻5号790頁）。

最高裁は、三菱樹脂事件の大法廷判決を引用し、「自由権的基本権の保障規定は、……専ら国又は公共団体と個人との関係を規律するもの」とし、「生活要録の規定について直接憲法の右基本権保障規定に違反するかどうかを論ずる余地はない」と説く。

そして、大学は、在学する学生を規律する包括的権能を有し、「特に私立学校においては、建学の精神に基づく独自の伝統ないし校風と教育方針とによって社会的存在意義が認められ」、学生も希望して入学しており、「学生の政治的活動につきかなり広範な規律を及ぼすこととしても、これをもって直ちに社会通念上学生の自由に対する不合理な制限であるということはできない。」と述べ、生活要録も不合理なものではなく、退学処分も合理性を欠くものではないとして、学生の主張を退けた。

判例5　日産自動車事件

昭和**41**年当時、日産自動車は、男子の定年年齢を**55**歳、女子は**50**歳とする就業規則を定めていた。この就業規則にもとづいて退職を命じる予告を受けた女子従業員が、地位の保全を求めて争った事案。

1審、**2**審とも、この定年制は公序良俗に反するとして、民法第**90**条により無効とした。控訴審判決後、会社は、男女とも**60**歳定年に改めたものの、上告して争った。

最高裁は、原審における、女子従業員の担当職種や高齢女子労働者の労働能力、定年制の一般的現状等、諸般の事情を検討し、定年年齢において女子を差別しなければならない合理的理由は認められないとする認定判断を是認した上、「就業規則中女子の定年年齢を男子より低く定めた部分は、専ら女子であることのみを理由として差別したことに帰着するものであり、性別のみによる不合理な差別を定めたものとして民法九〇条の規定により無効であると解するのが相当である（憲法一四条一項、民法一条ノ二参照）。」と判示し、会社の主張を退けた（昭和**56**年**3**月**24**日判決民集**35**巻**2**号**300**頁）。

判例6　百里基地事件

茨城県内の航空自衛隊百里基地の用地買収をめぐって、地主は、当初基地反対派と売買契約を行ったものの、その後、代金の一部不払いにより、債務不履行を理由に契約を解除し、国に売り渡した事件。憲法上の争点としては、自衛隊に関連し第**9**条の問題が提起された。

最高裁は、本件における第**9**条の適用について、次のように判示している。

「憲法九条は、その憲法規範として有する性格上、私法上の行為の効力を直接規律することを目的とした規定ではなく、人権規定と同様、私法上の行為に対しては直接適用されるものではないと解するのが相当であり、……国が行政の主体としてでなく私人と対等の立場に立って、私人との間で個々的に締結する私法上の契約は、当該契約がその成立の経緯及び内容において実質的にみて公権力の発動たる行為となんら変わりがないといえるような特段の事情のない限り、憲法九条の直接適用を受け」ない。「憲法九条の宣明する……国家の統治活動に対する規範は、私法的な価値秩序とは本来関係のない優れて公法的な性格を有する規範であるから、……私法上の規範によって相対化され、民法九〇条にいう『公ノ秩序』の内容の一部を形成するのであり、したがって私法的な価値秩序のもとにおいて、社会的に許容されない反社会的な行為であるとの認識が、社会の一般的な観念として確立しているか否かが、私法上の行為の効力と有無を判断する基準になるものというべきである。」（平成元年**6**月**10**日判決民集**43**巻**6**号**385**頁）

4　人権享有の主体

(1)　法　　人

[i]　総　　説

人権は、元来、人間（human）の権利として生成してきた。しかし、その後、法人や団体の社会的、経済的活動も活発となり、その社会的重要性も増大したのにともなって、法人に対する人権保障規定の適用が問題となった。すなわち、報道機関が表現の自由を、あるいは宗教団体が信教の自由を、憲法上保障されないのか、という問題である。

今日、法人の活動は、社会にとって欠かすことができない。法人は、もはや個人に優るとも劣らない社会の構成主体といってもよい。したがって、法人を憲法上の権利享有主体と位置づけることにも十分意味が認められる。ドイツ基本法は、「基本権は、その本質上内国法人に適用され得る限り、これにも適用される。」〔ドイツ連邦共和国基本法 19 条 3 項〕と明文で規定する。日本でも、性質上可能な限り、人権諸規定が法人に適用されると解するのが通説であり、判例もこれを認めている。

判　例 7　**八幡製鉄政治献金事件**

昭和 **35** 年、八幡製鉄の代表取締役が同社名で自由民主党に政治資金として **350** 万円を寄付した。これに対して、同社の株主が、定款（会社の根本規則）が定める目的の範囲外の行為であり、会社に損害を与えたとして、代表取締役に対し会社に **350** 万円の支払いなどを求めた事案。

第 **1** 審は、原告の請求を認容したものの、控訴審では退けられ、最高裁に上告。最高裁大法廷は、法人の人権享有主体性を肯定し、その政治活動の自由も認められるとして、上告を棄却した（大法廷昭和 **45** 年 **6** 月 **24** 日判決民集 **24** 巻 **6** 号 **625** 頁）

「会社が、納税の義務を有し自然人たる国民とひとしく国税等の負担に任ずるものである以上、納税者たる立場において、国や地方公共団体の施策に対し、意見の表明その他の行動に出たとしても、これを禁圧すべき理由はない。のみならず、憲法第三章に定める国民の権利および義務の各条項は、性質上可能なかぎり、内国の法人にも適用されるものと解すべきであるから、会社は、自然人たる国民と同様、国や政党の特定の政策を支持、推進しまたは反対するなどの政治的行為をなす自由を有するのである。政治資金の寄附もまさにその自由の一環である。」

[ii]　保障の範囲および程度

選挙権・被選挙権、生存権などの権利は、性質上自然人に限って認められ、法人には認められない。これに対して、財産権の保障や営業の自由をはじめとして、広く法人に権利主体性が認められる。

法人に憲法上の権利保障が認められるといっても、自然人と同一に保障を受けるわけではない。法人の経済的自由権については、その経済力による社会的影響の大きさから、自然人の場合以上に強い規制に服する。また、法人の構成員である自然人の人権保障との関係で、法人自身の権利保障は制約を免れない。

判　例 8　**南九州税理士会政治献金事件**

強制加入団体である税理士会において、税理士法改正の政治工作資金として関連団体へ拠出するため、特別会費徴収決議を行った。この決議に反対し納入を拒否した会員に対して、南九州税理士会は会費滞納者として会則にもとづき役員選挙権などの停止処分を行った。そこで、この会員が、特別会費納入義務の不存在確認などを求めて提訴した事案。

第1審は、会員の主張を認めたものの、控訴審は1審判決を取り消した。上告を受けた最高裁は、「税理士会が政党など規正法上の政治団体に金員の寄付をすることは、たとい税理士に係る法令の制定改廃に関する政治的要求を実現するためのものであっても、……税理士会の目的の範囲外の行為であり、右寄付をするために会員から特別会費を徴収する旨の決議は無効であると解すべきである。」として、控訴審判決を破棄した（平成8年3月19日判決民集50巻3号615頁）。

その理由について、最高裁は、税理士会がとくに実質的に会員に脱退の自由が保障されていない強制加入団体であって、その目的の範囲を判断するにあたり、会員の思想・信条の自由との関係を考慮する必要があるとの判断から、「政治団体に対して金員の寄付をするかどうかは、選挙における投票の自由と表裏を成すものとして、会員各自が市民としての個人的な政治的思想、見解、判断等に基づいて自主的に決定すべき事柄であるというべきであ」り、「このような事柄を多数決原理によって団体の意思として決定し、構成員にその協力を義務付けることはできない。」と結論づけている。

(2) 外国籍者

[i] 外国籍者の人権享有主体性

日本国憲法は、第三章で「国民」の権利として人権を保障している。したがって、日本国民を対象とした保障規定であることは明らかである。そこで、日本国籍を有しない外国籍の者（とくに定住者）に対して、憲法上の権利が保障されないのか、という問題が提起される。そもそも、人権は、人間であれば誰でも当然に享受する権利として生成したのであるから、外国籍の者であるというだけで、人権保障規定の適用が排除される理由はない。したがって、原則として、外国籍の者に対しても憲法上の権利保障が及ぶと解すべきである。通説も、権利の性質上、可能な限り人権規定の適用を認めており、判例もこの立場に立っている。

判例9　マクリーン事件

アメリカ国籍のMは、**1**年を在留期間として来日し、昭和**45**年に法務大臣に在留期間の更新を申請したが、反戦団体に所属し、ベトナム反戦や日米安保反対のデモなどに参加したことなどから、不許可となった。この処分の取消しを求めて、Mが提訴した事案。

第**1**審は、原告の請求を認め、法務大臣の処分を取り消したが、控訴審はこれを覆した。

最高裁は、外国籍者に対する人権保障について、「憲法第三章の諸規定による基本的人権の保障は、権利の性質上日本国民のみをその対象としていると解されるものを除き、わが国に在留する外国人に対しても等しく及ぶものと解すべきであり、政治活動の自由についても、わが国の政治的意思決定又はその実施に影響を及ぼす活動等外国人の地位にかんがみこれを認めることが相当でないと解されるものを除き、その保障が及ぶ」と説き、原則的に外国籍者の人権享有主体性を認めた。

しかし、その保障は、外国人在留制度のわく内で与えられるに過ぎず、在留中に保障されている活動の内容を、更新に際し、法務大臣が消極的な事情として斟酌したとしても違法ではないと判断し、結局Mの請求を棄却した（大法廷昭和**53**年**10**月**4**日判決民集**32**巻**7**号**1223**頁）。

[ii]　保障されない権利

①　入国の自由

外国籍者に対する権利保障は、日本に在留する外国籍者についてはじめて問題となるのであるから、日本に入国する権利については保障されない。外国籍者に入国を許すか否かは、国際慣習法上、当該主権国家の裁量に委ねられている。よって、入国の自由は、外国籍者には認められない。

②　参　政　権

参政権は、国民主権原理にもとづいて、国民が国政に参加する権利であるから、国民に限られる。公職選挙法も、選挙権・被選挙権を日本国民に限定している〔公職選挙法9条、10条〕。

これに対して、地方自治体の参政権については、近時学説上では、住民自治の観点から定住外国籍者にこれを認める見解が有力となっている。判例は、地方参政権についても外国籍者に保障されるものではないと説いているが、定住外国籍者に地方参政権を付与する立法措置が採られたとしても憲法違反にはならないとした判断を示しており、注目に値する。

判 例10　定住外国籍者と地方参政権

原告は、日本で生まれ、日本に生活の本拠をおいている永住資格を有する在日韓国人であり、地方公共団体における選挙権は保障されているとして、**1990** 年に選挙管理委員会に選挙人名簿への登録を求めたが、却下された。原告は、この決定の取消しを求めて提訴した。

第 **1** 審で請求を却下された原告は、最高裁に上告した。

最高裁は、憲法第 **15** 条 **1** 項の規定は、「国民主権の原理に基づき、公務員の終局的任免権が国民に存することを表明したものにほかならないところ、主権が『日本国民』に存するものとする憲法前文及び一条の規定に照らせば、憲法の国民主権の原理における国民とは、日本国民すなわち我が国の国籍を有する者を意味することは明らかである。そうとすれば、公務員を選定罷免する権利を保障した憲法一五条一項の規定は、権利の性質上日本国民のみをその対象とし、右規定による権利の保障は、我が国に在留する外国人には及ばないものと解するのが相当である。」「国民主権の原理及びこれに基づく憲法一五条一項の規定の趣旨に鑑み、地方公共団体が我が国の統治機構の不可欠の要素を成すものであることをも併せ考えると、憲法九三条二項にいう『住民』とは、地方公共団体の区域内に住所を有する日本国民を意味するものと解するのが相当であり、」地方選挙における在留外国籍者の権利を保障するものではないと結論づけている。

しかし、他方で、最高裁は、住民の意思に基づいてその地方公共団体が地域の公共事業を処理するという政治形態を憲法上の制度として保障しようとする趣旨に照らし、在留外国籍者のうちでも「永住者等であってその居住する区域の地方公共団体と特段に緊密な関係を持つに至ったと認められるものについて」、法律で地方公共団体に関する選挙権を付与する措置を講じることは、憲法上禁止されているものではないと述べ、一定の定住外国籍者に対する地方公共団体における選挙権付与につき、憲法上許容されると判断している（平成 **7** 年 **2** 月 **28** 日判決民集 **49** 巻 **2** 号 **639** 頁）。

広義の参政権に含まれてきた公務就任権に関し、従来、「公権力の行使または国家意思の形成への参画に携わる公務員は、日本国民に限る」とする政府の公定解釈によって、一律に外国籍者が排除されてきた。国民主権原理上、この公定解釈自体は妥当性を有するとしても、すべての公務がこのような性質を帯びたものであるかは甚だ疑わしい。そうだとすれば、職務の内容を精査したうえ、公権力作用や公の意思形成に関係しない職務については、外国籍者を排除する理由がない以上、むしろ外国籍者の公務就任権を認めるべきであろう。近時、学説上もこのように解する見解が増えつつある。また、実際にも、一部の自治体において、非権力的で、専門的・技術的な職務に関してはいわゆる国籍条項が撤廃されている。

判　例11　東京都管理職選考受験申請拒否事件

保健婦として東京都に採用されていたX女が、東京都人事委員会が実施する管理職選考試験を受験しようとした際、韓国籍の特別永住者であることを理由に、受験を認められなかったことに対して、都に慰謝料の支払い等を求めた事案。

控訴審は、都の措置が違法であったと認定し、Xの請求を一部認容したが、最高裁は、この原判決を破棄した（大法廷平成**17**年**1**月**26**日判決民集**59**巻**1**号**128**頁）。

最高裁は、「住民の権利義務を直接形成し、その範囲を確定するなどの公権力の行使に当たる行為を行い、若しくは普通地方公共団体の重要な施策に関する決定を行い、又はこれらに参画することを職務とする」地方公務員の職務の遂行は、「住民の権利義務や法的地位の内容を定め、あるいはこれらに事実上大きな影響を及ぼすなど、住民の生活に直接間接に重大なかかわりを有するものである」から、「国民主権の原理に基づき、国及び普通地方公共団体による統治の在り方については日本国の統治者としての国民が最終的な責任を負うべきものであること（憲法**1**条、**15**条**1**項参照）に照らし、原則として日本の国籍を有する者が公権力行使等地方公務員に就任することが想定されているとみるべきであり、我が国以外の国家に帰属し、その国家との間でその国民としての権利義務を有する外国人が公権力行使等地方公務員に就任することは、本来我が国の法体系の想定するところではないというべきである。」と説いたうえ、日本国民である職員に限って管理職に昇任することができるとする措置は、合理的な理由に基づく区別であって、労働基準法**3**条、憲法**14**条**1**項に違反するものではないと判示した。

③ 社 会 権

社会権についても、従来、所属国において保障すべき権利であるとして、外国籍の者には認められないと解されてきた。たとえば、生活保護法第1条・第2条では、保護の対象者を「国民」としており、外国籍の者には同法にもとづく受給権が認められていない（最高裁平成26年7月18日決定参照）。しかし、厚生労働省は、生活に困窮する外国籍の者についても生活保護の取り扱いを行うよう自治体に通知しており、事実上、生活保護制度が適用されている。今日、国際人権規約や難民条約の批准を受けて、生活保護法を除き、社会福祉・社会保障関連法上、国籍条項は削除されるに至っている。外国籍の者であっても、人たるに値する生活を営む権利は否定され得ない。国際人権規約との整合性を図るうえでも、社会権規定の保障は外国籍の者に及ぶと解すべきである。

第2章 包括的人権

1 個人の尊重・幸福追求権〔第13条〕

(1) 総 説

「生命、自由および財産（property）」を自然権として捉えたロックの思想は、近代的人権の形成に大きな影響を及ぼしている。この影響は、「すべての人は、平等に造られ、造物主によって一定の奪うことのできない権利を与えられ、その中には生命、自由および幸福の追求が含まれる。」と表現するアメリカの独立宣言にも見られる。ここでは、「神に似せて造られた」被造物たる人間存在そのものの価値を前提として、――神による所与の――生まれながらの権利として「生命、自由および幸福追求」が掲げられている。日本国憲法第13条の表現は、これに由来する。

(2)　憲法第 13 条の意義

[i]　個人の尊重

憲法第 13 条は、「すべて国民は、個人として尊重される。生命、自由及び幸福追求に対する国民の権利については、公共の福祉に反しない限り、立法その他の国政の上で、最大の尊重を必要とする。」と規定する。人権の根幹を成す最も基本的な内容を規定したものであり、前段で**個人の尊重**を定め、後段で**幸福追求権**を保障している。

近代的人権は、人間一人ひとりが価値を担った存在であることを普遍的に認めるところから築かれた。すなわち、一人ひとりの主体的な**人格価値**（**尊厳**）を承認することが人権の起点である。「個人の尊重」が掲げられているのは、この趣旨を示すものである。したがって、憲法は、個人の尊厳原理を前提とする個人主義の価値観に立脚しており、戦前において支配的であった国家主義ないし全体主義を否認、排除している。このうえで、後段において各人の生命、自由および幸福追求が権利として保障されている。

[ii]　幸福追求権

かつては、幸福追求権は、第 14 条以下に列挙された個別の人権を総称したものに過ぎず、格別の権利内容をもつものではないと解されていた。しかし、社会状況の変化などを背景として、人格的生存にとって欠かせない権利であり、新たに人権として認識されるような権利が生成してきた。その代表的なものが、プライバシーの権利である。このような、いわゆる新しい人権の登場は、第 13 条の意義を再認識させる契機となり、今日では、第 13 条は、包括的な人権保障規定であり、新しい人権として生成した権利について、個別の人権保障規定によってカバーされない場合には、本条を根拠として憲法上保障されると解する見解が通説となっている。その結果、幸福追求権とは、前段の個人の尊厳原理にもとづき、各人の人格的生存にとって欠くことのできない権利や自由を包摂する**包括的権利**を意味し、第 13 条はこれを網羅的・包括的に保障する規定であると解されている。換言すれば、一人ひとりの人間が“自己の生の作者である”ことに本質的価値を認めて、それに必要不可欠な権利・自由の保障を一般的に宣言したもの（佐藤・139 頁）

といえよう（なお、包括的人権規定である第13条と個別人権保障規定とは、一般法と特別法の関係に立ち、個別人権規定が適用されることになる。）。第13条によって根拠づけられる権利であれば、裁判によって救済を受けることも可能となるから、この意味で幸福追求権も具体的な権利であると認めることができる。

(3)　第13条を根拠とする権利

[i]　幸福追求権の保障対象

「幸福追求」権といっても、極めて抽象性を帯びる。その保障対象をめぐり、学説は、人格的生存に必要不可欠な権利・自由に求める見解（**人格的利益説**）と、人の一般的な行為の自由と解する見解（**一般的自由説**）とに分かれている。

[ii]　内　　容

幸福追求権の内容も、極めて多様であり、学説上も多岐にわたって主張されている。やや整理すれば、①人格価値に関するものと、②人格的自律性に関するものとに区別することができる。

①は、人格価値そのものに根ざす権利で、人格権とも総称される諸権利である。生命・身体、名誉といった価値自体を保護するものである（なお、前科の照会につき、**判例14**参照）。プライバシーも、人格的生存に不可欠な要素と理解するのであれば、人間に固有する一つの価値として位置づけられる。もっとも、現在では、プライバシー権を自己情報コントロール権として捉える傾向もある。このような側面では、人格的自律性に関連する権利ともいえるだろう。

②は、自己決定権である。私的な事項について、公権力による干渉を受けることなく自ら決定できる権利をいう。自己決定権が問題となる主な場面として、生命・身体の処分に関して、治療拒否や尊厳死などがあり（関連判例**判例13**参照）、リプロダクションに関しては、堕胎が挙げられる。このほかに、ライフスタイルに関しても自己決定権の問題として議論される。実際に裁判で争われたものとしては、服装、髪型の自由、バイクに乗る自由、喫煙の自由などがある（**判例15**、**判例16**参照）。一般的自由説では、これらの自

由も憲法第13条で保障される人権ということになるが、人格的利益説では、人格的生存にとって必要不可欠と評価判断するか否かにより、論者によって結論が分かれる。

判　例12　**京都府学連事件**

デモ行進に際しての公務執行妨害・傷害罪の事件に関連し、警察官が本人の意思に反して、令状もなくデモ行進の状況を写真撮影することは肖像権を侵害し違法である等として、被告人によって上告された。

最高裁は、結論としては、本件警察官による写真撮影行為につき、現に犯罪が行われもしくは行われたのち間がないと認められる場合に、証拠保全の必要性・緊急性があり、かつ相当な方法をもって行われたものであり適法であると判断したが、憲法第**13**条について、次のような解釈を示している。「憲法一三条は、（略）国民の私生活上の自由が、警察権等の国家権力の行使に対しても保護されるべきことを規定しているものということができる。そして、個人の私生活上の自由の一つとして、何人も、その承諾なしに、みだりにその容ぼう・姿態（以下「容ぼう等」という。）を撮影されない自由を有するものというべきである。これを肖像権と称するかどうかは別として、少なくとも、警察官が正当な理由もないのに、個人の容ぼう等を撮影することは、憲法一三条の趣旨に反し、許されないものといわなければならない。」（大法廷昭和**44**年**12**月**24**日判決刑集**23**巻**12**号**1625**頁）。」

判　例13　**エホバの証人輸血拒否事件**

原告は、エホバの証人の信者であり、その信仰上、いっさいの輸血を拒否していた。ガン手術のため、原告は、無輸血手術で実績のある東大医科研病院に入院し、絶対的無輸血手術を求め、輸血しないことによるすべての結果につきいかなる責任も問わないとする免責証書を提出していた。病院は、無輸血手術の場合の治療方針を決めており、生命の維持が困難な事態に陥った場合には、輸血を実施するとしていたが、このことを原告に説明すると、手術を拒否されると考え、あえて明言はしなかった。手術実施中に、予想を超える出血があったため、病院は輸血を行った。これにつき、原告は、輸血が行われたこと、病院の治療方針が説明されず、手術を受けないという決定を行う機会が奪われたとして、損害賠償を求めて訴えた。（なお、訴訟係属中に、原告は死亡し、夫・子に承継された。）

第1審は、本件輸血行為につき、社会的に相当な行為として違法性がないと判断し、請求を棄却したが、控訴審は、「本件のような手術を行うについては、患者の同意が必要であり、医師がその同意を得るについては、患者がその判断をする上で、必要な情報を開示して患者に説明すべきものであ」り、「この同意は、各個人が有する自己の人生のあり方を（ライフスタイル）は自らが決定することができるという自己決定権に由来するものである」と述べ、本件患者については、治療方針を説明することが必要であったとして、説明義務違反にもとづく不法行為の成立を認めた。

最高裁は、自己決定権には言及しなかったが、「医療水準に従った相当な手術をしようとすることは、人の生命及び健康を管理すべき業務に従事する者として当然のことである」けれども、「しかし、患者が、輸血を受けることは自己の宗教上の信念に反するとして、輸血を伴う医療行為を拒否するとの明確な意思を有している場合、このような意思決定をする権利は、人格権の一内容として尊重されなければならない」と説示し、控訴審判決を維持した（平成**12**年**2**月**29**日判決民集**54**巻**2**号**582**頁）。

判　例14　**前科照会事件**

解雇をめぐって係争中の会社側弁護士が弁護士会を介して、相手方従業員の前科・犯罪歴について区役所に照会し、区役所がこれに応じて前科がある旨の回答を行ったという事案で、従業員（原告）が、名誉、信用、プライヴァシーに関係する「自己の前科や犯歴を知られたくない権利」を侵されたとして、自治体に損害賠償を求めた事件。

第1審は原告の請求を棄却したが、控訴審では一部の請求が認容され、自治体の側が上告した。

最高裁は、「前科及び犯罪経歴……は人の名誉、信用に直接かかわる事項であり、前科等のある者もこれをみだりに公開されないという法律上の保護に値する利益を有する」とし、「漫然と弁護士会の照会に応じ、犯罪の種類、軽重を問わず、前科等のすべてを報告することは、公権力の違法な行使にあたると解するのが相当である。」と判示して、自治体側の上告を棄却した（昭和**56**年**4**月**14**日判決民集**35**巻**3**号**620**頁）。

判　例15　**未決拘禁者喫煙禁止事件**

逮捕勾留中の被害者が、喫煙を希望したものの、釈放時まで喫煙を許されなかったとして、国家賠償を求めた事案。

最高裁は、喫煙を許すことより、罪証隠滅のおそれがあり、また、火災発生の場合には被拘禁者の逃走が予想され、拘禁の本質的目的を達することができないと指摘し、「喫煙の自由は、憲法一三条の保障する基本的人権の一に含まれるとしても、あらゆる時、所において保障されなければならないものではない。したがって、このような拘禁の目的と制限される基本的人権の内容、制限の必要性などの関係を総合考察すると、前記の喫煙禁止という程度の自由の制限は、必要かつ合理的なものと解するのが相当であり、……憲法一三条に違反するものといえないことは明らかである。」と判示した（大法廷昭和 **45** 年 **9** 月 **16** 日判決民集 **24** 巻 **10** 号 **1410** 頁）。

判　例16　**修徳高校パーマ事件**

私立修徳高校において、普通自動車運転免許取得を規制し、パーマを禁止する校則が定められていたにもかかわらず、同校生徒が学校に無断で免許を取得し、これが発覚したため、同校は厳重注意としたが、その後、同人が校則に反してパーマをかけたため、同校は自主退学の勧告を行った。これに対し、処分の取り消しを求めて、生徒が訴えた事案。

最高裁は、間接適用説を前提としたうえで、「私立学校は、建学の精神に基づく独自の伝統ないし校風と教育方針によって教育活動を行うことを目的とし、生徒もそのような教育をうけることを希望して入学するものである。」と説き、同校は清潔かつ質素で流行を追うことなく華美に流されない態度を保持することを教育方針とし、それを具体化するものの一つとして校則を定め、運転免許取得の規制は、交通事故から生徒の生命などを守り、非行化を防止し、勉学に専念する時間を確保するためで、またパーマをかけることを禁止しているのも、高校生にふさわしい髪型を維持し、非行を防止するためというのであるから、本件校則は、社会通念上不合理なものとはいえないと結論づけた（平成 **8** 年 **7** 月 **18** 日判決判時 **1599** 号 **53** 頁。校則によるバイク規制につき、同旨のものとして、平成 **3** 年 **9** 月 **3** 日判決判時 **1401** 号 **56** 頁）。

プライバシーは、元来は、ひとりでそっとしておいてもらう権利（right to be let alone）として生成してきた。幸福追求に不可欠な権利として、憲法上は第 **13** 条を根拠に認められる。プライバシーという概念は多義的であり、その権利の内容も一様ではないが、日本では、現在、自己情報コントロール権・情報プライバシー権として構成する見解が優勢となっている（佐藤・**203–204** 頁、松井 **483** 頁）。そうすると、人権の性質としては、自由権という側面に止まらず、請求権的な性質を帯びることになる。これに対応するためには、立法措置を講じることが必要であり、日本でも、個人情報保護法が制定されている（これにつき、詳細は D 第 1 章 3 (4) 参照）。なお、プライバシーに関連して、後述 Progress「『忘れられる権利』について」参照。

(4) 人権の限界―「公共の福祉」―

憲法は、基本的人権を「侵すことのできない永久の権利」〔憲法 11 条・97 条〕と規定するが、人権が絶対的に保障されることを意味するものではない。憲法第 13 条は、「公共の福祉」による人権の制約を認めている。

憲法は、各人の個人としての人権を最大限に尊重しており、特定人の人権を絶対化して、他の人の人権が犠牲にされることを許容するものではない（フランス人権宣言も、「自由とは、他人を害しないすべてのことをなしうること」とされていた。）。したがって、人権は、他の人権との関係で、自ずから一定の限界を生じる。このような限界は、人権自体に内在する制約である（**内在制約説**）。憲法第 13 条の「公共の福祉」とは、このような意味での人権の一般的制約原理を示したもので、人権相互の矛盾・衝突を調整するための実質的公平の原理を意味すると解されている（通説）。

2 法の下の平等〔第 14 条〕

(1) 平 等 思 想

自由と並んで、人権の核を成すのは、「平等」である。平等は、歴史的に見ても、法観念にとって本質的要素と考えられてきたといってよい。すなわち、法の理念は、古くから正義に求められてきたが、この正義は、平等、公平と密接に関連させて論じられてきたのである。たとえば、アリストテレスは、正義の要請を「等しきものは等しく、等しからざるものはそのように扱え」と定式化して、平均的正義と配分的正義とを区別して論じた。他方、ヨーロッパ中世において、キリスト教の精神世界の下で、絶対存在たる神と人間という垂直関係の中で、神の前の平等が説かれ、すべての人間が価値的に異なるところがないという精神を育んだ。この構造こそ、法の下の平等というスキームである。そして、封建的な身分制社会の束縛を断ち切るため、近代において平等がその理念とされたのである。

近代社会は、人びとを身分制の桎梏から解放し、自由な主体として尊重した。しかしながら、個人が置かれている状況、その能力、条件は千差万別である。このような者を、すべて形式的、均一的に取り扱うこと（形式的平等）は、却って正義に反する結果を生む。経済的実力を具える資本家と雇われなければ生活に困窮する労働者とを同一の立場に置いて、相互の自由な契約関係に委ねたのでは、必然的に労働者は不利な条件での契約を余儀なくされる。その結果、富の著しい偏在を生み、社会的、経済的弱者は貧困へと追いやられた。条件が異なるのであれば、別異に取り扱うことが正義に適う。そこで、現代においては、国家による条件の平等化も重視されるようになり、**実質的平等**の実現が図られている。

(2)「平等」の意味

上述したように、各人は、事実面において、たとえば年齢、能力、財産など各様であり、こうした事実的差異を一切無視して画一的に同一に取り扱うことが（絶対的平等）、つねに正義と合致するというわけではない。すなわち、法の下の平等における「平等」とは、**相対的な平等**を意味し、事実的な差異に応じて法的な取扱いを異にしても、合理的な根拠が存在する限り許容される。憲法は、「すべて国民は、法の下に平等であつて、人種、信条、性別、社会的身分又は門地により、政治的、経済的又は社会的関係において、差別されない。」〔憲法 14 条 1 項〕と規定しているが、憲法で禁止されているのは、不合理な差別的取扱いであると解される（通説・判例）。なお、本条項後段の列挙事項について、絶対的差別禁止の事項を定めたものであり、厳格な審査基準が妥当するという見解が優勢であるが、判例は原則として差別が禁止される事項を例示したものに過ぎないと解している。

法の下の平等の要請は、法の適用の場面に止まらず、法の定立の場面においても及ぶ。つまり、法の内容自体も平等なものでなければならない（立法者拘束説）。

(3) 憲法上の平等条項

憲法は、第14条第1項で、平等の一般原則を規定したうえ、さらにいくつかの関連規定を設けている。

① **貴族制度の廃止**〔14条2項〕

戦前、日本では華族制度が存在し、帝国議会の貴族院の議席を占めるなど特権的身分階級を構成していたが、このような特権的身分制度は否認されている。

② **栄典に伴う特権の禁止**〔14条3項〕

③ **普通選挙の一般原則**〔15条3項〕

公務員の選挙について、成年者による普通選挙が保障されている。

④ **選挙人資格の平等**〔44条但書〕

⑤ 家族制度における**夫婦同権・両性の本質的平等**〔24条〕

戦前の家族制度（「家」制度という）は男尊女卑が支配したが、現行憲法はこれを廃し、夫婦の同等の権利を宣言し、両性の本質的平等に立脚する家族制度の構築を定めている。

⑥ **教育の機会均等**〔26条1項〕

教育を受ける権利について、憲法はその能力に応じて等しく保障する。

平等原則を争点とする裁判例は、多岐にわたる。身分関係（判例**17**、**18**、**19**参照）や性別（判例**5**、**20**、**21**参照）のほか、選挙権の平等（判例**22**参照）なども問題となっている。

判例17　尊属殺重罰規定事件

被告人は、中学**2**年のときに実父に姦淫されて以降、**10**年以上にわたり性行為を強いられ、数人の子まで生まれた。職場で結婚相手と巡り会うに至ったものの、父はこれを認めずなおも関係を強要し、虐待を行った。このため、被告人は、ついに実父を絞殺し自首した。

かつての刑法では「死刑・無期懲役」を法定刑とする尊属殺人罪（刑法第**200**条）が規定されており（平成**7**年の改正により削除）、検察官は、被告人を本条で起訴した。第**1**審は、本条を憲法第**14**条**1**項違反としたうえ、過剰防衛、心神耗弱を認めて刑を免除した。しかし、控訴審は、従前の最高裁判例に従い同条を合憲として適用し、最大限の減刑を施して懲役**3**年**6**月の実刑を言い渡した。

最高裁は、本条の立法目的につき、「尊属を卑属またはその配偶者が殺害することをもって一般に高度の社会的道義的非難に値するものとし、かかる所為を通常の殺人の場合より厳重に処罰し、もって特に強くこれを禁圧しようとするにあ」り、「尊属に対する尊重報恩は、社会生活上の基本的道義というべく、このような自然的情愛ないし普遍的倫理の維持は、刑法上の保護に値する」としながら、「加重の程度が極端であって、前示のごとき立法目的達成の手段として甚だしく均衡を失」するときは「その差別は著しく不合理なもの」であり違憲となることを認め、本条の法定刑は立法目的達成のため必要な限度を超え、普通殺人罪の法定刑に比し、著しく不合理な差別的取扱いをするものと認め、違憲無効の判決を下した（大法廷昭和**48**年**4**月**4**日判決刑集**27**巻**3**号**265**頁）。

判　例18　非嫡出子法定相続分差別事件

民法は、相続人である子の法定相続分につき、非嫡出子は嫡出子の**2**分の**1**と規定している〔同**900**条**4**号但書前段〕。相続事件に関連して、この規定の合憲性が争われてきた。

最高裁判所は、平成**7**年に、この規定は「法律婚の尊重と非嫡出子の保護の調整を図った」ものであるとして合理性を認め、差別には当たらないと判断した（大法廷平成**7**年**7**月**5**日決定民集**49**巻**7**号**1789**頁）。しかし、平成**25**年、この合憲判断を覆し、違憲無効とするに至った（大法廷平成**25**年**9**月**4**日決定民集**67**巻**6**号**1320**頁）。

本決定は、まず憲法第**14**条第**1**項に関する違憲審査基準について、従来の判例の見解を踏襲しつつ、事柄の性質に応じた合理的な根拠に基づくものでない限り、法的な差別的取扱いを禁止する趣旨であり、立法府に与えられた合理的な裁量判断を考慮しても、なおそのような区別をすることに合理的な根拠が認められない場合には、違憲と解するのが相当であるとしたうえで、本件規定の合理性を検討している。

最高裁は、わが国における家族法制の変化、諸外国における平等化の動向および条約に基づく勧告意見を踏まえつつ、さらにわが国の家族形態の多様化や国民意識の変化等の諸事情を指摘したうえ、「家族という共同体の中における個人の尊重がより明確に認識されてきたことは明らか」であり、「法律婚という制度自体は我が国に定着しているとしても、上記のような認識の変化に伴い、上記制度の下で父母が婚姻関係になかったという、子にとっては自ら選択ないし修正する余地のない事柄を理由としてその子に不利益を及ぼすことは許されず、子を個人として尊重し、その権利を保障すべきであるという考えが確立されてきているものということができる。」と述べ、立法府の裁量権を考慮しても、遅くとも本件相続開始当時（平成 **13** 年）には、憲法第 **14** 条に第 **1** 項に違反していたとする判断を示した。

ただし、既に本件規定が平成 **13** 年当時既に違憲無効であったとしても、これまでの間、既に解決済みの事案に無効の効果を及ぼしたり、確定した法律関係を覆すことは、著しく法的安定性を害するとして、「本決定の違憲判断は、……本決定までの間に開始された他の相続につき、本件規定を前提としてされた遺産の分割の審判その他の裁判、遺産の分割の協議その他の合意等により確定的なものとなった法律関係に影響を及ぼすものではない」と判示されている。なお、この違憲判断をうけて、本件規定は削除された。

判　例 19　国籍法違憲事件

外国籍の母と日本人男性との間に子が出生し、後に男性がその子を認知し、法務大臣に子の国籍取得届を提出したものの、旧国籍法第 **3** 条第 **1** 項は、出生後の認知の場合には準正によって嫡出子の身分を取得することを国籍付与の要件としており、これにより法務大臣が国籍を認めなかった。

これに対して、出生前に父の認知がある場合および日本国籍の母と外国籍の父との非嫡出子について、生来的な国籍取得が認められているのに比べて、父による出生後の認知の場合に限って、準正による嫡出子の身分取得という過重な要件が課せられているのは、法の下の平等に反するとして、国籍の確認を求めて最高裁に上告された事案である。

最高裁は、出生後における国籍取得の要件として、日本国民との親子関係に加えて、わが国との密接な結び付きを示す要件を設定すること自体は、合理的な立法目的としつつ、家族生活の多様化や非嫡出子の増加等の社会状況の変化、非嫡出子に対する差別撤廃の国際的動向等を指摘し、今日において、日本国民たる父から出生後に認知された子に限って準正による嫡出子の身分取得を国籍付与の要件とすることは、立法目的との合理的関連性を見いだし難く、国籍取得について出生後に認知された子は著しい不利益を受けており、不合理な差別を生じさせているとして、法の下の平等に反し違憲であると判断した（大法廷平成 **20** 年 **6** 月 **4** 日判決民集 **62** 巻 **6** 号 **1367** 頁）。

この違憲判決を受けて、**2008** 年（平成 **20** 年）**12** 月、国籍法が改正され、旧第 **3** 条第 **1** 項から準正による嫡出子の身分取得という要件が削除され、父または母による（出生後の）認知だけで、法務大臣への届出による国籍取得が可能となった。

判 例20 **再婚禁止期間規定事件**

民法は、女性につき6か月の再婚禁止期間を定めていたが、その目的が女性の再婚後に生まれた子の父性推定の重複を回避する点にあるとすれば、第772条では、婚姻成立の日から200日を経過した後又は婚姻解消等の日から300日以内に生まれた子を、夫の子と推定しているので、前婚解消等の日から300以内で、かつ後婚の成立から200日の経過後に子が生まれる事態を避ければ父性推定の重複を回避することができ、そのためには100日の再婚禁止期間を設ければ足り、これを超える部分は合理性を欠き、女性の婚姻の自由を過剰に制約し、女性を差別的に取り扱うものであるとして、憲法違反の主張が行われた。

最高裁は、立法目的との関連において、100日の再婚禁止期間を設ける点については合理性を認めたものの、100日を超過する部分については、婚姻の自由の尊重という趣旨に照らし、もはや正当化し得る根拠を見いだすことができず、過剰な制約であることを認め、憲法第14条第1項、第24条第2項に違反すると判示した（大法廷平成27年12月16日判決民集69巻8号2427頁）。本判決を受け、国会は、再婚禁止期間を100日とする民法第733条の改正を行った。なお、本条は、その後、嫡出推定の見直しにともない廃止されている。

判 例21 **夫婦同一氏規定事件**

原告は、氏名が人格権として憲法第13条によって尊重されるべきところ、民法第750条の規定によって、婚姻の際に氏の変更を強制することは、第13条に反するとともに、事実上96%以上の夫婦が夫の氏を選択しており、女性のみに不利益を負わせる効果を有する点で、第14条第1項に違反し、さらに氏の変更を届出の要件とされていることが、実質的に婚姻の自由を侵害するものであり、個人の尊厳も侵害する点で、第24条にも違反すると主張した。

これに対して、最高裁は、①氏名が人格権の一内容を構成することは認めつつ、現行法制度上、氏の変更を強制されない自由が、憲法上の権利であるとまではいえない、②本件規定は、文言上性別に基づく法的な差別的取扱いを定めているわけではない、③家族の呼称を一つに定めることには合理性が認められ、夫婦同氏制が、氏を改める者にとって不利益を受ける場合がある

ことは否定できないものの、婚姻前の氏を通称として使用することまで許さないというものではなく、直ちに個人の尊厳・両性の本質的要請に照らして合理性を欠く制度であるとは認めることができないと判示して、いずれの憲法違反の主張を退けている（大法廷平成**27**年**12**月**16**日民集**69**巻**8**号**2586**頁）。

判　例22　議員定数不均衡事件

最高裁は、当初、この問題について、選挙人の選挙権の享有に極端な不平等を生じさせる場合でない限り、定数配分は立法政策の問題であるとしていたが（大法廷昭和**39**年**2**月**5**日判決民集**18**巻**2**号**270**頁）、**1976**年、**1**票の較差が最大**4.99**対**1**となった昭和**47**年に行われた衆議院議員選挙について、選挙権の平等は、各選挙人の投票価値の平等も含まれるとし、①較差が一般的に合理性を有するとは到底考えられない程度に達し、②合理的期間内に是正されない場合には違憲になるとの判断基準を示して、本件について違憲状態にあったことを認めるに至った（大法廷昭和**51**年**4**月**14**日判決民集**30**巻**3**号**223**頁。ただし、選挙そのものは無効とすることなく、違法を宣言する判決であった。）。

この後、衆議院議員の選挙に関しては、**3**倍を超える較差について、いずれも違憲の状態に達していると認めている（大法廷昭和**58**年**11**月**7**日判決民集**37**巻**9**号**1243**頁、同昭和**60**年**7**月**17**日判決民集**39**巻**5**号**1100**頁、同平成**5**年**1**月**20**日判決民集**47**巻**1**号**67**頁）。

平成**6**年に衆議院の選挙制度が改正変更された際、「衆議院議員選挙区画定審議会設置法」が制定され、較差が**2**倍以上とならないようにすることを基本とすると明記された（同**3**条**1**項）。しかし、平成**21**年の衆議院総選挙において、最大**2.3**倍の較差を生じた。これにつき、最高裁は、本件選挙における一人別枠方式を採る選挙区割りを、憲法の投票価値の平等の要求に反し違憲状態であったと認定したが、合理的期間内における是正がなされなかったとは言えないとして、憲法に違反しないとする判断を示している（大法廷平成**23**年**3**月**23**日判決民集**65**巻**2**号**755**頁）。

これに対して、参議院議員選挙に関しては、最高裁大法廷昭和**58**年**4**月**27**日判決民集**37**巻**3**号**345**頁は、旧地方区の地域代表的性格といった特殊性を考慮し、①到底看過できない程度の著しい不平等で、②これが相当期間継続し、是正措置を講じないことが裁量の限界を超える場合を違憲とする基準を示し、最大**5.26**対**1**に達し、またいわゆる逆転現象（選挙人の多い選挙区の定数が、選挙人の少ない選挙区の定数よりも少ない）が生じている昭和

52 年の選挙を合憲とした。平成 4 年の選挙では、最大較差が 6.59 倍に達し、逆転現象も 24 選挙区に及んだ。最高裁は、「違憲の問題が生ずる程度の投票価値の著しい不平等状態が生じていた」と判断したものの、国会の裁量権の限界を超えるものとは断定し難いとして、定数配分は合憲と判決した（大法廷平成 8 年 9 月 11 日判決民集 50 巻 8 号 2283 頁）。その後の最大較差が 5 倍に達していない選挙について、いずれも合憲と判断している（大法廷平成 10 年 9 月 2 日判決民集 52 巻 6 号 1373 頁、同平成 12 年 9 月 6 日判決民集 54 巻 7 号 1997 頁）。

最高裁の違憲状態との判断をうけて、国会も較差の是正に向けた選挙制度の構築に取り組み、衆議院議員選挙に関しては、2016 年に都道府県における定数配分を一人別枠方式からにアダムズ方式に変更された。参議院議員選挙に関しても定数の見直しは行われているが、較差の縮減には至っておらず、2010 年の通常選挙では最大較差が 5 倍であった。最高裁は、「著しい不平等状態」と判断すると同時に、この原因が都道府県を単位とする定数配分制度にあるとして、この配分方法自体の見直しを含む抜本的な改正の必要性を指摘した（大法廷平成 24 年 10 月 17 日判決民集 66 巻 10 号 3357 頁）。その後、一部の合区および定数配分の増減を行った 2016 年の通常選挙では 3.08 倍となっているが、最高裁は違憲状態とは判断せず、合憲としている（大法廷平成 29 年 9 月 27 日判決民集 71 巻 7 号 1139 頁）。

第 3 章　自 由 権

1　総　説

公権力による個人に対する不当な干渉を排除するため、近代憲法は、まず個人の自由を権利として保障した。この保障は、第一に、個人としての人格的自律性の根幹を成す精神活動の自由、第二に歴史的に横行した恣意的な身体に対する強制的な権力活動を排除すべく身体活動の自由（これを人身の自由という）、そして第三に、経済活動に対する自由に及ぶ。

2 精神的自由権

(1) 思想・良心の自由〔第19条〕

個人の人格的な基盤である内面の精神活動を保障する規定である。内心にとどまる限り、いかなる制約にも服さず、絶対的に保障される。このため、内心の告白を強制することも、禁止される。これを「沈黙の自由」という。

「思想」「良心」とは、世界観、人生観、主義・主張など個人の内面的な精神作用を広く含むと解される（内心説）。

判　例23　**謝罪広告強制事件**

衆議院の選挙に際して、ある候補者が他の候補者の名誉を毀損したとして、裁判所から「右放送及記事は真相に相違しており、貴下の名誉を傷け御迷惑をおかけいたしました。ここに陳謝の意を表します」という内容の謝罪広告の掲載を命じられたのに対して、この候補者が、謝罪の強制は思想良心の自由を侵害するものであるとして争われた事案。

最高裁は、謝罪広告の中には、これを強制執行した場合に、債務者（加害者）の人格を無視し著しくその名誉を毀損し意思決定の自由をないし良心の自由を不当に制限することになるものもあるが、本件のように、「単に事態の真相を告白し陳謝の意を表するに止まる程度」であれば、憲法に違反しないと判示した（大法廷昭和**31**年**7**月**4**日判決民集**10**巻**7**号**785**頁）。

判　例24　**卒業式等での国歌斉唱における起立命令違反事件**

君が代については、その歌詞の内容等から天皇を賛美し、戦前の国家主義ないし軍国主義を支えるものであるなどとして、現行憲法にそぐわないとする批判が根強く展開される中で、平成**11**年に日の丸を国旗、君が代を国歌とする法律（「国旗及び国歌に関する法律」）が制定された。その後も、学校行事である入学式や卒業式において、公立学校の教職員の一部が国歌斉唱の際に起立しないという事実が見られたところ、校長が国歌斉唱時における起立を命じたにもかかわらず、その職務命令に従わず起立しなかった教職員につき、地方公務員法にもとづいて教育委員会により戒告処分が行われた。これに対して、処分を受けた教職員が、思想・信条の自由を侵すものであるとして、処分の取り消しを求めて、訴訟を提起した事件である。

最高裁は、学校の儀式的行事である卒業式等の式典における国歌斉唱の際の起立行為は、慣例上の儀礼的な所作であり、個々人の歴史観や世界観と結び付くものではないとしつつも、それが国旗・国歌に対する敬意の表明の要素を含むものであることを認め、この点で、起立命令が間接的に個人の思想及び良心の自由を制約する面があると指摘する。しかし、儀式的行事にふさわしい秩序を確保した式典の円滑な進行の必要性、法令・職務上の命令に従って職務を遂行すべき公務員の地位および職務の公共性等に鑑み、本件職務命令は、思想および良心の自由についての間接的な制約を許容し得る程度の必要性及び合理性が認められ、憲法**19**条に違反するとはいえないとの判断を示した（平成**23**年**6**月**14**日判決民集**65**巻**4**号**2149**頁、平成**23**年**6**月**24**日判決）。

ただし、起立斉唱命令に従わないことを理由とする停職・減給という懲戒処分については、処分による不利益の大きさを考慮し、重すぎて違法であると判示している（平成**24**年**1**月**16**日判決集民**239**号**253**頁）。

(2)　信教の自由〔第20条〕

[i]　信教の自由

憲法は、「信教の自由は、何人に対してもこれを保障する。」〔憲法20条1項前段〕、「何人も、宗教上の行為、儀式又は行事に参加することを強制されない。」〔同条2項〕と定め、信教の自由を保障する。大日本帝国憲法でも、信教の自由に関する規定はあったものの、「安寧秩序ヲ妨ケス及臣民タルノ義務ニ背カサル限ニ於テ」保障されたに過ぎず、また実際にも、戦前は、現人（あらひと）神である天皇が治める国体の精神と正当性は神道（国家神道）によって支えられていたため、キリスト教など他の宗教は弾圧されたり冷遇を受けていた。

信教の自由の内容として、①信仰の自由、②宗教的行為の自由（礼拝の自由）、③宗教教育・宗教宣伝の自由、④宗教的結社の自由などがある。

信仰そのものの自由は、内心の自由に属し、絶対的な保障を受けるが、その他の自由に関しては、いうまでもなく他の人権との関係で制約を免れない。国際人権規約Ｂも、「公共の安全、公の秩序、公衆の健康若しくは道徳又は他の者の基本的な権利及び自由を保護するために必要な」制限を認めている〔B規約18条3項〕。

判 例25 **加持祈祷事件**

ある母親から精神障害を来たした息子（18歳）の平癒を願って加持祈祷を依頼された真言宗の僧侶が、祈祷を行ったものの治癒せず、狸に憑かれているとして、暴れる息子を近親者に押さえつけさせ、護摩壇の近くで火に当らせたり、8畳の部屋で約3時間にわたって線香護摩を焚いて、線香800束を燃やし尽くした結果、息子は全身多数箇所に熱傷、皮下出血を負い、これによるショックなどを起こし祈祷開始4時間後に急性心臓マヒで死亡した。

最高裁は、信教の自由の保護も絶対無制限のものではないとして、次のように判示した。「本件行為は、…線香護摩による加持祈祷の行としてなされたものであるが、……右加持祈祷行為の動機、手段、方法およびそれによって右被害者の生命を奪うに至った暴行の程度等は、医療上一般に承認された精神異常者に対する治療行為とは到底認め得」ず、「一種の宗教行為としてなされたものあったとしても、……他人の生命、身体等に危害を及ぼす違法な有形力の行使に当るものであり、これにより被害者を死に致したものである以上、……右行為が著しく反社会的なものであることは否定し得ないところであって、憲法二〇条一項の信教の自由の保障の限界を逸脱したものというほかはなく、これを刑法二〇五条に該当するものとして処罰したことは、何ら憲法の右条項に反するものではない。」（大法廷昭和38年5月15日判決刑集17巻4号302頁）

判 例26 **剣道実技拒否事件**

神戸市立工業高等専門学校1年の生徒が、必修科目である体育実技で課された剣道に、その信仰する宗教（エホバの証人）の教義にもとづいて参加しなかったため、学校長は体育の単位を認定せず、原級留置処分とし、次年度も同様であったため再び原級留置となったことから退学処分とした。これに対して、生徒側は、信教の自由等を侵害するものとして、処分の取消を求めて訴訟を提起した。

最高裁は、一方で剣道実技の履修が必須のものとまでは言い難く体育科目による教育目的の達成は、他の実技の履修などの代替的方法によっても可能であり、他方で、当人の剣道実技拒否の理由は、信仰の核心部分に密接に関

連する真摯なものであって、各処分による不利益を避けるためには自己の信仰する教義に反する行動を採ることを余儀なくさせられてしまうと指摘し、学校長の措置は、考慮すべき事項を考慮しておらず、又は考慮された事実に対する評価が明白に合理性を欠き、その結果、社会観念上著しく妥当を欠くもので、裁量権の範囲を超える違法なものであると判示した（平成**8**年**3**月**8**日判決民集**50**巻**3**号**469**頁）。

判　例27　**殉職自衛官合祀事件**

殉職した自衛官の夫を、妻はキリスト教によって追慕していたところ、他の遺族から県の隊友会（退職自衛官で組織された社団法人）に対して県の護国神社に合祀してほしい旨の要望を受け、隊友会は、自衛隊山口地方連絡部の現役職員の協力を得て、神社への合祀申請を行った。これに対して、妻が合祀手続きの取消を求めて訴えを提起した事案。

第**1**審は、本件合祀申請が隊友会と自衛隊が共同で行ったものと認定したうえ、申請行為は宗教的意義を有し、護国神社の宗教を助長促進する効果をもつものであり、これによって妻の宗教上の人格権を侵害するものと認め、妻の請求を認容し、控訴審もほぼ同様の判断を示した。

最高裁は、政教分離原則の点について、本件合祀申請という行為は、合祀の希望を表明するにすぎないものであり、自衛隊職員の行為は間接的で、その意図も自衛隊員の地位向上、士気の高揚を図ることにあり、特定の宗教を支援したり圧迫するなどの効果をもつものでなく、憲法が禁止する宗教的活動とは認められないと判示した。

また、妻の宗教的人格権侵害の主張について、「人が自己の信仰生活の静謐を他者の宗教上の行為によって害されたとし、そのことに不快の感情を持ち、そのようなことがないよう望むことのあるのは、その心情として当然であるとしても、かかる宗教上の感情を被侵害利益として、直ちに損害賠償を請求し、又は差止めを請求するなどの法的救済を求めることができるとするならば、かえって相手方の信教の自由を妨げる結果となるに至ることは、見易いところである。信教の自由の保障は、何人も自己の信仰と相容れない信仰をもつ者の信仰に基づく行為に対して、それが強制や不利益の付与を伴うことにより自己の信教の自由を妨害するものでない限り寛容であることを要請している」と説示して、合祀は信教の自由によって神社が自由に行えるもので、何人の法的利益をも侵害するものではないと結論付けた（大法廷昭和**63**年**6**月**1**日判決民集**42**巻**5**号**277**頁）。

[ii] 政教分離原則

憲法は、個人の信教の自由を確保するため、「いかなる宗教団体も、国から特権を受け、又は政治上の権力を行使してはならない。」〔憲法20条1項後段〕、「国及びその機関は、宗教教育その他いかなる宗教的活動もしてはならない。」〔同条3項〕と規定し、国から特権を受ける宗教の禁止と国の宗教的中立性を定め、さらに財政面からも「公金その他の公の財産は、宗教上の組織若しくは団体の使用、便益若しくは維持のため、……これを支出し、又はその利用に供してはならない。」〔同89条〕と規定し、国家と宗教との分離原則を採っている。

宗教は、人間存在の根本に関わり、かつ歴史的に当該共同体のあり方に大きな影響を与えてきた。したがって、国家と宗教とは密接な関係をもってきたが、市民の宗教的自由を認める近代国家の成立により、宗教を国家と切り離す制度が採用されるようになった。もっとも、歴史的な背景もあって、その形態は国によって様々である。イギリスでは、国教制度が維持されながら他の宗教に対する寛容性が認められ、ドイツは、教会の独立性を認めたうえで、国家と競合する事項については相互の協定（政教条約〔コンコルダート〕と呼ばれる）によって処理する。他方、迫害を逃れて建国されたアメリカにおいては、国家と宗教との厳格な分離が図られた。日本国憲法は、アメリカ型の分離原則に拠っている。

しかし、厳格な分離といっても、現実には国家が宗教との関わりをすべて絶つことは不可能である。たとえば、私立学校に対する補助金の交付にあたり、宗教系の団体が設立したものも含まれ、これらだけを除外することも妥当ではない。そこで、国家が宗教と関わりをもつ場合に、分離原則に抵触し憲法違反となる判断基準が問題となる。これについて、アメリカでは、目的、効果、過度の関わりの点に着眼して判断するテストが判例理論として確立されている。日本の判例も、分離原則違反の判断において、概ねアメリカで形成された「目的・効果」基準に依拠している。

判　例28　**津地鎮祭事件**

津市が、市体育館の起工式に際して、神式の地鎮祭を挙行し、神官に謝礼などを公金で支出した。これに対し、市議の一人が、憲法第20条、89条に反するとして、地方自治法にもとづいて市長に損害の填補を求めて訴えた。

第1審は、本件起工式を習俗的行事として、請求を棄却したが、控訴審では、宗教的活動に該当すると判断された。

最高裁は、憲法第20条3項によって禁止される宗教的活動について、「およそ国及びその機関の活動で宗教とのかかわり合いをもつすべての行為を指すものではなく、そのかかわり合いが右にいう相当とされる限度を超えるものに限られるというべきであって、当該行為の目的が宗教的意義をもち、その効果が宗教に対する援助、助長、促進又は圧迫、干渉等になるような行為をいうものと解すべきである」と判示し、本件起工式につき、土地の平安堅固、工事の安全を願う社会の一般的慣習に従った儀礼を行うという世俗的な目的をもつもので、とくに神道を援助する等の効果をもつものとは認められないとして、憲法で禁止される宗教的活動にはあたらないと判断した（大法廷昭和52年7月13日判決民集31巻4号533頁）。

判　例29　**愛媛玉串料事件**

愛媛県は、昭和56年から61年にかけて、靖国神社及び県護国神社に例大祭などに際して玉串料や供物料等として、公金を支出した。これにつき、住民が憲法第20条3項、第89条等に違反するとして、知事等に対して損害賠償を求めた事案。

第1審は政教分離原則に反するとの判断を示したが、控訴審では違反しないと判断された。

最高裁は、次のように述べて、本件支出行為を違法と認めた（大法廷平成9年4月2日判決民集51巻4号1673頁）。「神社自体がその境内において挙行する恒例の重要な祭祀に際して右のような玉串料等を奉納すること」は、建築現場で行う儀式である起工式とは異なり、「その宗教的意識が希薄化し、慣習化した社会的儀礼にすぎないものとなっているとまでは到底いうことができず、一般人が本件の玉串料等の奉納を社会的儀礼の一つにすぎないと評価しているとは考え難い。」「地方公共団体が特定の宗教団体に対してのみ本件のような形で特別のかかわり合いを持つことは、一般人に対して、県が当該特定の宗教団体を特別に支援しており、それらの宗教団体が他の宗教団体

とは異なる特別のものであるとの印象を与え、特定の宗教への関心を呼び起こすものといわざるを得ない。」以上の点を考慮すれば、玉串料等の奉納は、宗教的意義を持ち、その効果が特定の宗教に対する援助、助長、促進になると認められ、県と靖国神社等とのかかわり合いが、「我が国の社会的・文化的諸条件に照らし相当とされる限度を超える」ものであり、憲法 **20** 条 **3** 項の禁止する宗教的活動に該当し、**89** 条で禁止される公金の支出にあたり違法である。

もっとも、その後、自治体がその所有地を宗教的施設の敷地として長年にわたり無償で、あるいは使用料全額免除して利用させていたケースで、かかわり合いの程度を判断するにあたり、諸般の事情を考慮し社会通念に照らして総合的に判断すべきであるとの枠組みが示されている。

判　例 30　空知太神社事件

市が、町内会が集会場等として使用していた建物の敷地として市有地を無償で使用させていたが、その敷地内に神社の祠や鳥居等が設置されていた。これにつき、住民から市による無償提供は政教分離原則に違反するとして、地方自治法 **242** 条の **2** 第 **1** 項 **3** 号に基づき財産管理を怠る事実の違法確認を求める住民訴訟が提起された。

最高裁は、国公有地が無償で宗教的施設の敷地としての用に供されている場合に、「信教の自由の保障の確保という制度の根本目的との関係で相当とされる限度を超えて憲法 **89** 条に違反するか否かを判断するに当たっては、当該宗教的施設の性格、当該土地が無償で当該施設の敷地としての用に供されるに至った経緯、当該無償提供の態様、これらに対する一般人の評価等、諸般の事情を考慮し、社会通念に照らして総合的に判断すべきものと解するのが相当である」との憲法判断の枠組みを示し、本件につき、「市と本件神社ないし神道とのかかわり合いが、我が国の社会的、文化的諸条件に照らし、信教の自由の保障の確保という制度の根本目的との関係で相当とされる限度を超えるものとして、憲法 **89** 条の禁止する公の財産の利用提供に当たり、ひいては憲法 **20** 条 **1** 項後段の禁止する宗教団体に対する特権の付与にも該当する」として違憲とする判断を示した（大法廷平成 **22** 年 **1** 月 **20** 日判決）。

最高裁は、市において撤去請求をすることを怠る事実を違法とした原審の判断の点につき、違憲状態を解消する手段方法について検討されていないとして、結論としては破棄差戻した。その後、市は本件土地に関し賃貸することとした。この賃貸については、再上告審（平成 **24** 年 **2** 月 **16** 日判決民集 **66** 巻 **2** 号 **673** 頁）で、憲法 **89** 条、**20** 条 **1** 項後段に違反しないと判示されている（なお、冨平神社事件・大法廷平成 **22** 年 **1** 月 **20** 日判決参照）。

その後、市が管理する都市公園内に、孔子等を祀る施設の設置を許可し、敷地の使用料を全額免除する行為につき、違法確認を求める住民訴訟が提起された事件でも、最高裁は上記と同様の判断枠組みにより、市と宗教との過度のかかわり合いを認め、憲法 **20** 条 **3** 項の禁止する宗教活動に該当するとの判断を行っている（孔子廟事件・大法廷令和 **3** 年 **2** 月 **24** 日判決民集 **75** 巻 **2** 号 **29** 頁）。

(3)　学問の自由〔第 23 条〕

学問は、真理探究の人間の営みである。真理は、人間の無知、蒙昧に光を照らし、人類を導く普遍的な理念である。しかし、しばしば権力者は自己に都合の良いものを真理と偽り、都合の悪いものは邪説として迫害してきた。残念なことに、真理の探究は、権力者によって歪められてきたのである。戦前の日本においても、滝川事件や天皇機関説事件に見られるように、軍部などによる思想統制、学問の弾圧が行われた。そもそも真理は、権力によって認定されるものではない。権力とは関わりなく、真理を愛する人びとによって、誤謬に充ちた不完全で相対的な存在に過ぎないという自覚にもとづき、相互の批判と検証を通じて探求されるべきものである。この開かれたプロセスを確保し、公権力の干渉を排除する点に、学問の自由を保障する意義と目的が認められる。

学問の自由には、①学問研究の自由、②研究発表の自由、③教授の自由が含まれる。

学問の自由の保障を完うするため、学問活動に対する公権力による干渉を排除する必要がある。このため、歴史的に学問研究の中心的機関であった大学に自治が認められてきた。学問の自由は、いわゆる**大学の自治**も保障するものと解されている。

判 例31 **東大ポポロ事件**

昭和27年、東京大学の教室で、公認団体のポポロ劇団が許可を得て、松川事件を題材とする演劇を上演発表していた際、学生が、たまたま私服警察官を発見し、もみ合いとなり身柄を拘束し警察手帳を取り上げ、謝罪文を書かせた。警察官は、昭和25年半ば頃から構内に立ち入り、学生などの活動情報の収集を行っていたものであった。学生は、警察官に対する暴行などの嫌疑で「暴力行為等処罰ニ関スル法律」違反として起訴された。

第1審は、大学の自治と警察官の行為を比較衡量し、前者に優越的価値を認め、学生の行為は大学の自治を守るための正当な行為であるとして、無罪を言い渡した。控訴審も、原審の判断を支持した。

上告を受けた最高裁は、控訴審判決を破棄して、差戻した（大法廷昭和38年5月22日判決刑集17巻4号370頁）。最高裁は、「大学の学問の自由と自治は、大学が……深く真理を探求し、専門の学芸を教授研究することを本質とすることに基づくから、直接には教授その他の研究者の研究、その結果の発表、研究結果の教授の自由とこれらを保障するための自治とを意味」し、「学生の集会が真に学問的な研究またはその結果の発表のためのものでなく、実社会の政治的社会的活動に当る行為をする場合には、大学の有する特別の学問の自由と自治は享有しない」と説示して、本件集会は実社会の政治的社会的活動であり、学問の自由・自治を享有せず、したがって警察官の立ち入りはこれを犯すものではないと結論付けた。

(4) 表現の自由〔第21条〕

[i] 総　説

憲法は、「言論、出版その他一切の表現の自由は、これを保障する。」〔憲法21条1項〕、「検閲は、これをしてはならない。」〔同条2項〕と規定し、表現の自由を保障する。

思想・良心の自由や信仰の自由が人格的精神活動の内面を保障するものである（内心の自由）のに対し、精神活動の外部的側面の保障をカヴァーするのが、表現の自由である。精神活動が内面にとどまる限り、いかなる制約にも服さないが、外部への表出によって他の人権との調整が不可避となるから、表現の自由には内在的な制約が認められる。ただし、表現活動は、次のような重要な価値を担っているので、いうまでもなく必要最小限度の制約に限られる。

表現活動は、第一に、個人の人格形成とその発展のために欠くことのできない要素である（これは、**自己実現の価値**と呼ばれる。）。第二に、民主制との関連において、一人ひとりが政治に参加する主体として判断を行ううえで、表現活動の自由が不可欠である（これを、**自己統治の価値**と呼ぶ。たとえば、ヴァージニア権利宣言第12条は、「言論、出版の自由は自由の有力な防塞の一つであって、これを制限するものは専制政府といわなければならない。」と宣言している。）。さらに、人間が真理へ接近するためには、可能な限りあらゆる情報が批判・検証にさらされることが重要であり、「真理の最上のテストは、市場の競争において自らを容認させる思想の力である」（ホームズ判事）とする**「思想の自由市場論」**によっても、自由な表現活動が保障されなければならない根拠が提供された。

[ii]　違憲審査基準

以上に見たように、表現活動は、代え難い価値を担っているので、表現の自由を規制するにあたっては、真にやむを得ない事情が存在する場合に限られるべきである。こうした考慮から、アメリカの判例において、精神的自由を規制する場合には、経済的自由と比較してより厳格な審査基準が妥当するという**「二重の基準論」**が展開され、日本でも、判例・学説上一般に受け入れられている。

主要な厳格審査基準として、次のようなものがある。

①　**事前抑制禁止の理論**　　表現活動を事前に抑制することは、原則として許されないとする基準。これに拠った判例として、**判例32**がある。この理論は、憲法が、検閲の禁止を定めていることにも現れている。

②　**「明白かつ現在の危険」の基準**　　アメリカの判例で確立されたもので、（重大な）害悪が引き起こされる、明白で差し迫った危険のある場合にのみ、当該表現行為を規制できるとする基準。

③　**明確性の原則**　　規制立法の法文が漠然、不明確であると、一方で法運用者の恣意的行使を招き濫用の危険性があり、他方で人びとの自由な表現

活動を萎縮させてしまう効果を生むおそれも認められる。この点から、法文は明確なものであることを要請される。これが明確性の原則である。アメリカでは、「漠然・不明確であるがゆえに無効」「過度の広汎性のゆえに無効」のテストとして知られている。

④ 「より制限的でない他の選択しうる手段」基準　立法目的を達成するために、より制限的でない他の手段方法の選択肢（less restrictive alternatives）が存在するか否かを審査するテスト。LRA の基準と略称されている。

判例32　北方ジャーナル事件

1979 年施行の北海道知事選挙に立候補予定の者を誹謗中傷する記事を掲載した雑誌が発売されるのを知った同立候補予定者が、その雑誌「北方ジャーナル」の印刷、販売・頒布等の禁止を求め、地裁に仮処分を申請し、地裁は即日仮処分の決定を行い、執行された。これに対し、雑誌社の代表取締役が、立候補予定者及び国を相手取り損害賠償請求の訴えを提起した。

最高裁は、仮処分による事前差止めは、「検閲」には当たらないが、「表現行為に対する事前抑制は、表現の自由を保障し検閲を禁止する憲法二一条の趣旨に照らし、厳格かつ明確な要件のもとにおいてのみ許可されうる。」「出版物の頒布等の事前差止めは、このような事前抑制に該当するものであって、とりわけ、その対象が公務員又は公職選挙の候補者に対する評価、批判等の表現行為に関するものである場合には、……一般にそれが公共の利害に関する事項であるということができ、……その表現が私人の名誉権に優先する社会的価値を含み憲法上特に保護されるべきであることにかんがみると、当該表現行為に対する事前差止めは、原則として許されないものといわなければならない。ただ、右のような場合においても、その表現内容が真実でなく、又はそれが専ら公益を図る目的のものでないことが明白であって、かつ、被害者が重大にして著しく回復困難な損害を被る虞があるときは、……例外的に事前差止めが許される」と説示し、雑誌社側の請求を退けた（大法廷昭和 **61** 年 **6** 月 **11** 日判決民集 **40** 巻 **4** 号 **872** 頁）。

[iii]　表現の自由と「知る権利」

表現活動は、収集、伝達、受領のプロセスによって構成される（佐藤 513 -

516 頁参照)。伝統的に、伝達の過程に権力が介入し、情報の公表が禁圧されたため、外部への伝達・公表の自由を保障することが重要であると考えられてきた。しかしながら、マス・メディアの発達は、一方で伝達する組織による恣意的な情報操作の問題性を表面化させた。このため、情報受領者の側からの主体的な表現の自由の実現が求められるようになった（世界人権宣言第 19 条は、「すべて人は、意見及び表現の自由に対する権利を有する。この権利は、干渉を受けることなく自己の意見をもつ自由並びにあらゆる手段により、また、国境を越えると否とにかかわりなく、情報及び思想を求め、受け、及び伝える自由を含む。」と規定している。)。

自己統治の価値に照らして、公権力との関係で、国民、住民として情報を求め、その開示を要求する権利が認められなければならない。ここに、国民・住民の**「知る権利」**が成立する。国民、住民の情報を求める自由が転化した知る権利は、自由権的性質のほか、請求権としての積極的権利性を有し、また参政権的な性格も帯びているといえよう。この情報開示請求権は、公権力機関による情報の開示によってはじめて実現される。このため、情報開示制度が不可欠であり、今日大多数の自治体において、情報公開条例が制定されているとともに、国も、1999 年「行政機関の保有する情報の公開に関する法律」を制定した。（詳細は、D 第 1 章 3 (3) 参照。もっとも、この法律では、結局知る権利が明記されるには至らなかった。）

報道機関の報道の自由は、上述した国民の知る権利という観点からも重要な意義を有する。報道の自由が、表現の自由に含まれ、その保障を受けることについて、判例・学説ともに認めているが、取材の自由については異論もある。しかし、情報の積極的な収集活動は、報道機関の報道と一体不可分の活動であり、これを欠いては、国民の知る権利にも応えられないといわざるを得ないので、取材の自由も憲法第 21 条によって保障されると解すべきである（多数説。判例 **33** は、第 21 条に照らし、「尊重に値する」と述べる。)。

判　例 33　博多駅テレビフィルム提出命令事件

1968 年、原子力空母寄港に際し、デモ隊と機動隊が博多駅付近で衝突した。この警備について、過剰警備であったとして特別公務員職権濫用罪などとして警察官が告訴されたが、検察は不起訴処分とした。これ対し、付審判請求がなされ、福岡地裁に係属することになり、同地裁が審理のために放送各社に衝突の模様を収録したテレビフィルムの提出を命令した事件。放送各社は、報道の自由を侵害するとして争った。

最高裁は、まず「報道機関の報道は、民主主義社会において、国民が国政に関与するにつき、重要な判断の資料を提供し、国民の『知る権利』に奉仕するものである。したがって、思想の表明の自由とならんで、事実の報道の自由は、表現の自由を規定した憲法二一条の保障のもとにあることはいうまでもない。また、このような報道機関の報道が正しい内容をもつためには、報道の自由とともに、報道のための取材の自由も、憲法二一条の精神に照らし、十分尊重に値するものといわなければならない。」と説示したうえで、「しかし、取材の自由といっても、もとより何らの制約を受けないものではなく、たとえば公正な裁判の実現というような憲法上の要請があるときは、ある程度の制約を受けることのあることも否定できない。」として、本件提出命令について、本件フィルムは証拠上必須といえるほど重要な価値をもっている反面、放映されたものや放映のために準備されたフィルムに関するものであり、報道機関の蒙る不利益は忍受されねばならない程度のものであると述べて、放送各社の主張を退けた（大法廷昭和**44**年**11**月**26**日決定刑集**23**巻**11**号**1490**頁。）

[iv]　検閲の禁止

憲法は、検閲の禁止を定めている。判例も、検閲は、絶対的に禁止され、公共の福祉を理由とする検閲も許されないとする。検閲を争点とする判例として、判例**34**と判例**35**が有名である。

判　例34　税関検査事件

外国から雑誌・書籍等を輸入しようとした際、税関において関税定率法に掲げられた「風俗を害すべき」輸入禁制品に該当すると判断されたのを受けて、発注者が税関検査は検閲にあたるとして争った事件。

最高裁は、検閲は絶対的に禁止されるとしたうえで、検閲の概念を「行政

権が主体となって、思想内容等の表現物を対象として、その全部又は一部の発表の禁止を目的として、対象とされる一定の表現物につき網羅的一般的に、発表前にその内容を審査した上、不適当と認めるものの発表を禁止することを、その特質として備えるものを指す」と定義づけ、税関検査については、①既に国外で発表済みの表現物であり、②税関検査は、関税徴収手続の一環として付随的に行われるものに過ぎないと指摘して、検閲には該当せず、合憲であると判断した（大法廷昭和**59**年**12**月**12**日判決民集**38**巻**12**号**1308**頁）。

判　例35　**教科書検定事件―家永訴訟―**

大学教授の家永三郎氏が、執筆した日本史の教科書について、文部省において検定不合格処分などとなったため、検定制度およびその運用を争点として訴訟を提起した事案。

最高裁は、税関検査事件における検閲概念を踏襲して、教科書検定は、一般図書としての発行を何ら妨げるものではないとして、検閲に当たらないと判断するとともに、検定による表現の自由の制限については、教育の正確、中立・公正、一定水準の確保といった観点から、必要かつ合理的な範囲で許されると説き、本件検定につき違法なものではないと判示した（平成**5**年**3**月**16**日判決民集**47**巻**5**号**3483**頁）。

3　経済的自由権

(1)　総　　説

封建的な身分制社会の桎梏を打破して、自由な社会を形成することが目指された近代において、経済活動の自由は、当初から人権の一つとして保障された。しかし、自由な市場経済の進行は、一面において富の偏在を生み、多くの労働者の不自由をもたらすことになった。20世紀に入って労働運動の高まりを契機に、自由放任の夜警国家から社会福祉国家へと移り変わるのにともない、経済活動に対する国家の規制も不可避となり、現代においては広汎な制約が認められる。このように、今日、経済活動は、国家の社会経済政策によって影響を受けざるを得ない。憲法が、経済的自由権規定である第22条および第29条に「公共の福祉」を再言しているのも、内在的制約に服することはもちろんであるが、このほかに公共的、政策的な制約にも服することを許容する趣旨と解される。

(2) 職業選択の自由〔第 22 条〕

[i] 内　容

職業選択の自由には、自己の従事する職業の選択決定の自由のみならず、選択した職業の遂行の自由も含まれる。後者を、営業の自由という。届出制（理容業など)、登録制（建設業など)、許可制（風俗営業、貸金業など)、資格制（医師、薬剤師、弁護士など)、特許制（電気、ガス、鉄道など）などの規制が行われている。

[ii] 違憲審査基準

既述したように、二重の基準論によって、経済的自由の規制に関する審査は、「合理性の基準」で足りる。すなわち、立法目的および立法目的達成手段について一般人を基準に合理性の判断を行う。

職業選択の自由については、国民の安全および公共の秩序を維持する観点からの規制（いわゆる警察的規制）や、社会福祉国家の理念にもとづく政策的な配慮による規制が図られている。前者を消極目的、後者を積極目的という。そして、判例は、これらの目的に応じて、合理性基準をさらに分け、後者の審査に関しては、「著しく不合理であることが明白である場合に限り」違憲とする「明白性の基準」を採用している（判例 36)。積極目的による規制は、国の社会経済、福祉政策の一環として行われ、政策の当否を審査する立場にない司法機関として、一応立法府の判断を尊重し、合憲性が推定されるという考慮によるものである（なお、C 第 4 章 6 (2)〔ii〕参照)。これに対して、消極目的に妥当する合理性基準のことを「厳格な合理性基準」と呼んでいる。薬局開設の距離制限につき、この基準によって違憲と判断した判例が注目される（判例 37)。

判　例 36　小売市場距離制限事件

小売市場の開設について、小売商業調整特別措置法で、許可制となっており、許可の条件として既存の市場から一定の距離以上に離れていることを要求する適正配置規制が課されていた。これに違反して小売市場を開設した会社及びその代表取締役が起訴されたが、被告人側は、憲法第**22**条に反するとして争った事案。

最高裁は、「社会経済の分野において、法的規制措置を講ずる必要があるかどうか、その必要があるとしても、どのような手段・態様の規制措置が適切妥当であるかは、主として立法政策の問題として、立法府の裁量的判断にまつほかない。……裁判所は、立法府の右裁量的判断を尊重するのを建前とし、ただ、立法府がその裁量権を逸脱し、当該法的規制措置が著しく不合理であることの明白である場合に限って、これを違憲として、その効力を否定することができるものと解するのが相当である。」と説示し、本件規制について、中小企業保護政策の一環であり、目的において一応の合理性があり、手段においても著しく不合理であることが明白であるとは認められないとして、合憲の判断を示した（大法廷昭和**47**年**11**月**22**日判決刑集**26**巻**9**号**586**頁）。

判　例37　**薬局距離制限事件**

旧薬事法では、配置の適正を欠くときは開設の許可を与えないことができると規定され、配置基準は条例で定めることになっていた。広島県は、ある薬局の許可申請を行った者に対して、薬事法、県条例で定める配置基準に適合しないとして、不許可処分とした。これに対して、申請者が、この処分の取消を求めて訴えた事案。

最高裁は、薬局の適正配置規制は、主として国民の生命及び健康に対する危険防止という消極的、警察的目的のための規制措置であると認定したうえで、規制目的の必要かつ合理性、当該規制手段の必要性を審査基準として挙げ、本件規制について、「薬局等の偏在―競争激化―一部薬局等の経営の不安定―不良医薬品の供給の危険又は医薬品乱用の助長の弊害という事由は、いずれもいまだそれによって右の必要性と合理性を肯定するに足りないと摘示して、憲法**22**条**1**項に反し無効であると認めた（大法廷昭和**50**年**4**月**30**日判決民集**29**巻**4**号**572**頁）。

(3)　財産権の保障〔第29条〕

[i]　総　　説

財産権は、近代当初、不可侵の人権に数えられていた。フランス人権宣言は、自然的権利として、自由と並べて「所有」を掲げ〔仏人権宣言2条〕、「所有は、神聖かつ不可侵の権利」〔同17条〕であると宣言している。身分的な封建体制の下では、土地などの上に身分による重層的な支配が重なっており、こうした束縛を解放し、個人による完結的な全面支配を確立するために、所有権の絶対が強調されたのである。

私所有の保障は、資本主義経済の基盤を成す重要な要素であり、その発展を促した。しかし、その結果として、社会的・経済的不平等を生じることとなった。こうした弊害を是正するため、20世紀に入り、公共的な規制の必要性が高まり、1919年のヴァイマール憲法では、「所有権は義務を伴う。その行使は同時に公共の福祉に役立つものであるべき」〔ヴァイマール憲法153条3項〕と規定されるに至ったのである。日本国憲法も、財産権の保障を定める一方で、「財産権の内容は、公共の福祉に適合するやうに、法律でこれを定める。」〔憲法29条2項〕と規定し、公共的な見地からの制約が明示されている。

[ii]　保障の内容

財産権の保障は、各人の具体的な財産上の権利ばかりでなく、個人が財産権を享有できる制度そのもの、すなわち私有財産制度にも及ぶ（通説）。

[iii]　正当な補償

「私有財産は、正当な補償の下に、これを公共のために用ひること」が認められる〔同29条3項〕。補償の対象となるのは、特定の個人に対して特別の犠牲を生じる場合と解されている（通説〔特別犠牲説といわれる〕）。正当な補償の意味をめぐって、最高裁は、かつて終戦直後の農地改革に際しての買収価格が争われた事案において、「相当な補償」で足りると判示した（最高裁大法廷昭和28年12月23日判決民集7巻13号1523頁）。しかし、これは、それまでの地主による搾取的な支配を排除して、民主的に小作人に土地を与えるという国の革命的な事業の一環として行われたものであって、相当な補償をもって「正当な補償」に該当すると判断されたことにも理由がある。しかし、通常の状況においては、公共のため個人に――本来謂れのない――犠牲を強いるものであるから、完全な補償を行うことが原則であろう。判例も、その後、土地収用法に関する事案につき、完全補償を要すると判示している（最高裁昭和48年10月18日判決民集27巻9号1210頁）。

4　人身の自由

(1)　総　　説

歴史的に、国家権力は、自己にとって不都合と判断される者に対して、強制力を恣意的に直接行使して身体を拘束したり、ときにはその生命さえ奪ってきた。また、等しく生を授かった人間でありながら、人間扱いされずに労役を強いられた人びとも存在した。人間の生まれながらの自由と平等を理念とする近代社会は、各人が独立した自由で平等な主体であることを認めるから、人身の自由を奪うことは人権侵害の最たるものとみなされ、不当な拘束を許さず、公権力の恣意的な行使を排除した。このため、近代憲法において人身の自由に関して詳細に規定することが多く、日本国憲法でも、多数の規定が定められている〔憲法18条、31条、33条乃至39条〕。以下に、人身の自由に関する基本規定、捜査手続における被疑者の権利および裁判手続における被告人の権利に整理して説明する。

(2)　基 本 規 定

人身の自由に関する諸規定中、基本的規定と位置づけられるものが、奴隷的拘束からの自由を定めた第18条と法定手続の保障を定めた第31条である。

[i]　奴隷的拘束・苦役からの自由〔第18条〕

「何人も、いかなる奴隷的拘束も受けない。又、犯罪に因る処罰の場合を除いては、その意に反する苦役に服させられない。」人身の自由を保障する基本規定で、人間の尊厳に反する非人道的な拘束・苦役を禁止するものである。「奴隷的拘束」とは、自由な人格者であることと両立しない程度の身体の自由の拘束状態を意味する。「その意に反する苦役」とは、本人の意思に反する強制的な労役のことを指す。ただし、犯罪による処罰の場合は、例外として許容されている。本条は、人間の尊厳性を維持するために、これに反する拘束・苦役を禁止するものであるから、国家権力による場合に限らず、私人による場合も禁止の対象となる。したがって、私人間にも直接適用され効力を有する。

[ii] 法定手続の保障〔第31条〕

憲法第31条は、「何人も、法律の定める手続によらなければ、その生命若しくは自由を奪はれ、又はその他の刑罰を科せられない。」と規定する。マグナ・カルタにまで遡ることができる英米法の原則であり、アメリカ法のデュー・プロセス条項（due process of law）を継受したものである。刑罰権の恣意的な濫用を防ぐために、刑罰権の発動を厳格に法によって規制しようとする企図にもとづく。

法文だけを読むと、刑事手続についてだけ法律で定めることを要請しているように見えるが、自由を保障するための規定であることや英米法の思想をも考え合わせるならば、刑事手続のみならず、実体要件および効果（つまり犯罪要件と刑罰）に関しても法律で定めることを要請し、かつ実体、手続両面において法律で単に定めるだけでなく、それらの内容が適正でなければならないことも要請するものと解するのが妥当である（通説）。つまり、第31条は、実体および手続上の法定とその内容の適正を要請しているのである。したがって、本条は、罪刑法定主義の実定法上の根拠となる。適正な手続といえるためには、当事者に弁解と防禦の機会を保障することが重要である。このため、一般に**「告知と聴聞」**(notice and hearing) を欠くことができない。判例も、これらを与えずに行われた第三者に対する没収手続につき憲法第31条、第29条に違反するとしている（最高裁大法廷昭和37年11月28日判決刑集16巻11号1593頁）。

適正な手続の保障が刑事手続に限った原則であると解する理由を見い出すことは困難であるから、本条は行政手続についても及び得ると解される（判例〔最高裁大法廷平成4年7月1日判決民集46巻5号437頁〕。通説も、行政手続に対する準用を認める。）。

(3) 捜査手続と被疑者の権利

事件性を有する事象の発生を契機に、捜査機関（第一次的には、警察）が捜査を開始する。捜査機関によって犯罪の嫌疑を受けている者を「被疑者」

と呼び、この捜査のプロセスにおける被疑者の権利に関連して、第 33 条から第 35 条が定めている。

[i]　不法な逮捕からの自由〔第 33 条〕

身柄を拘束する対人的強制処分である逮捕について、**令状主義**の原則が採用されている。逮捕の濫用を防ぐために、逮捕の適法性に対する司法的なチェックを図る制度である。令状は、裁判官が発するもので、逮捕の理由となっている犯罪を明示したものでなければならない。ただし、**現行犯**〔刑事訴訟法 212 条参照〕は、令状主義の例外として許容されている。さらに、刑事訴訟法では、一定の場合に令状なしに行える**緊急逮捕**が認められている〔同 210 条〕。判例は、「厳格な制約の下に、罪状の重い一定の犯罪のみについて、緊急已むを得ない場合に限り、逮捕後直ちに裁判官の審査を受けて逮捕状の発行を求めることを条件とし、被疑者の逮捕を認めることは、憲法三三条規定の趣旨に反するものではない」として、緊急逮捕の合憲性を認めている（最高裁大法廷昭和 30 年 12 月 14 日判決刑集 9 巻 13 号 2760 頁）。

[ii]　不法な抑留・拘禁からの自由〔第 34 条〕

「抑留」とは一時的な、「拘禁」とは比較的継続的な拘束を指す。刑事訴訟法上の逮捕および勾引にともなう留置が前者に、勾留や鑑定留置が後者に該当する。抑留および拘禁については、理由の告知と弁護人依頼権が保障されている。捜査機関による不当な取調べなどその濫用を防ぎ、被疑者の権利を擁護し、防禦活動を十全なものとするためには、法律専門家たる弁護士の助力が必要かつ重要である。このため、憲法自体は被告人についてだけ国選弁護の制度を保障しているのであるが、2006 年に「総合法律支援法」が制定され、被疑者の段階においても一定の重大事件について国選弁護制度が拡充されるに至っている。拘禁の場合には、正当な理由の存在と公開法廷における理由開示要求権が保障されている。

[iii]　住居等の不可侵〔第 35 条〕

住居は私生活の中心的な場所であり、各人はその平穏が脅かされない自由を享有する（したがって、本条は私生活の自由を保障する側面も認められる。）。古くから英米法では「各人の住居はその城である。雨や風は入ることができるが、国王は入ることができない。」という法諺も伝えられている。憲法は、公権力による恣意的な私生活への不当な干渉を排除するため、住居のほか、書類、所持品につき、「侵入、捜索及び押収を受けることのない権利」を保障する。

不可侵の例外として、憲法で許容されているのは、①正当な理由にもとづいて発せられた場所・物を明示する令状がある場合と、②第33条の場合である。第33条の場合とは、判例によれば「第33条による不逮捕の保障の存しない場合」である（最高裁大法廷昭和30年4月27日判決刑集9巻5号924頁）。したがって、適法な逮捕（すなわち、通常逮捕、現行犯逮捕および緊急逮捕）の場合には、令状なしに、合理的な範囲内での捜索等が許される（通説）。

判　例38　**GPS捜査事件**

警察による捜査の一環として、捜査対象者の車両に使用者らの承諾なく秘かにGPS端末を取り付けて位置情報を検索し把握する、いわゆるGPS捜査につき、警察当局は対象者の自由を制圧する態様による方法ではなく、任意捜査として許される範囲のものであるとして、その適法性を主張したのに対し、弁護人の側からプライバシーを侵害する捜査手法であり、強制処分の性質を有する活動であるとして、令状なく行うことは違憲、違法であるとして争われた事案。第1審は、強制処分に当たると解し、GPS捜査の適法性を否認し、それによって得られた証拠の証拠能力を排除した。これに対し、控訴審では、その適法性が認められた。

最高裁は、次のように説示して、原審における適法性に関する判断を退けている。「憲法35条は、『住居、書類及び所持品について、侵入、捜索及び押収を受けることのない権利』を規定しているところ、この規定の保障対象には、『住居、書類及び所持品』に限らずこれらに準ずる私的領域に『侵入』されることのない権利が含まれるものと解するのが相当である。そうすると、前記のとおり、個人のプライバシーの侵害を可能とする機器をその所持品に秘かに装着することによって、合理的に推認される個人の意思に反してその私的領域に侵入する捜査手法であるGPS捜査は、個人の意思を制圧して憲法の保障する重要な法的利益を侵害するものとして、刑訴法上、特別の根拠規

定がなければ許容されない強制の処分に当たる（最高裁昭和**50**年（あ）第**146**号同**51**年**3**月**16**日第三小法廷決定・刑集**30**巻**2**号**187**頁参照）とともに、一般的には、現行犯人逮捕等の令状を要しないものとされている処分と同視すべき事情があると認めるのも困難であるから、令状がなければ行うことのできない処分と解すべきである。」（大法廷平成**29**年**3**月**15**日判決刑集**71**巻**3**号**13**頁）

(4)　刑事被告人の権利

犯罪の嫌疑が固まり、検察官による公訴の提起によって、事件は裁判所に係属することになる。公訴が提起されている者を、「被告人」と呼ぶ。刑罰は、人に重大な不利益を強制的に課すものであるから、その濫用は厳に許されない。憲法は、デュー・プロセスの理念に則り、第37条以下で刑事被告人の権利を保障している。

［i］　公平な裁判所の迅速な公開裁判を受ける権利〔第**37**条第**1**項〕

①　公平な裁判所

訴追機関たる検察官とこれに対峙する被告人とが相互に攻撃防禦を尽くすという当事者主義の下で、両者から中立公平な立場に立つ独立した司法機関がその審理に当たるという構造を採ること（弾劾主義）が、公正な裁判を支える重要な要素である。

②　迅速な裁判

裁判の遅延は、徒に被告人を長期にわたって不安定な状態に置くこととなり、有形無形の犠牲や負担を強いる結果ともなる。必要を超える被告人の負担を回避するため、裁判の迅速化が要請される。こうした要請に、従来、裁判所は、あまり積極的に応えてこなかったが、昭和47年、第1審の審理が15年余りにわたって中断したという極めて異常な事態を生じた事案において、最高裁は迅速な裁判を受ける権利が侵害されたと認め、免訴を言い渡した（いわゆる高田事件：最高裁大法廷昭和47年12月20日判決刑集26巻10号631頁）。なお、2003年には、「裁判の迅速化に関する法律」が制定された。

③　公開裁判

裁判の公開は、近代的裁判制度の基本原則であり、裁判が公正に行われることを担保するうえで欠くことができない〔憲法82条1項参照〕。公開裁判とは、その対審および判決が公開の法廷で行われることをいう。

[ii] 証人審問権・喚問権〔第37条第2項〕

いずれも、被告人の防禦権を擁護するために認められる権利である。証人審問権は、とくに被告人にとって不利な証拠となる供述を行う証人に対して、被告人に反対尋問の機会を保障する重要な権利である（これにもとづいて、刑事訴訟法は、伝聞証拠の禁止の原則を定めている〔刑事訴訟法320条以下〕。）。証人喚問権とは、被告人が、自己のために公費で強制的手続によって証人の出廷を求めることができる権利である。

[iii] 弁護人依頼権〔第37条第3項〕

被告人が自己の権利を全うし、公権力にもとづき組織的かつ強制処分も認められる活動を展開する検察と対抗して、その防禦活動を十全に果すためには、弁護士の協力が不可欠であるといえよう。憲法は、刑事被告人の弁護人依頼権を保障すると同時に、貧困その他の理由により弁護人を選任し得ないときに、国でこれを付すると定め、被告人のために**国選弁護制度**を設けて、弁護人依頼権の徹底を図っている（被疑者につき、Ⅲ D 第3章1（3）参照。）。

[iv] 不利益供述強要の禁止〔第38条第1項〕

これは、英米法上の自己負罪拒否特権に由来する規定である。しばしば強要が行われた歴史的反省にもとづいて、人間性と尊厳性に配慮する一方、自白に対する偏重を退けるために認められたルールである。被告人をはじめ、被疑者、証人が、不利益となる供述（刑罰またはより重い刑罰を科される根拠となる事実の供述）を拒んだ場合に、処罰その他法律上の不利益を課されることはない。これにもとづいて、刑事訴訟法は、被疑者および被告人に**黙秘権**を保障している〔刑事訴訟法198条2項、291条2項〕。

[v] 自白法則〔第38条第2項〕

歴史的に自白は「証拠の女王」とも呼ばれ、証拠の中でもとりわけ重視されてきた。いきおい、自白を取るために被疑者・被告人に対する追及も厳しさを増し、冤罪を招く要因ともなった。そこで、憲法は、自白偏重を排除するために、自白について厳しいルールを定めたのである。その一つが、**自白**

排除法則と呼ばれるものであり、「強制、拷問若しくは脅迫による自白又は不当に長く抑留若しくは拘禁された後の自白」、つまり任意性に疑いのある自白につき、その証拠能力を否定している。他の一つが、「自己に不利益な唯一の証拠が本人の自白である場合には、有罪とされ、又は刑罰を科せられない。」とする**自白補強法則**である。

[vi]　事後法の禁止（遡及処罰の禁止）〔第39条前段〕

行為当時には刑罰の対象となっていなかったが、後に処罰の対象となりこれによって過去の行為についても刑罰を科されることがあるというのでは、人びとの自由は保障されない。このため、憲法は事後法による処罰を禁止し、刑罰法規の不遡及を定めている。罪刑法定主義（II第2章2）の一内容でもある。

[vii]　二重の危険の禁止（一事不再理）〔第39条後段〕

何人も「既に無罪とされた行為については、刑事上の責任を問はれない。又、同一の犯罪について、重ねて刑事上の責任を問はれない。」被告人の立場に置かれるということは、それだけでも重い負担をともなう。そこで、一度そのような立場に晒された場合、同じ事件について再び被告人の立場に置かれないことを保障するものである。英米法では「二重の危険」（double jeopardy）と呼ばれる。大陸法では、確定判決の効力の面から「一事不再理」といわれる。

[viii]　拷問および残虐刑の禁止〔第36条〕

公務員による拷問と残虐な刑罰は、絶対に禁止される。「残虐な刑罰」とは、判例によれば「不必要な精神的、肉体的苦痛を内容とする人道上残酷と認められる刑罰」をいう（最高裁大法廷昭和23年6月30日判決刑集2巻7号777頁）。死刑が残虐な刑罰にあたり、憲法に違反するという見解もあるが、判例は、現行の絞首刑による死刑につき残虐刑に該当しないと判示している（最高裁大法廷昭和23年3月12日判決刑集2巻3号191頁）。

第4章　社会権

1 総　説

資本主義の進展によって、19世紀後半、社会的経済的な不平等が深刻となった。労働運動の高まりを受けて、実質的な自由と平等を理念として、国家による積極的な支えを通じて人間らしい生存の実現を図ることが目指された。人間に値する生存を権利として位置づけ、この権利を国家の積極的な関与によって保障する点に、社会権の特徴が認められる。現代国家は、社会権を保障するために様々の施策を採っており、社会福祉型の積極国家となっている。

社会権は、人間の尊厳性にもとづいて人間らしく生きる自由を実現するために、とりわけ社会的経済的弱者の自立を支えて、その自律性を確保し、実質的な自由の実現に資する。各人の置かれた条件を整えることによって、自由を平等に享受できるようにするための権利であるといってもよい。したがって、社会権も人間の基本的価値としての自由に根ざした権利であり、その自由を支える権利であるから、この意味においては、自由権と表裏一体を成す人権と理解することも可能であろう。日本国憲法は、社会権として保障する対象を、生存、教育、労働としている。いずれも、各人に本来自由が認められるのであって、不自由な人びとに対してそれらの自由を確保することが、社会権による権利保障の目的であると考えられる。

2 生存権〔第25条〕

(1) 総　説

資本主義の発展は、社会の進歩を促進するものであったが、他面において劣悪な労働を余儀なくされる大勢の貧しい人びとを生み、富の偏在化をも促すこととなった。これらの人びとの人間らしい生活の保障を、憲法で掲げたのが、1919年のドイツの通称ヴァイマール憲法である。そこでは、「経済生活の秩序は、すべての人に、人たるに値する生存を保障することを目指す、正義の諸原則に適合するものでなければならない。」と宣言された〔ヴァイマール憲法151条1項〕。

このような歴史的な動向を踏まえ、日本国憲法も、「すべて国民は、健康で文化的な最低限度の生活を営む権利を有する。」と宣言し〔憲法25条第1項〕、その保障の責務を国に課すことにより〔同条2項〕、国家による**人間に値する生存の保障**を明記した。本条は、社会権の総則的位置を占める基本規定である。

国は、第2項にもとづいて、「生活保護法」をはじめとして、「児童福祉法」「老人福祉法」「身体障害者福祉法」などの社会福祉関連立法、「国民健康保険法」「国民年金法」「介護保険法」などの社会保障関連立法、「地域保健法」「食品衛生法」などの公衆衛生に関する諸立法を制定して、生存権の保障を図っている。

(2)　法的性格

当初、憲法第25条は国の政策目標ないし政治的義務を規定したものに過ぎないと解する見解（いわゆるプログラム規定説）が主張された。しかし、これでは、憲法が「権利」と規定した意味を没却しかねない。そこで、学説上、**法的権利**であることを肯定する見解が通説となっている。もっとも、生存権をはじめとする社会権は、国の立法措置を通じて具体的な内容が定まることを予定しており、抽象的な性質を帯びた権利であることも否定できない。このため、これに対応する国における義務の内容も抽象的なものであることを免れず、具体的な法律によってはじめてその内容が明確化されると解さざるを得ない。したがって、国民には、第25条にもとづいて国に対して積極的な配慮を要求する権利が認められ、国は立法および予算措置を講じるべき法的義務を負うものの、国民が第25条を根拠として具体的な生活扶助を請求する権利まで保障するものではないと解されている（**抽象的権利説**）。このような立場によれば、国に広範な裁量が認められることになる。判例も、国の広範な裁量を認め、著しく合理性を欠き裁量の逸脱・濫用が明らかな場合に限って、違憲審査の対象となると判示している（**判例39**、**判例40**参照）。

判　例 39　朝日訴訟

生活保護を受けていた朝日さんに、実兄がいることが分かったため、社会福祉事務所は仕送りを命じ、その仕送り分に相当する給付費の減額を行った。これに対して、朝日さん側が、知事さらに厚生大臣に不服申立てを行ったが却下されたため、裁決の取消を求めて訴訟を提起した事案。

第1審は原告の主張を認め、裁決を違法として取り消したが、控訴審では、本件保護基準がすこぶる低額であることは認めながら違法とまではいえないとして、第1審判決を取り消した。（なお、朝日さん自身は上告後に死亡。）

最高裁は、本件保護受給権が一身専属の権利で相続の対象にならないとして訴訟を終了させたものの、生活保護基準の適否に関する意見を付加している。「憲法二五条一項は、……すべての国民が健康で文化的な最低限度の生活を営み得るように国政を運営すべきことを国の責務として宣言したにとどまり、直接個々の国民に対して具体的権利を賦与したものではない……。しかし、健康で文化的な最低限度の生活なるものは、抽象的な相対的概念であり、その具体的内容は、文化の発達、国民経済の進展に伴って向上するのはもとより、多数の不確定要素を綜合考量してはじめて決定できるものである。したがって、何が健康で文化的な最低限度の生活であるかの認定判断は、いちおう、厚生大臣の合目的的な裁量に委されており、その判断は、当不当の問題として政府の政治責任が問われることはあっても、直ちに違法の問題を生ずることはない」（大法廷昭和42年5月24日判決民集21巻5号1043頁）。

判　例 40　堀木訴訟

原告は、全盲の視力障害者で、国民年金法にもとづく障害福祉年金を受給し、夫と離婚後は次男を養育していた。昭和45年に児童扶養手当を請求したところ、いわゆる併給禁止規定により却下された。原告は、併給禁止が第25条などに反するとして、処分の取消しを求めて訴えを提起した。

最高裁は、「『健康で文化的な最低限度の生活』なるものは、きわめて抽象的・相対的な概念であって、その具体的内容は、その時々における文化の発達の程度、経済的・社会的条件、一般的な国民生活の状況等との相関関係において判断決定されるべきものであるとともに、右規定を現実の立法として具体化するに当たっては、国の財政事情を無視することができず、また、多方面にわたる複雑多様な、しかも高度の専門技術的な考察とそれに基づいた政策的判断を必要とするものである。したがって、憲法二五条の規定の趣旨

にこたえて具体的にどのような立法措置を講ずるかの選択決定は、立法府の広い裁量にゆだねられており、それが著しく合理性を欠き明らかに裁量の逸脱・濫用と見ざるをえないような場合を除き、裁判所が審査判断するのに適しない事柄であるといわなければならない。」と説示して、原告・上告人の請求を退けた（大法廷昭和57年7月7日判決民集36巻7号1235頁）。

3　教育を受ける権利〔第26条〕

(1)　教育と人権

人間は「パンのみに生きる」存在ではない。理性、知性、感性に恵まれた人格的存在である。精神生活を培いその糧となるのが、教育にほかならない。教育によって、人間性が育まれ、自己の世界と可能性を広げることができるのである。教育は、人格的存在としての個人がその人生を切り拓き、歩むうえで、重要な役割を果す。この意味で、教育は、自律的な生を支える要素といえよう。教育を欠くことによって、豊かな生の可能性を狭めてしまいかねないのである。ここに、教育を社会権として保障すべき必要性と根拠を認めることができる。憲法は、「すべて国民は、法律の定めるところにより、その能力に応じて、ひとしく教育を権利を有する。」〔憲法26条1項〕と規定し、教育を受ける権利を保障している。

(2)　保 障 方 法

教育を受ける権利の保障は、自力で学習することができない子ども達にとってとくに重要な意味をもつから、子どもの学習権の保障が中心的課題となる。憲法は、まず保護者にその保護する子女に対して普通教育を受けさせる義務を課す〔同26条2項前段〕。これに対応して、国には、**普通教育制度の維持**および**教育条件の整備義務**が認められるとともに、**義務教育の無償**が定められている〔同条項後段〕。国は、この義務にもとづいて、「教育基本法」「学校教育法」などの法律を制定している。義務教育の無償とは、判例によれば、授業料の不徴収を意味する（最高裁大法廷昭和39年2月26日判決民集18巻2号343頁）。ただし、国は立法措置を講じて、1963年以降、義務教育における教科書についても無償で配布している。

(3) 教 育 権

教育内容の決定権の所在について見解が分かれている。明治以降、日本では富国強兵のため国が教育を主導してきた経緯があり、国家に決定する権能が認められるという前提が採られてきたといってよい。したがって、伝統的には**国家教育権説**が主流を占めてきた。これに対して、日本国憲法の下で、親や教師を中心とする国民に決定権が認められるとする見解（国民教育権説）が登場した。この問題が論点となった事案が、判例 **41** である。

判 例 41　旭川学力テスト事件

昭和 **31** 年度から、文部省の指示にもとづいて実施された全国一斉の学力テスト（中 **2**、**3** 年）に反対する教師が、実力でその実施を阻止しようとしたため、公務執行妨害罪等で起訴された事案。被告人は、学力テストの実施は、教育基本法 **10** 条等に反し、違法であるとして無罪を主張した。

最高裁は、本件学力テストの実施は適法であると判断するとともに、教育権の所在について、国家教育権説、国民教育権説「いずれも極端かつ一方的であり、そのいずれをも全面的に採用することはできない」と述べ、「子どもの教育が教師と子どもとの間の直接の人格的接触を通じ、その個性に応じて行われなければならないという本質的要請に照らし、教授の具体的内容及び方法につきある程度自由な裁量が認められなければならないという意味においては、一定の範囲における教授の自由が保障されるべきことを肯定できないではない。しかし、……普通教育においては、児童生徒に……（教育内容を）批判する能力がなく、教師が児童生徒に対して強い影響力、支配力を有することを考え、また、……子どもの側に学校や教師を選択する余地に乏しく、教育の機会均等をはかる上からも全国的に一定の水準を確保すべき強い要請があること等」から完全な教授の自由を認めることは許されず、結局、国は、「憲法上は、あるいは子ども自身の利益の擁護のため、あるいは子どもの成長に対する社会公共の利益と関心にこたえるため、必要かつ相当と認められる範囲において、教育内容についてもこれを決定する機能を有する。」と結論付けた。ただし、「子どもが、自由かつ独立の人格として成長することを妨げるような国家的介入、例えば、誤った知識や一方的な観念を子どもにも植えつけるような内容の教育を施すことを強制するようなことは、憲法二六

条、一三条の規定上からも許されない」と述べている（大法廷昭和**51**年**5**月**21**日判決刑集**30**巻**5**号**615**頁）。

4　労働者の権利

(1)　総　　説

歴史的に、社会権が保障されるに至った大きな原動力は、資本主義の発展の影で、長時間労働、低賃金といった過酷な労働を余儀なくされた人びとが人間らしい生活を求めて立ち上がった運動にあり、その成果として、憲法上の権利として勝ち取られたものである。ヴァイマール憲法には、「すべてのドイツ人国民には、経済的労働によりその生活資料を得る機会が与えられるべきである。適当な労働の機会が与えられない者に対しては、必要な生計費が支給される。」〔ヴァイマール憲法163条2項〕、「労働条件および経済的条件を維持し促進するための団結の自由は、何人に対しても、そしてすべての職業に対して、保障されている。この自由を制限し、または妨害することを企図するすべての合意および措置は、違法である。」〔同159条〕と規定された。

(2)　労働と人権

憲法は、勤労を義務であると同時に、「権利」と定めている。生活のために労働に勤しむことは、一般の人びとにとって至極当然のことと意識されている事柄であるから、常識的な感覚として義務と定められることに違和感を覚えないであろう（なお、勤労の義務は、国家による労働の強制を認めるものではない。労働能力のある者は自らの労働によって生活を維持すべきことを明示したに過ぎない。もっとも、その能力、機会があるにもかかわらず勤労しない場合に、社会給付上の不利益を課すことが認められる根拠とはなる。）。しかし、勤労が「権利」として規定されていることに注意しなければならない。労働者は労働の提供によって、生活の糧として収入を得て暮らしている。裏を返せば、労働を欠くことによって、生活の支えである収入を失い、生活の維持に困難を来たすことになる。したがって、人間らしい生存を図るうえで、労働という生計手段の確保が不可欠なのである。各人の労働を保護し支える必要性がここにあり、憲法は各人の権利として規定することによって、国家的な保障を受けることを宣明したのである。

(3) 勤労の権利〔第27条〕

もっとも、資本主義の経済体制を前提に、雇い入れる者と労働者の自由にもとづいて市場を通じて雇用が図られるシステムを採る限り、国家によって雇用を強制することは妥当ではない。したがって、個人が国に対して具体的な職を与えるよう請求する権利を保障するものではない。そこで、勤労権の内容は、――資本主義経済において経済動向、景気の循環によって失業が不可避であるから――就労に対する支援を要求する権利、および就労し得ない場合における生活支援を要求する権利と解されよう（通説）。国は、このような権利を保障するため、「職業安定法」「職業訓練法」「雇用保険法」などの立法を行っている。

他方、そもそも勤労の権利は労働の自由を前提とするから、不当な労働を強いられたり、徒に労働の自由が奪われることは許されない（したがって、使用者が正当な理由なく労働者を解雇することは規制される〔労働契約法16条参照〕)。また、労働者の人間らしく働く自由を保護するために、憲法は第27条第2項で、労働条件の最低限の基準を法律で定めることとした。これにもとづいて、「労働基準法」、「最低賃金法」などが制定されている。さらに、第3項では、とくに児童に対する保護を定め、その酷使が禁止されている。このように、勤労の権利は、自由権的な側面も認められる。また、第27条の規定は、私人を直接規律する効力を有する。

なお、障害者においても自らの労働によって収入を得る途が開かれていることが重要である。これを支えるため、「障害者の雇用の促進等に関する法律」が制定され、企業等に一定の障害者の雇用を義務づけ、雇用率未達成の場合には納付金を徴収し、達成している場合には助成を行うことによって、障害者雇用の安定が図られている。

(4) 労働基本権〔第28条〕

[i] 意　義

労働者は、労働の場が提供されなければ、収入を得られないので、使用者との関係において弱い立場に立たされる。憲法は、こうした非対等の関係を是正するために、労働者がお互いに団結し（**団結権**）、団体として使用者と対等な立場で交渉し、労働協約を締結でき（**団体交渉権**）、さらに使用者の譲歩を迫る手段として団体行動を取ること（**団体行動権**）を認めている。これを労働基本権（労働三権）という。団結権はじめとする労働基本権に関して、具体的に規定した法律が「労働組合法」「労働関係調整法」である。

[ii] 保障の効果

憲法上の労働基本権の行使である限り、法的に正当な権利の行使であるから、民事上および刑事上の責任を免れる（**民事・刑事免責**）。労働者は、使用者との労働契約にもとづいて使用者の命に服して労働を提供する債務を負っており、労働者がストライキ行えば、契約違反の事実が認められたり、場合によっては不法行為の成立も想定され、その結果損害賠償責任を生じる可能性もある。しかしながら、憲法上の正当な団体行動権の行使である限り、法的に正当性を有する活動として免責されるのである（労働組合法第8条は、「使用者は、同盟罷業その他の争議行為であつて正当なものによつて損害を受けたことの故をもつて、労働組合又はその組合員に対し賠償を請求することができない。」と定めている。）。また、実力行使をともなう団体行動に際して、威力業務妨害罪〔刑法234条〕や住居侵入罪〔同130条〕などの犯罪が成立する可能性を生じるが、正当な団体行動権の行使と認められる限り、法的に正当な行為であり、刑事責任を免れることができる（労働組合法第1条第2項は、労働組合の正当な団体交渉その他の行為について、「法令又は正当な業務による行為は、罰しない。」と定める刑法第35条の適用により、犯罪の不成立を認めている。）。

[iii] 公務員に対する労働基本権の制限

公務員に対する労働基本権は、「国家公務員法」、「地方公務員法」「特定独立行政法人等の労働関係に関する法律」「地方公営企業等の労働関係に関する法律」などによって制限を受けている。

【公務員に対する労働基本権の規制】

	団結権	団体交渉権	団体行動権
① 警察職員、消防職員等	×	×	×
② 一般公務員	○	△	×
③ 独立行政法人公務員	○	○	×

この問題について、判例は、当初、「公共の福祉」や「全体の奉仕者」論を根拠にして簡単に合憲と判断していたが、1960年代に入り、公務員の労働基本権を尊重する見地からその制約を必要最小限のものにとどめるべきとする判断を示すに至った（判例**42**、判例**43**）。ところが、1970年代に入ると、再び初期の判例の立場に後退し、公務員の地位の特殊性や代償措置が採られていることを強調して、一律全面合憲論が展開され（判例**44**）、今日に至っている。学説は、職務の内容などに照らし、必要最小限の制約に限られるべきであるとする見解が多数であり、現在の判例の見解に対して批判的である。なお、国際労働機関（ＩＬＯ）は、条約にもとづいて、2006年にも、日本政府に対して公務員に対する労働基本権の規制の見直しを求めて勧告を行っている。

判　例42　**全逓東京中郵事件**

昭和**33**年の春闘に際し、全逓信労働組合の役員が、東京中央郵便局の職員に対して、勤務時間中の集会参加を呼びかけ、職員を職場から離脱させたとして、郵便法に規定された郵便物不取扱い罪の教唆犯として起訴された事案。第**1**審は、労働組合法第**1**条**2**項、刑法第**35**条の適用を認め無罪を言い渡したが、控訴審は、公共企業体等の職員は公共企業体等労働関係調整法上争議権を否定されており、争議行為の正当性を論じる余地がなく、労組法第**1**条**2**項の適用は認められないと判示し、第**1**審の判決を破棄した。

上告を受けた最高裁は、次のように説示して、控訴審判決を破棄し、差し戻した（大法廷昭和**41**年**10**月**26**日判決刑集**20**巻**8**号**901**頁）。

「労働基本権は、たんに私企業の労働者だけについて保障されるのではなく、公共企業体の職員はもとよりのこと、国家公務員や地方公務員も」原則的には保障を受けるべきものである。「ただし、国民生活全体の利益の保障という見地からの制約を当然の内在的制約として内包している。」その制約は、「労働基本権を尊重確保する必要と国民生活生活全体の利益を維持増進する必要とを比較衡量して」、「合理性の認められる必要最小限度のものにとどめなければならない」ず、公共性の強い職務については、その停廃が国民生活に重大な障害をもたらす危険を避けるための必要やむを得ない場合に考慮される。そして、労働基本権の制限がやむを得ない場合には、代償措置が講じられねばならず、違反者に対する刑事制裁も必要やむを得ない場合に限られるべきである。この諸点に照らし、公労法第**17**条による争議行為の禁止は憲法第**28**条に違反するものではないが、違反者に対する刑事制裁については、公労法に特別の罰則が設けられておらず、刑事制裁を科さない趣旨であると解するのが相当である。ただし、労組法を逸脱した争議行為が行われたときは、憲法第**28**条の正当性の限界を超えるもので、刑事制裁を免れず、郵便法の罰則が適用されるとともに、違法な争議を教唆した者は共犯の責めを負う。

判　例43　東京都教組事件

東京都教職員組合の幹部は、東京都教育委員長が文部省の方針に従い勤務評定規則案を上程する動きに出たため、これに反対する行動方針にもとづき、組合員に対して昭和**33**年**4**月**23**日に一斉に休暇届を提出し、勤務評定反対行動をとるように指令した。組合員約**2**万**4**千人は、この指令に従った行動を行った。検察は、こうした行動は同盟罷業に該当し、組合幹部らによる指令の配布伝達行為は地方公務員法第**61**条**4**号のあおり行為等に当たるとして、起訴した。

第**1**審は、本件あおり行為は、争議行為に通常随伴する行為であるとして、全員を無罪としたが、控訴審は、これを覆し全員に有罪を言い渡した。

最高裁は、公務員も原則的に労働基本権の保障を受けるべきものとしつつ、職務の内容・性質に応じた制約があり得、職務の公共性にともなう制約を内在的制約として内包しているとの立場に立って、地方公務員に対する争議行為の禁止とそのあおり行為等を処罰する規定の合憲性について、すべての地方公務員の一切の争議行為を禁止し、これらのあおり行為等をすべて処罰する趣旨とすれば、公務員の労働基本権を保障した憲法の趣旨に反し、必要やむを得ない限度を超えて争議行為を禁止し、かつ、必要最小限度にとどめなければならないとの要請を無視し、その限度を超えて刑罰の対象としている

ものとして、違憲の疑いを免れないと指摘した。そこで、憲法の精神にそくし、調和しうるよう合理的に解釈されるべきであるとして、地公法が禁止する争議行為を、違法性が強い場合に限定して解し、刑事罰についても、労働基本権尊重の憲法の精神から、刑事罰の制裁も極力限定されるべきであるとの見地から、その対象は違法性の強い場合に限られ、争議行為に通常随伴して行われる行為は処罰の対象とされるべきでないと説示した。これにもとづいて、最高裁は、本件行為は、争議行為に通常随伴する行為にあたり、刑事罰をもってのぞむ違法性を欠くと結論づけ、全員に無罪を言い渡した（大法廷昭和 **44** 年 **4** 月 **2** 日判決刑集 **23** 巻 **5** 号 **305** 頁）。

判例44　全農林警職法事件

昭和 **33** 年、警察官職務執行法の改正を目指す内閣に対して、各種労働団体が反対運動を展開していた中、全農林労組幹部は、**11** 月 **5** 日の職場大会の実施にあたり、職員に対し正午出勤の行動に入るよう指令を発し、また大会への参加を慫慂する等した。幹部らは、国家公務員法違反で、起訴された。

第 **1** 審は、強度の違法性を帯びた場合に限って処罰される趣旨との立場から、無罪を言い渡した。これに対して、控訴審は本件争議行為を政治ストであるとして、有罪判決を下した。

最高裁は、公務員の地位の特殊性、職務の公共性を根拠として、「労働基本権に対し必要やむをえない限度の制限を加えることは、十分合理的な理由がある……けだし、公務員は、公共の利益のために勤務するものであり、公務の円滑な運営のためには、その担当する職務内容の別なく、それぞれの職場においてその職責を果すことが必要不可欠であって、公務員が争議行為に及ぶことは、その地位の特殊性および職務の公共性と相容れないばかりでなく、多かれ少なかれ公務の停廃をもたらし、その停廃は勤労者を含めた国民全体の共同利益に重大な影響を及ぼすか、またはその虞れがあるからである。」と説いた。そして、公務員の勤務条件は、国会の制定した法律、予算によって定められることになっているのであるから、公務員が政府に対し争議行為を行うことは的外れであると指摘したうえ、労働基本権制限の代償措置も十分講じられているとする。また、違法な争議行為に対する原動力を与える者に対し、とくに処罰の必要性を認めて罰則を設けることは、十分に合理性があると認めたうえで、「公務員の行う争議行為を違法なものと適法なものとに分け、さらに違法な争議行為を違法性の強いものと弱いものとに分け、あおり行為等の罪として刑事制裁を科されるのはそのうち違法性の強い争議行為に

限り、あるいは、争議行為に通常随伴するあおり行為等を国公法上不処罰とされる争議行為自体と同一視し、かかるあおり行為等自体の違法性の強弱または社会的許容性の有無を論じるごときいわゆる合憲的限定解釈は、かえって犯罪構成要件の保障的機能を失わせることとなり、憲法三一条に違反する疑いすらある」と摘示して、全逓東京中郵事件以来の最高裁の判断を変更するに至った（大法廷昭和 **48** 年 **4** 月 **25** 日判決刑集 **27** 巻 **4** 号 **547** 頁）。

Progress 「忘れられる権利」について

デジタルネットワーク社会の出現によって、一たび個人に関する情報がインターネット上に載ると、半永久的に残るという状況が生まれた。この状況は、プライバシーの保護の上で、新たな問題を顕在化させている。その一つが、個人の犯罪に関する情報の取り扱いである。犯罪情報は、個人にとっては秘匿されるべき個人情報であるものの、一方で犯罪は社会公共の関心事項であり、公表すべき事柄でもある。事件情報について報道機関等がインターネット上に掲載することは、表現の自由にもとづいて保障されている。しかし、事件発生時において公表する価値が高いとしても、時間の経過によってその価値は低くなり、他方で加害者である個人のプライバシーの尊重という要請が次第に強まってくると考えられるのである。この観点から、個人のプライバシーにもとづき、情報（データ）の流通にかかわる事業者に対して情報の削除を請求することができるのかという問題が提起されることになったのである。

この問題につき、EU では、2014 年に欧州司法裁判所が「忘れられる権利」を認めて、Google に対する検索結果の削除を命じる判決を下した。そして、EU の一般データ保護規則には、「削除権」が規定されている〔同 17 条〕。このような海外の情勢もあり、日本でも裁判で争われるケースが登場している。最高裁は、児童買春・児童ポルノ禁止法違反事件に関する Google 社に対する検索結果の削除請求事件において、個人のプライバシーに属する事実をみだりに公表されない利益が法的保護の対象であるとする一方、検索事業者における検索結果の提供が表現行為という側面を有し、現代社会において情報流通の基盤として大きな役割を果たしていることを指摘したうえで、「当該事実を公表されない法的利益と当該 URL 等情報を検索結果として提供する理由に関する諸事情を比較衡量して判断すべきもので、その結果、当該事実を公表されない法的利益が優越することが明らかな場合には、…削除を求めることができる」との一般的な判断基準を示しながら、結論として本件において公表されない法的利益が優越することが明らかではないとして、削除請求を認めなかった（平成 29 年 1 月 31 日決定民集 71 巻 1 号 63 頁)。しかし、その後、浴場への侵入に係る住居侵入事件に関する Zwitter 社に対する削除請求事件において、最高裁は削除を認める判断を下している。この決定でも比較衡量の判断方法に依っているが、先の Google 社の場合に示されていた「明らかな」という条件が外されており、結論として「本件事実を公表されない法的利益が本件各ツイートを一般の閲覧に供し続ける理由に優越するものと認めるのが相当である。」と判示された（令和 4 年 6 月 24 日判決民集 71 巻 5 号 1170 頁。なお、草野耕一裁判官による実名報道の効用に関する詳細な補足意見が付されている。)。

【参考文献】

芦部信喜（高橋和之補訂)『憲法　第 7 版』(岩波書店・2019 年)
佐藤幸治『日本国憲法論　第 2 版』(成文堂・2020 年)
浦部法穂『憲法学教室　第 3 版』(日本評論社・2016 年)
渋谷秀樹『憲法　第 3 版』(有斐閣・2017 年)
辻村みよ子『憲法　第 5 版』(日本評論社・2016 年)
松井茂記『日本国憲法　第 4 版』(有斐閣・2022 年)

C　統治機構

第1章　統治に関する基本原理

国家権力は「統治権」、あるいは「国権」ともいいかえられることがあり、「主権」も、国家権力を意味する、これらと同じ趣旨で用いられる場合がある。そこで、このような国家権力は、そもそも主権者である国民から信託されたものとして、国家が代わって行使していると理解することもできるのであるが（国民主権の原理）、その際の基本構造を定めている法が、憲法の統治機構の定めである。そもそも固有の意味の憲法とは、このような国の統治に関する組織や作用を定めた法であり、この意味での憲法は、国家が存在するところにはすべてに存在するものであった。しかしながら、国家権力の集中による濫用の危険性を回避し、国家の存立目的ともいえる人権保障に奉仕するための立憲主義的なしくみを、近代以降の憲法はさまざまな点で取り入れている。その必要は、「権利の保障が確保されず、権力の分立が定められていない社会は、すべて憲法をもつものではない」と規定する、有名な1789年のフランス人権宣言〔16条〕からも明らかである。

日本国憲法も、国家権力の濫用防止と、機関相互の抑制と均衡による人権保障を目的として、権力分立の原則を採用している。かつての大日本帝国憲法（いわゆる明治憲法）の下では、国家権力は「統治権の総覧者」〔4条〕としての天皇に一元的に結合しており、権力の分立は、あくまで、天皇の統治権を補佐する機関相互間での分立に過ぎなかった。すなわち、立法権は帝国議会の協賛をもって天皇が行い〔5条〕、司法権は天皇の名において裁判所がこれを行ったのであって〔57条〕、行政権に至っては、天皇が行使することを原則として、各国務大臣はこれを輔弼する権能しか有しなかったのである

〔55条〕。これに対して日本国憲法では、立法権を国会に〔41条〕、行政権を内閣に〔65条〕、司法権を最高裁判所および下級裁判所に属せしめ〔76条〕、天皇の権能を国事に関する行為のみに限定した〔4条〕。また、明治憲法にはなかった地方自治に関する独立した第8章を設けることにより、国政レベルでの権力分立（水平的分立）のみならず、中央と地方との間の権力の垂直的分立も規定することになった。

このような権力分立の導入とともに、人権保障を最高理念とする憲法の最高法規性〔98条〕を確保するために、日本国憲法は最高裁判所以下の裁判所に、国家権力の行使一般に関する憲法適合性の審査権（違憲審査権）を与えており〔81条〕、憲法の番人として、人権保障の最後の砦となるべき役割を、裁判所に期待しているということができる。この点において、日本国憲法は、英米法における「法の支配」（rule of law）の原理も採用することになった。その場合、憲法を通じて実現される国政そのものが、国民の信託に応えることができなくなった場合には、国家統治の基本構造を定める憲法そのものを、国民が改正する機会が認められなければならない。すなわち社会契約説によれば、主権者である国民は、憲法制定を通じて国家の創造にあたったといえるのであるが、国家の設立以後は、その国家の存立基礎を形成する憲法それ自体を改正する権限を留保することによって、国のあり方を最終的に決定する機会が認められなければならないのである。日本国憲法も、この点に関して、第96条において憲法改正のための手続を設けることにより、国民主権の原理をより徹底して導入しているということができる。

第2章　国　　会

1　国会の権能と法律の役割

このような統治に関する基本原理のうち、日本国憲法は権力分立の原則にしたがって、国の立法権を国会に独占せしめている。すなわち、日本国憲法第41条によれば、国会は「国権の最高機関」であって、「国の唯一の立法機関」とされる。ここで、国権の最高機関であるとは、国家権力を行使する三つの機関のうち、立法権を担当する国会が、国民を代表する議員によって構成されるところから与えられた優越的地位（政治的美称）に過ぎず、実質的な意味はもたないと解されている。それは法律が、憲法をより具体化した国家運営の基礎をなすものであり、憲法とともに、国家権力の行使の基準とされている点からもうかがうことができる。すなわち、憲法は、国の目的や構造をあくまで組織的に、静態的に定めたものに過ぎないと理解できるのに対して、法律は、その国の具体的な運営のあり方や行くべき方向を、そのときどきの有権者の意思を反映しながら、合議を通じて決定した国の基本方針とみなすこともできる。したがって、民主主義の観点からすれば、選挙を通じて選出された国民代表者を通じて構成される議会が、最も国民意思を反映しているといえるのであり、その意思（法律）にしたがって国家権力の行使が行われることが、国家運営のうえで、最も重要視されることだからである。

ここで立法とは、狭義では「法規」、すなわち「国民の権利・自由を直接に制限し、義務を課する法規範」を指している。しかし、今日ではより広く、およそ「一般的・抽象的法規範」である限り、国会において制定されなければならないと理解されている。したがって、明治憲法において天皇に与えられたような、法律に代わる命令（第8条の緊急命令、第9条の独立命令）を制定する権限は認められるものではなく（国会中心立法の原則）、また、法律は国会における議決のみにもとづいて成立するものでなければならない（国会単独立法の原則）。しかしながら、このような意味での法律がすべて国会によって制定されているとは限らないのであって、後述するように、国の高度情報化や専門化、あるいは福祉国家化にともなう各種の行政事務の拡大によって、行政機関になすべき法律の制定の一部が委ねられる場合がある（行政立法とりわけ委任立法の問題）。また、行政機関による具体的な法律の執行についても、そのための具体的な細則が行政機関により制定されるため（行政立法のうち執行命令の問題）、国家運営の実態のすべてを法律のみによって理解すること自体が困難になっている。またそもそも、重要な法律案の大半が内閣提出による傾向があること、法律による全国一律の規制に代えて、地方の実情に即した地域的規律の必要性が次第に高まっていることなど（条例制定権の限界の問題)、解決されるべき課題は少なくない。

国会の機能は、このような法律案の議決権〔59条〕に加えて、内閣総理大臣の指名権〔6条1項〕、条約の承認権〔73条3号〕、財政監督権〔83条〕、憲法改正の発議権〔96条1項〕にも及ぶ。このうち、内閣総理大臣の指名は、国会議員の中から国会の議決により行われることを必要とし〔67条1項〕、さらに国務大臣の過半数が、内閣総理大臣により国会議員の中から任命されることを通じて〔68条1項〕、「議院内閣制」の人的基盤が確保されることが保障されている。この点はさらに、行政権の行使について、内閣が国会に対して連帯責任〔66条3項〕を負うこと、内閣に対する不信任決議の機会が衆議院に認められていることを通じて〔69条〕、より強化されている。また、内閣によって締結される条約は、事前または事後に、国会による承認を経なければならない〔73条3号〕。その他、裁判所との関係においては、罷免の訴追を受けた裁判官を裁判するため、両議院の議員により組織される弾劾裁判所を設置する権限も認められている〔64条〕。

2 国会の組織と衆議院の優越

国会は、衆議院と参議院の両議院から構成されており、ともに全国民を代表する選挙された議員によって組織される〔42条、43条〕。このような二院制を採用した趣旨は、両議院における協議を通じて審議の慎重性を確保するとともに、第二院(参議院)による監視機能を重視した結果によるものであって、いわば議会内部における権力分立の結果ということができる。そもそも国会における議決は、両議院を通じた一致を原則としているのであるが、その不一致による国政の機能不全を避けるために、日本国憲法は衆議院の議決に一定の優位性を認めている。それは、衆議院の議員が参議院の場合と比べて短い任期で選任され〔45条、46条〕、また衆議院に限って解散の機会が認められていることにより〔7条3号〕、国民の意思をより反映していると考えられるからである。

まず、内閣との関係において不信任決議案を可決し、あるいは、信任決議案を否決する権限は衆議院にのみ認められており〔69条〕、また、予算は先に衆議院に提出しなければならない〔60条1項〕。法律案は、憲法に特別の定めがある場合を除いて、両議院で可決したときに法律となるのであるが、衆議院で可決し、参議院でこれと異なった議決をした法律案は、衆議院で出席議員の3分の2以上の多数で再び可決したときには、法律となることが認められている。この場合、両議院の議員によって構成される協議会を開催することは妨げられないが、参議院が衆議院の可決した法律案を受けとったのち、国会休会中の期間を除いて60日以内に議決しないときには、衆議院は参議院がその法律案を否定したとみなすことができる〔59条〕。

また予算は、衆議院に先に提出しなければならないのであるが、参議院で衆議院と異なる議決がなされた場合に、①法律に定めるところにより、両議院の協議会を開いても意見が一致しないとき、または、②参議院が衆議院の可決した予算を受けとったのち、国会休会中の期間を除いて30日以内に議決しないときには、衆議院の議決を国会の議決とすることが認められている〔60条2項〕。この規定はまた、条約の締結に必要な国会の承認についても準用されている〔61条〕。また、内閣総理大臣の指名についても、衆議院と参議院が異なる指名の議決をした場合には、法律の定めるところにより、両議院の協議会を開催して意見の一致を図ることができる。ただし、より事案の決定を迅速に行う必要から、衆議院が指名の議決をしたのち、国会休会中の期間を除いて10日以内に参議院が指名の議決をしない場合には、衆議院の議決を国会の議決とすることが定められている〔67条〕。

3　会期と会議の原則

国会の活動は、会期という一定の期間において行われる。会期には、毎年1回一定期間（原則150日）に開催される常会〔52条〕、内閣の職権により、あるいは、各議院の総議員の4分の1以上の要求にもとづいて召集される臨時会〔53条〕、衆議院の解散による衆議院議員の総選挙の日から、30日以内に召集される特別会がある〔54条1項〕。衆議院議員の任期満了、あるいは、衆議院の解散にともなう総選挙ののちに召集される国会においては、内閣総理大臣の指名が、他のすべての案件に先立って行われなければならない〔67

条1項〕。なお、衆議院の解散にともなって参議院も同時に閉会となるのであるが、内閣は衆議院の解散中、国に緊急の必要がある場合には、参議院による緊急集会を求めることができる〔54条2項〕。ただし、緊急集会において採られた措置は、あくまで臨時のものであって、次の国会が開会されてから10日以内に衆議院の同意が得られない場合には、その効力を失うこととされている〔同3項〕。なお、国会の召集それ自体は天皇の国事行為であるが、助言と承認を通じて、内閣による一定の影響が及ぶようにされている〔7条2号〕。

このような国会における会議は、一定の国会議員による出席によってはじめて有効に成立する。そこで憲法は、議事を開き議決をなす最小限の出席者数（定足数）を、両議院ともに総議員の3分の1以上とし、憲法に特別の定めがある場合を除いては、出席議員の過半数で議事を決するとしている〔56条〕。可否同数のときは議長の決するところによる。このうち、憲法が定める特別の場合には、次のような例があり、問題の重要性に応じて、より慎重な要件が必要とされている。まず、出席議員の3分の2以上の多数による議決を必要とする場合には、①両議院における議員の資格争訟の裁判において、議員の議席を失わせる場合〔55条〕、②原則公開とされる両議院の会議を非公開とする、秘密会の開催〔57条〕、③両議院における懲罰にもとづく議員の除名〔58条2項〕、④衆議院で可決され、参議院で異なった議決がなされた法律案の衆議院における再可決〔59条2項〕、がある。さらに、出席議員ではなく、各議院の総議員の3分の2以上の賛成を必要とするものに、憲法改正の国会における発議を挙げることができ〔96条〕、同じく、いずれかの議院の総議員の4分の1以上の要求をもって、先に挙げた臨時会の召集が、内閣によって決定される〔53条〕。これに対して、最も軽い要件として、各議員の表決の会議録への記載を挙げることができ、こちらは出席議員の5分の1以上の要求で足りる〔57条3項〕。

4　国政調査権・議院自律権・議員特権

国会の果たすべき役割は多方面にわたるところから、両議院とも、それぞれ与えられた機能を実効的に行使するための補助的な権能として、国政一般に関する調査権が認められている〔62条〕。ただし、司法権との関係において、裁判官ないし司法権の独立に反するような権力の行使は認められるべきではない。また、行政権との関係においても、わが国の憲法が議院内閣制をとる関係上、ある程度広範な調査権が必要とされることは肯定されるとしても、公務員の職務上の秘密にかかわる事項にまで及ぶものではないことはいうまでもない〔議院証言法5条参照〕。なお、国会ならびに両院ともに、他の二権や別の議院から影響を受けることなく、その運営や内部組織について自主的に決定することができる自律権が認められており、この点において憲法は、両議院に、会議その他の手続や、内部規律に関する規則を制定する権限を付与するとともに、院内秩序をみだした議員を懲罰する権能を認めている〔58条2項〕。また内部組織について、両議院は、おのおのその議長その他の役員を選任できるとともに〔58条1項〕、議員の資格争訟の裁判権〔55条〕、会期前に逮捕された議員の釈放請求権〔50条〕を通じて、議院自体の独立性と自主的な運営が確保されるようになっている。

そもそも国会議員は、選挙により選出された全国民の代表者という立場を有するため、その行動や発言には一定の自由が保障されなければならない。そのために憲法は、議員の不逮捕特権や発言の免責特権を認め、その職務遂行の自由を確保している。すなわち、両議院の議員は法律の定める場合を除き、国会の会期中逮捕されることがない不逮捕特権を有しており〔50条〕、議院で行った演説、討論または表決について、院外で責任を問われない免責特権が認められている〔51条〕。ただし、不逮捕特権については、院外において現行犯として逮捕された場合や、所属する議院によりその許諾がなされた場合には、この限りではないとされている〔国会法33条、34条〕。

第3章　内　　閣

1　行政権と議院内閣制

次に、行政権は内閣に属する〔65条〕。わが国では、行政権の本質について積極的な定義をすることを避け、すべての国家作用のうちから、立法と司法の作用を除いた残りが行政作用であるとする消極説（控除説）が通説とされている。このような行政作用は、実際には各行政機関によって行われるのであるが、これらの総合調整機関として、憲法は合議体からなる内閣を設け、その首長たる内閣総理大臣に、行政各部を指揮監督する権限を与えている〔72条〕。そして行政権の行使について、国会に対して連帯して責任を負う議院内閣制を採用することにより〔66条3項〕、民主的な責任行政が実現されることを目指している。

ここで議院内閣制とは、議会の信任を内閣の存立の基礎とする制度をいい、両者の協働と均衡を認める点において、選挙により国民に対して直接に責任を負い、議会との関係において厳格な分立をなす大統領制に比べて、緩やかな権力分立をなしているということができる。わが国の憲法は、内閣総理大臣が国会議員の中から国会の議決で指名されること〔67条1項〕、国務大臣の過半数は国会議員の中から選ばれること〔68条1項〕、また内閣は、衆議院から不信任の決議がなされた場合には、衆議院が解散されない限り総辞職することを通じて、国民に対して信任を問う体制を採ることになった〔69条〕。ただし、このような国会を通じて行われる間接的なコントロールにも限界があるという理由から、首相については、国民による直接公選制が採用されるべきであるという議論もなされたことがある。行政権の行使には、国民代表機関である国会で制定された法律の根拠を必要とすることはいうまでもないが、国家活動の多様化や行政の専門技術化にともなって、法律による民主的コントロールに一定の限界が見い出される現状においては、議院内閣制を補完する制度として、参考に値するように思われる。そのほかに、首相や内閣の強化と省庁の再編成について、行政改革会議によって1997年に最終報告が提出され、これを受けて、1998年に中央省庁等改革基本法、翌年に同改革関連法が制定されており、行政組織の改革も行われている。

2　内閣総理大臣

内閣は、法律（内閣法）の定めるところにより、その首長たる内閣総理大臣およびその他の国務大臣から組織される〔66条1項〕。いずれも文民であること（軍人ではないこと）を必要とし〔同2項〕、前述のように内閣総理大臣は必ず国会議員の中から、国務大臣はその過半数が国会議員の中から選ばれなければならない。このうち内閣総理大臣は、国会の議決により指名され、天皇によって任命されるのに対して〔67条1項、6条〕、国務大臣は内閣総理大臣により任命されるとともに、その任意による罷免も認められている〔68条〕。それは、明治憲法における内閣総理大臣が「同輩中の首席」に過ぎず、他の国務大臣と対等な立場にあったために、主導的な地位を発揮することができなかった反省にもとづくものである。そこで、内閣総理大臣に内閣の首長としての地位を認めるとともに〔66条1項〕、国務大臣の任命罷免権のほか、行政各部を指揮監督する権限を認めるなど〔72条〕、その地位と権限強化を図ることによって、内閣の一体性と統一性が確保されることになった。なお、内閣総理大臣の固有の権限には、このほかに、内閣を代表して議案を国会に提出し、一般国務および外交関係について国会に報告する権限〔72条〕、主任の国務大臣によって署名された法律および政令に連署する権限〔74条〕、国務大臣の訴追についての同意権〔75条〕がある。また、国会への議案提出に関連して、内閣総理大臣その他の国務大臣は、両議院のいずれかに議席を有しなくても、議案について発言するため、いつでも議院に出席することができる。なお、答弁または説明のために出席を求められた場合には、必ず出席しなければならない〔63条〕。

3　内閣の権能

(1)　内閣の職務

内閣の職務の基本的事項は、日本国憲法の第73条に定められている。すなわち、一般行政事務のほか、①法律の誠実な執行と国務の総理〔1号〕、②外交関係の処理〔2号〕、③条約の締結〔3号〕、④官吏に関する事務の掌理〔4号〕、⑤予算の作成と国会への提出〔5号〕、⑥政令の制定〔6号〕、⑦大赦、特赦、減刑、刑の執行の免除、復権の決定〔7号〕である。このうち、行政権の本質が法律の執行にあることはいうまでもないが、国務の総理とは、国政全体の調整ではなく、行政事務の遂行のための行政各部の統括に過ぎないと理解されている。また、外交関係の処理には、外交文書の作成のほか外交使節の接受も含まれており、条約の締結には、前述したように国会による承認を必要とする。官吏とは国の公務に従事する公務員のうち、もっぱら行政権に属する国家公務員を指し、また、内閣で作成され国会に提出された予算は、国会における議決を受けなければ、これを執行することはできない〔60条、83条参照〕。政令は、行政機関の定める「命令」のうち、内閣で定めるものをいい、国民の利害にかかわる法規の定立には、国民代表機関である国会の法律による根拠を必要とするという「法律の法規創造力」の原則にしたがい、法律の委任がなければ罰則を設けることはできない〔6号但書〕。大赦以下、刑の執行の免除と復権の決定は、恩赦にかかわる事項であり、刑事法違反を理由に司法上有罪と判断された行為をくつがえすことになるため、権力分立の例外をなすということもできる。なお、これらの認証は天皇の国事行為にあたる〔7条6号〕。

(2) 内閣の助言と承認

天皇の国事に関するすべての行為には、内閣の助言と承認を必要とし、内閣がその責任を負う。そもそも日本国憲法における天皇は、象徴天皇として、憲法の定める国事に関する行為のみを行い、国政に関する権能を有しないのであるが〔4条〕、国事に関するすべての行為に、内閣による一定の影響を確保することを通じて、より民主的な国家運営の維持が図られている。そこで、憲法第7条は、内閣による助言と承認を通じて、天皇が行う国事行為を次のように規定している。①憲法改正、法律、政令、条約の公布〔1号〕、国会の召集〔2号〕、衆議院の解散〔3号〕、国会議員の総選挙の施行の公示〔4号〕、国務大臣その他の官吏の任免ならびに全権委任状、大使、公使の信任状の認証〔5号〕、大赦、特赦、減刑、刑の執行の免除、復権の認証〔6号〕、栄典の授与〔7号〕、批准書その他の外交文書の認証〔8号〕、外国の大使、公使の接受〔9号〕、儀式を行うこと〔10号〕、である。

このうち、憲法改正については後述する（第6章）。国会の議決により成立した法律および内閣の政令には、主任の国務大臣による署名と、内閣総理大臣による連署を必要とし〔74条〕、内閣による条約の締結には、国会による承認を必要とすること〔73条3号〕は前述した通りである。また、国事行為として任命される国務大臣その他の官吏には、憲法第6条第1項により、国会の指名にもとづいて天皇が任命する内閣総理大臣は含まないと解すべきであり、また国務大臣の任命は、前述したように内閣総理大臣によって行われる〔68条1項〕。そこで、このような事実を公に証明することによって、一連の手続を完成させる行為を認証という。このような認証官にはそのほかに、最高裁判所判事や検事総長などが挙げられている。

4　衆議院の解散権と総辞職・その他の権限

天皇に対する助言と承認を通じて、内閣は国会の召集と衆議院の解散、国会議員の総選挙の施行を公示するのであるが、このうち衆議院の解散については争いがある。すなわち、これは第69条により衆議院から不信任決議がなされた場合に限るのか、あるいは、不信任決議を前提としなくても、第7条のみを根拠として解散することができるのかをめぐって対立があり、現在では、後説が有力になっている。それは、国会による自律的な解散とともに、内閣による解散を認めることが両権の抑制と均衡に資し、議院内閣制の本質にも合致すると考えられるからである。内閣はそもそも任意に総辞職することができるのであるが、①衆議院で不信任決議が行われ、10日以内に衆議院が解散されない場合、②内閣総理大臣が欠けた場合、③衆議院議員総選挙ののちにはじめて国会の召集があった場合には、必ず総辞職しなければならない〔69条、70条〕。ただし、新たに内閣総理大臣が任命されるまで、内閣は引き続きその職務を行うことができる〔71条〕。

国会に対して内閣は、①先に述べた臨時会の召集決定権〔53条〕を有するほか、②国の財政に関して、予算を作成して国会に提出し、その議決を受けること〔86条〕、③国の決算を会計検査院による検査結果とともに、国会に提出すること〔90条1項〕、④国の財政状況について少なくとも毎年1回報告することが義務づけられている〔91条〕。また司法権に対しては、①最高裁判所長官の指名権〔6条〕、②長官以外の最高裁判所判事の任命権〔79条1項〕、③下級裁判所裁判官の任命権〔80条〕を有している。

第4章　裁 判 所

1　司法権の独立

すべて司法権は、最高裁判所および法律の定めるところにより設置される下級裁判所に属する〔76条1項〕。裁判所に専属するとされた司法権とは、法を適用し宣言することによって、具体的な紛争を解決する国家作用をいい、日本国憲法は、民事事件や刑事事件のみならず、行政事件も司法裁判所の管轄とすることによって、一元的な裁判機構による「法の支配」の実現を保障している。したがって、特定の事件にかかわる特別裁判所を設置することは許されない〔76条2項〕。それは、法を一元的なものとみなす英米法の伝統に影響づけられたものであり、行政事件について特別の裁判所（行政裁判所）を設置する大陸型（とくにドイツなど）の裁判制度とは、明確な区別がなされている。明治憲法では、行政にかかわる裁判は行政作用の一部とみなされ、一審かつ終審の行政裁判所が処理することとされていた〔明治憲法61条〕。これに対して、日本国憲法では、行政機関が終審として裁判を行うことは禁じられている〔76条2項〕。また、このような一元的な裁判所に、憲法の保障を最終的に担保する違憲審査権が付与されている。すなわち、「最高裁判所は、一切の法律、命令、規則又は処分が憲法に適合するかしないかを決定する権限を有する終審裁判所である」〔81条〕。最高裁判所は、終審として国の有権的な解釈を統一的に宣言する立場を有するのであって、このような審査権は、すべての裁判所にあると解されている。そして、このような憲法適合性の審査を通じて、裁判所は国民の基本的人権の保全に奉仕しているといえるのであり、いわば、憲法の番人としての役割が期待されているということができる。

2　裁判所の組織

最高裁判所以下の下級裁判所には、高等裁判所、地方裁判所、家庭裁判所、簡易裁判所の四つが含まれる〔裁判所法2条〕。一般に事件は、地裁、高裁、最高裁の順に上訴することが認められており、三審制が確保されているということができる。家庭裁判所は、地方裁判所と同系列の最高裁以下の系列に属する裁判所である。また、特許権などの知的財産に関する事件を専門的に扱うために、知的財産高等裁判所が設けられているが、こちらも東京高裁の特別支部として設置されており、同じく通常の裁判所の系列に属するものである。戦前は前述した行政裁判所のほか、軍事に関する軍法会議や皇族に関する皇室裁判所が存在していたが、現在では憲法第76条第2項の定める特別裁判所の禁止にしたがい、廃止されている。行政機関は、「終審として裁判を行ふことができない」〔73条2項〕。しかし、その反対解釈から、前審として裁判を行うことは許されるため、行政処分に対する審査請求や異議申立てにもとづいて、行政機関が裁決や決定を下す、行政不服申立てが認められている（行政不服審査法）。また、一部の行政委員会（公害等調整委員会の裁定委員会など）では、裁判に準じた慎重な手続により専門的な審査が行われるため、その事実認定に裁判所が拘束されるという、実質的証拠の法則が適用される場合がある〔電波法99条、鉱業等に係る土地利用の調整手続等に関する法律52条参照〕。

3　裁判官の任命

最高裁判所は、最高裁判所長官1名と最高裁判所判事14名から構成される〔79条1項、裁判所法5条〕。長官は内閣の指名にもとづいて天皇が任命し〔6条2項〕、判事は内閣により任命される〔79条1項〕。最高裁判所判事の任免は、天皇がこれを認証する〔裁判所法39条3項〕。最高裁判所は下級裁判所からの上告、訴訟法にとくに定められた抗告について裁判する権限を有するとともに〔裁判所法 7 条〕、司法権の独立性と自律性を維持するために、訴訟に関する手続、弁護士、裁判所の内部規律および司法事務処理に関する事項について、規則を定める権限を有する〔77 条 1 項〕。刑事訴訟規則、民事訴訟規則などがそれであり、裁判の有する専門性や技術性について裁判官の知識を尊重するうえからも、その必要性が承認されている。そのほかにも、下級裁判所裁判官の指名権〔80 条 1 項〕や、これらの裁判官および裁判所職員の人事管理などにかかわる司法行政権を有する。

最高裁判所は、15 人全員の裁判官により構成される大法廷か、5 名の裁判官による小法廷のいずれかで審理、裁判を行う。事件をどの法廷で扱うかは最高裁判所規則で定めるところによるが、新たな憲法判断を行うとき、違憲判断を行うとき、憲法判断その他の先例の変更を行うときには、必ず大法廷においてなされなければならない〔裁判所法 10 条〕。

下級裁判所の裁判官は、最高裁判所の指名した者の名簿の中から、内閣が任命する。その任期は 10 年とし、再任されることができる〔80 条 1 項〕。高等裁判所は、高等裁判所長官および判事から構成され、裁判は、原則として 3 人の裁判官の合議体で行われる〔裁判所法 15 条、18 条〕。全国で 8 か所（札幌・仙台・東京・名古屋・大阪・広島・高松・福岡）に設置されており、主に控訴、抗告および上告の裁判権を有する〔同 16 条〕。地方裁判所は各都道府県に一つと北海道に四つの合計 50 か所に設置されており、通常の訴訟事件の第一審裁判所であるほか、簡易裁判所の判決に対する控訴などについて裁判権をもつ〔同 24 条〕。判事および判事補から構成され〔同 23 条〕、裁判は事件の種類により、1 人の裁判官による単独裁判か 3 人の裁判官による合議体で行われる〔同 26 条〕。家庭裁判所は、家庭事件や少年事件の審判を行うために設けられた裁判所であり、判事および判事補から構成され〔同 31 条の 2〕、地裁と同様に全国に 50 か所設置されている。簡易裁判所は、少額軽微な事件を簡易かつ迅速に裁判することを目的に設置された裁判所であり、簡易裁判所判事により構成され〔同 32 条〕、単独裁判が行われる〔同 35 条〕。

4　裁判官の独立

裁判官はすべて、その職権の行使について独立性が認められており、「その良心に従ひ独立してその職権を行ひ、この憲法及び法律にのみ拘束される」〔76条3項〕。したがって、その職業的倫理にしたがい、他の二権からはもとより、裁判所内部においても不当な影響を受けることなく裁判できることが認められなければならず、また、ここにいう法律には、すべての法規範を含むと解されている。また「裁判により、心身の故障のために職務を執ることができないと決定された場合を除いては、公の弾劾によらなければ罷免」されず、「裁判官の懲戒処分は、行政機関がこれを行ふことはできない」〔78条〕。職務上の著しい義務違反などを理由とする裁判官の罷免の裁判は、両議院の議員で組織する弾劾裁判所において行われなければならず、また、任命の際とは異なって、懲戒については行政部門の影響力が排除されている。最高裁判所および下級裁判所の裁判官は、「すべて定期に相当額の報酬を受ける。この報酬は、在任中、これを減額することはできない」〔79条6項、80条2項〕。下級裁判所の裁判官については、10年を任期とする再任が認められているが、最高裁判所の裁判官とともに「法律の定める年齢に達した時」に退官することが定められており、最高裁判所および簡易裁判所の裁判官の定年は70歳、その他の裁判官は65歳とされている〔裁判所法50条〕。そのほか、最高裁判所の裁判官については、10年ごとの国民審査も認められている。すなわち、「その任命後初めて行はれる衆議院議員総選挙の際国民の審査に付し、その後10年を経過した後初めて行はれる衆議院議員総選挙の際更に審査に付し、その後も同様とする」〔79条2項〕。そして、この投票において「投票者の多数が裁判官の罷免を可とするときは、その裁判官は、罷免される」〔同3項〕。この審査について定める最高裁判所裁判官国民審査法によれば、罷免を可とする裁判官について、投票用紙に×を記入する方式で投票が行われる〔同法15条〕。

5　裁判の公正と司法参加

裁判の公正を確保するため、「裁判の対審及び判決は、公開法廷でこれを行ふ」ことが必要とされる〔82条1項〕。ただし、「裁判所が、裁判官の全員一致で、公の秩序又は善良の風俗を害する虞があると決した場合」には、対審は、公開しないで行うことができる。しかし、民主主義や人権保障に反する結果にならないように、政治犯罪、出版に関する犯罪、憲法に定める人権が問題になっている事件の対審は、常に公開しなければならない〔以上、同2項〕。それは、憲法第37条第1項に定める、刑事被告人の公開裁判を受ける権利にも対応するとともに、司法権の民主的統制のためにも不可欠だからである。ここで対審とは、裁判官の前で行われる審理と弁論を指し、民事訴訟では口頭弁論手続、刑事手続では公判手続を意味する。そして公開とは、傍聴の自由を認めることであり、報道の自由も含まれると解されている。ただし、刑事訴訟では写真撮影や録音・放送には裁判所の許可が必要であり〔刑事訴訟規則215条〕、また傍聴自体も、傍聴人席や法廷の厳粛を維持する都合から、一定限度の制限が加えられることがある。

そのほか、国民の司法参加という観点からは、西欧で採用されている陪審制度や参審制度が重要な意義を有している。いずれも職業裁判官以外に、国民の中から選出された一定の者の参加を認める制度である。イギリスに起源を有し、アメリカ合衆国に継受された陪審制度では、陪審員は事実認定の審査のみを行い、法の適用解釈は職業裁判官だけで行うという分業がなされている。事実認定を行う小陪審（審理陪審）のほか、刑事事件における被疑者の起訴不起訴を審査する大陪審（起訴陪審）がある。後者に類似したわが国の制度に、検察官の不起訴の妥当性について一般国民が審議する「検察審査会」制度がある。一方、ヨーロッパ大陸に多い参審制は、事実問題および法律問題の双方について、国民が職業裁判官と合議体をなして裁判する制度であり、わが国の刑事裁判の一部に導入が決定された「裁判員」制度も、これに類似する（Ⅲ D Progress「刑事裁判員制度」参照）。

そもそもわが国でも、1923年に陪審法が制定され、刑事小陪審として機能したことがあるが、十分に活用されずに1943年以来停止された経緯がある。司法疎遠やその不信さえも言及されることがある今日の司法制度の下では、国民主権を徹底するうえからも、国民意識の司法への反映は必要であるし、民主的基盤を強化し、国民審査の限界を補完するという観点からも、直接民主的な制度を導入することには、十分な意味があるといえる。より身近な司法の実現や裁判に対する理解のためにも、今後の役割が期待される。

6　司法権の範囲と限界

(1)　法律上の争訟

憲法第 32 条によれば、「何人も、裁判所において裁判を受ける権利を奪はれない」。ここにいう裁判には、刑事事件のみならず、民事事件その他一切の事件の裁判を含むと理解されており、公平な裁判所による迅速な裁判でなければならない。しかし、すべての事件について司法判断を受ける機会まで保障する趣旨ではないとされている。それは、裁判所が司法権を行使する前提として、裁判所法第 3 条が定める、「法律上の争訟」に該当する必要があるからである。すなわち、法律においてとくに認められた場合を除いて、裁判は当事者間の具体的な権利義務や法律関係の存否に関する紛争を前提とし、裁判所は法律を解釈適用することを通じてのみ、これらを解決できるに過ぎないからである。したがって、訴えの提起にあたり、紛争としての具体的な事件性が必要とされている。その結果、個人の利害にかかわらない法規適用の客観的適正や、法令自体の有権的解釈それ自体を求める裁判（主観訴訟から区別される客観訴訟）は、とくにそれを認めた法律がなければ、提起することは許されない。たとえば、行政事件訴訟法第 5 条によれば、「国又は公共団体の機関の法規に適合しない行為の是正を求める訴訟で、選挙人たる資格その他自己の法律上の利益にかかわらない資格で提起するもの」を民衆訴訟とし、国または公共団体の機関相互間の権限の存否や、その行使に関する紛争についての訴訟である機関訴訟〔同法 6 条〕とともに、法律に定める場合に、法律に定める者に限って提起できることが定められている〔同 42 条〕。このうち、民衆訴訟には、選挙人たる資格において、選挙の効力について提起できる選挙訴訟〔公職選挙法 203 条、204 条〕や、地方公共団体の住民としての資格において、違法な公金の支出などについて監査委員が審査した結果その他につき、不服がある場合に提起される住民訴訟〔地方自治法

242条の2〕などがある。

(2)　司法権の限界をめぐる判例

[i]　法律上の争訟に由来する限界

裁判所は、あくまで憲法以下の法を基準として裁判を行うものである以上、宗教上の教義に関する判断や、学問上の論争に解決を与えることはできない。一方、法律上の争訟に該当する場合であっても、憲法によってとくに認められた両議院議員の資格争訟の裁判〔55条〕や、罷免の訴追を受けた裁判官を裁判するため、国会に設置される弾劾裁判〔64条〕のほか、国際法や条約によって、裁判権それ自体に制約が加えられている場合もある。また、国会や各議院の自律権に委ねられるべき事項についても、司法権は及ばないと解される。すなわち、議員の懲罰や議事手続などの内部事項については、各議院が自主的に判断することができるからである。判例も、議決それ自体の無効が争われた「警察法改正無効事件」において、国会内部における議事手続は、審査することができないとしている（最高裁大法廷昭和37年3月7日判決民集16巻3号445頁）。

また、団体内部における自治や自律的判断が尊重される場合にも、司法審査は控えられるべきであるという考えもある。いわゆる「部分社会の法理」と呼ばれる理論がそれであり、地方議会の議員懲罰問題や国立大学の単位認定をめぐる紛争、政党、宗教団体や弁護士会、労働組合などの内部紛争について援用される場合がある。たとえば、国立大学における単位不認定処分が争われた「富山大学事件」では、大学は一般市民社会とは異なる特殊な部分社会を形成しているため、単位認定のような内部問題については、それが一般市民法秩序と直接に関係するような特段の事情のない限り、司法審査の対象にはならないとしている（最高裁昭和52年3月15日判決民集31巻2号234頁）。また、党員の除名処分の効力が争われた「共産党袴田事件」でも、政党の除名処分は、それが一般の市民秩序と直接の関係を有しない内部的な問題に止まる限り、裁判所の審査権が及ばないとしている（最高裁昭和63月12月20日判決判時1307号113頁）。

[ii]　裁量問題

このほかに、立法府あるいは行政府の自由裁量に委ねられていると解される事項については、その当不当が問題となるに止まり、裁量権の逸脱または濫用の認められない限り、司法審査が及ばない限界が見い出される〔行政事件訴訟法30条参照〕。このうち行政裁量については、行政手続法の制定にともなう手続的統制のほか、法の一般原則（比例原則など）の採用により、行政機関による自由な判断領域は限局される方向にあるが、政策的判断を含む立法府における立法行為については、広い範囲で裁量が認められる傾向にある。とりわけ、経済的自由権について、社会経済政策的な理由から制限を加える規制立法、選挙における議員定数の問題、あるいは、プログラム規定とされる憲法上の各種の社会権規定を具体化するための立法措置について、その傾向が大きい。たとえば、第25条の生存権をめぐって争われた「堀木訴訟」において、最高裁は、「具体的にどのような立法措置を講ずるかどうかの選択決定は、立法府の広い裁量に委ねられており、それが著しく合理性を欠き明らかに裁量の逸脱・濫用と見ざるをえない場合を除き、裁判所が審査判断するのに適しない」と判示している（最高裁大法廷昭和57年7月7日判決民集36巻7号1235頁）（B第4章2判例40参照）。

[iii]　統治行為

また、国家統治の基本にかかわる高度の政治性を有する国家行為（統治行為）については、法的判断が可能であるとしても、民主的な基盤を通じて国民に直接責任を負う、政治部門の第一次判断が尊重されるべきであり、裁判所が代替的な判断をなすべきではないという理由により、司法判断が回避される「統治行為」の理論が採用されることがある。これは、アメリカ合衆国の連邦裁判所の判決を通じて確立されてきた「政治問題」（political question）に通じる理論であり、わが国でも条約の締結のような外交・安全保障にかかわる問題や、国会の召集、衆議院の解散をめぐって問題とされてきた。たとえば、日米安保条約にもとづく駐留米軍の違憲性が争われた「砂川事件判決」では、安保条約のような「わが国の存立の基礎に極めて重大な関係をもつ高度の政治性を有する」条約は、「一見極めて明白に違憲無効であると認められないかぎりは、裁判所の司法審査権の範囲外のものである」とされた(最高裁大法廷昭和34年12月16日判決刑集13巻13号3225頁)(A第2章3判例1参照)。ただし、その論拠として高度の政治的判断のほか、自由裁量の問題にも言及されていることについては、理論的な問題も指摘されている。

このほか、衆議院の解散の効力が争われた「苫米地事件判決」(最高裁大法廷昭和35年6月8日判決民集14巻7号1206頁)では、最高裁は衆議院の解散は統治行為にあたり、「この司法権に対する制約は、結局、三権分立の原理に由来し、当該国家行為の高度の政治性、裁判所の司法機関としての性格、裁判に必然的に随伴する手続上の制約等に鑑み、特定の明文による規定はないけれども、司法権の憲法上の本質に内在する制約と理解すべきである」と判示した。しかしながら、この論旨に対しても、むしろ議院の自律権にもとづく限界として論じられるべき問題ではなかったかという指摘がある。

7 違憲審査制

(1) 違憲審査の意義

法の支配の原則からすれば、すべての国家行為は、憲法以下の法にしたがって、適切になされることを必要とする。したがって、裁判所がその民主的な基盤の弱さを理由に、政治的判断を回避することがやむをえないとされる場合があるとしても、法から自由な政治領域が安易に想定されてはならず、基本的人権を擁護しその伸長を図るうえからも、裁判所には一定の責任と役割が期待されなければならない。日本国憲法はその第10章(最高法規)の第97条において、基本的人権の永久不可侵性を宣言している。そして第98条において、このような人権の保障を含む憲法が、国の最高法規であり、その条規に反する法律、命令その他の行為は、その効力を有しないことを明言する。さらに、このような憲法を尊重し擁護する義務は、第99条において、すべての公務員に対して課されている。したがって、裁判所が司法権を行使するにあたっては、憲法に準拠することはもとよりながら、その最大の目的である人権尊重の趣旨を十分に斟酌して、司法的判断を行うべきであることはいうまでもない。しかしながら、そのような意味において裁判所が憲法判断をなしてきたか、という点については、極めて低い評価しかなすことができない。

(2)　違憲審査の主体

憲法第81条は、「最高裁判所は、一切の法律、命令、規則又は処分が憲法に適合するかしないかを決定する権限を有する終審裁判所である」と規定する。ここで、違憲審査の主体としての裁判所には、最高裁判所のほか、下級裁判所も含まれると解されており、判例も同様である（最高裁大法廷昭和25年2月1日判決刑集4巻2号73頁）。それは、わが国における違憲審査制が、具体的な紛争を前提として、その解決に必要な限りで憲法適合性を審査する「付随的審査制」を採用したことにともなう当然の帰結である。したがって、最高裁判所は終審裁判所として、国の有権的解釈を統一的に宣言する権能を有することになる。違憲審査の形態には、このほかにも、通常裁判所から切り離された特別の裁判所である憲法裁判所が、具体的な事件を前提とせずに、国家行為の憲法適合性を一般的に判断する抽象的審査制があり、ドイツ、オーストリア、イタリアなどで採用されている。違憲審査の主体に着目して憲法裁判所型であるとか、違憲の法秩序を排除して、憲法を頂点とする法体系の確保を目的とするところから、憲法保障型などと呼ばれることもある。

これに対して、わが国で採用された付随的審査制は、アメリカ合衆国において判例（1803年のマーベリー対マディソン事件）を通じて確立された憲法慣習に起源を有しており、一元的な通常裁判所が権利救済を第一目的に行うところから、司法裁判所型、権利保障型とも呼ばれる。ただし、この制度の母国であるアメリカ合衆国では、訴えを提起できる要件を緩和することによって、憲法適合性を審査する機会を拡大していることが指摘されており、またドイツにおいても、単なる抽象的な憲法判断に止まらず、国民の具体的な人権救済を目的とした憲法訴願の制度が採用されたことにより、両者の合一化傾向が指摘されている。わが国でも、抽象的審査が許されるのか、法律を通じて憲法裁判所の機能を付与することも禁じられないかどうかについて争いがあるが、最高裁判所は次のように判示して、付随的審査制に立脚することを明らかにしている。「わが現行の制度の下においては、特定の者の具体的な法律関係につき紛争の存する場合においてのみ裁判所にその判断を求めることができるのであり、裁判所がかような具体的事件を離れて抽象的に法律命令等の合憲性を判断する権限を有するとの見解には、憲法上及び法令上何等の根拠も存しない」（警察予備隊違憲訴訟判決：最高裁大法廷昭和 27 年 10 月 8 日判決民集 6 巻 9 号 783 頁）。

(3)　違憲審査の対象

違憲審査の対象には、地方公共団体の議会により制定される条例も含まれる。また、処分は個別・具体的な国家行為のすべてを指し、行政機関による処分とともに、裁判所による判決も含まれると解されている。したがって、すべての国家行為が審査の対象になるともいえるのであるが、条約については、第 81 条による審査対象の中に明記がないこと、憲法の最高法規性を規定した第 98 条第 1 項においても、条約との関係については触れられておらず、第 2 項において、「日本国が締結した条約及び確立された国際法規は、これを誠実に遵守することを必要とする」と規定されていることなどを理由に、審査対象に含めることができるかどうか、争いがある。

憲法と条約の相互関係について、条約の優位を認める見解に立てば、もとより合憲違憲の問題は生じないのであるが、通説である憲法優位説によれば、いかなる理由にもとづいて審査対象に含めることができるのか、憲法的な理論づけが必要になる。学説は、法律に準じて審査対象に含める見解や、規則または処分に含めて理解する見解に分かれている。また最高裁判所も、前述した日米安保条約の合憲性が争われた砂川事件において、審査対象に含めたうえで、憲法判断を回避している。条約それ自体の内容的な審査には、高度の政治的判断が要求されるものであり、また、条約の締結は他国との合意が前提とされるため、ただちにその効力を争うことは困難であるとしても、審査対象に処分が含まれること、そして、国家行為の全般が違憲審査の対象にされているところから、その締結行為自体の違憲性を問うことによって、憲法判断を行うことも可能であるように思われる。

(4)　違憲審査の方法

[i]　憲法判断の回避

ただし、違憲審査の方式には、付随的審査制にともなう必然的な限界を認めることができる。すなわち、事件の解決に必要な限りで憲法判断が行われるために、憲法判断に踏み込むことなく紛争を解決できるのであれば、あえて憲法判断を行う必要はないとする憲法判断回避の原則がそれである。アメリカ合衆国では、ブランダイス・ルールとして判例上適用されてきた。わが国でも、自衛隊基地内の通信線を切断して、自衛隊法第121条の防衛用器物損壊罪違反で起訴された被告が、同条を含む自衛隊法そのものの違憲を主張した「恵庭事件」において、札幌地裁は、通信線は同条の「その他の防衛の用に供する物」に該当しないとして被告を無罪とし、その結論に達した以上は憲法問題について判断する必要はないと判示している（札幌地判昭和42年3月29日判決下刑集9巻3号359頁）。また、事件の解決に適用される法律の合憲性解釈について、複数の解釈が可能である場合には、憲法に適合する解釈が裁判所によって採用されるべきであるという、合憲限定解釈という方式も、違憲審査において採用されることがある。憲法判断そのものの回避ではなく、違憲判断を回避する解釈ということができる。

[ii]　法令違憲と適用違憲

また、違憲判断がなされる場合でも、法令そのものを違憲とする法令違憲の判決と、当該事件における適用をとらえて違憲とする適用違憲の判決の二つを区別することができる。もっぱら紛争解決を旨とするわが国の司法制度の本質からすれば、裁判は具体的な事実関係における法令の適用をめぐって争われることになるため、具体的な事件から離れて一般的に法令そのものの違憲性を審査することは、付随的審査という審査方式の理念に反することにもなりかねない。したがって、合憲限定解釈を尽くしたうえでなお、合憲的に適用ないし運用する余地のない法令のみを、違憲とすべきであるということになる。2023年現在、わが国において法令そのものを違憲とした最高裁判決には、次の11件がある。

①刑法第200条の尊属殺懲罰規定が、法の下の平等〔14条〕に違反するとし

た最高裁大法廷昭和48年4月4日判決刑集27巻3号265頁（B第2章2判例**17**参照)、②薬事法第6条にもとづく薬局開設許可の距離制限が、職業選択の自由〔22条〕に反するとした最高裁大法廷昭和50年4月30日判決民集29巻4号572頁（同第3章3判例**37**参照)、③1票の価値について、最大で4.99倍の格差をもたらすことになった公職選挙法の衆議院議員の定数配分規定が、憲法第14条に違反するとした最高裁大法廷昭和51年4月14日判決民集30巻3号223頁、同じく、④最大4.4倍の格差を違憲とした最高裁大法廷昭和60年7月17日判決民集39巻5号1100頁（ともに、第2章2判例**22**参照)、⑤持分価格が2分の1以下の共有者からの森林の分割請求を認めない森林法第186条が、財産権の保障〔29条〕に反するとされた最高裁大法廷昭和62年4月22日判決民集41巻3号408頁、⑥特別送達郵便物について、国の賠償責任を免除した郵便法第68条、第73条の規定が、国家賠償請求権の保障〔17条〕に反するとした最高裁大法廷平成14年9月11日判決民集56巻7号1439頁、⑦海外在住の日本人に対して、選挙（衆議院議員小選挙区選挙ほか）の機会を認めない公職選挙法が、普通選挙制を保障した憲法第15条に反するとし、慰謝料の支払いのほか、立法不作為（怠慢）について国家賠償まで命じた最高裁大法廷平成17年9月14日判決民集59巻7号2087頁、⑧日本人の父とフィリピン人の母の間に生まれ、父から生後認知を受けた非嫡出子について、父母が婚姻しなければ日本国籍を取得できないとした国籍法第3条第1項の規定が、憲法第14条第1項に反するとした最高裁大法廷平成20年6月4日判決民集62巻6号1367頁、判時2002号3頁（第2章第2判例**19**参照)、⑨非嫡出子の法定相続分について、嫡出子の2分の1と規定していた民法第900条第4号ただし書前段の規定が、法の下の平等を定めた第14条第1項に反するとした最高裁大法廷平成25年9月4日決定民集第67巻6号1320頁（判例**18**参照)、⑩女性について、再婚禁止期間（前婚の解消または取消しの日後6か月間）を定めていた民法第733条第1項の規定が、100日を超える部分については合理性がなく、憲法第14条第1項および同第24条第2項に反するとした最高裁平成27年12月16日判決民集第69巻8号2427頁（判例**20**参照)、⑪海外在住の日本人に審査権の行使を認めていなかった最高裁判所国民審査法が、憲法第 15 条第 1 項、第 79 条第 2 項、第 3 項に違反するとした最高裁大法廷令和 4 年 5 月 25 日判決（民集 76 巻 4 号 711 頁)、である。このような結果から、最高裁判所は違憲判断を下すことに消極的であるという指摘もなされることがある。

(5)　違憲判決の効力

違憲と判断された法令は無効となるが、その判断により当然に一般的に無効として扱われるのか、その事件に関してのみ無効とされるのかについて争いがある。違憲判決をもって当該法律の効力全般を失わせることは、裁判所による一種の消極的な立法作用にもあたるため、このような一般的効力を認めることはできないと理解されている。当該事件の解決に必要な限りで憲法判断が行われるという付随的審査の本質によれば、その事件に限って効力が及ぶという個別的効力説が妥当する。ただし、実務上では違憲判決を機会として、具体的な立法措置が行われるのが一般的である。

第 5 章　地 方 自 治

1　地方自治の保障

(1)　地方自治の本旨

日本国憲法は、明治憲法にはなかった地方自治に関する独立した第 8 章を設けることにより、国政レベルでの権力の水平的分立のみならず、中央と地方との間の権力の垂直的分立をも規定することになった。地方自治は「民主主義の源泉であり学校である」（ブライス）ともいわれるように、中央権力から切り離された固有の領域内において、地域住民の意思により円滑に政治が行われることが、ひいては国全体の民主主義の実現にとって、有益な成果をもたらすことになる。その意味において、現代社会では地方自治の保障は不可欠であり、各種の国際条約（1985 年のヨーロッパ地方自治憲章や世界地方自治宣言）の締結からも、その必要性を理解することができる。日本国憲法は、「地方公共団体の組織及び運営に関する事項は、地方自治の本旨に基いて、法律でこれを定める」〔92 条〕とし、そのために地方自治法が制定されている。ここでいう「地方自治の本旨」とは、国から独立した地域団体が、自己の責任において地域の事務を処理するという「団体自治」の原理と、その地域の住民の意思によって地方政治が行われるべきであるという「住民自治」の原理からなっている。いずれも、権力分立と民主主義を反映した原理であるということができる。

このように憲法上保障された地方自治権の根拠については、人権と同様に前国家的な性質を有する固有の権利とする固有権説、国家の統治権に伝来し、法律により認められた限りで承認されるという伝来説（承認説）が唱えられてきた。現在では、憲法上制度として保障されたとする制度的保障説が有力であり、したがって、法律によっても、その本質を空洞化するような内容の規定を行うことはできないと理解されている。

(2)　地方公共団体の機関と種類

憲法第93条は、地方公共団体の機関として、「地方公共団体には、法律の定めるところにより、その議事機関として議会を設置する」〔1項〕とし、「地方公共団体の長、その議会の議員及び法律の定めるその他の吏員は、その地方公共団体の住民が、直接これを選挙する」〔2項〕と定めている。地方自治法によれば、地方公共団体には、普通地方公共団体（都道府県、市町村）と、特別地方公共団体（特別区、地方公共団体の組合、財産区）の二つが含まれる〔同法1条の3〕。普通地方公共団体が憲法上の地方公共団体にあたることはいうまでもないが、特別地方公共団体に含まれる特別区（東京都の23区）については、その長（区長）の公選の必要性をめぐって問題とされたことがあり、最高裁判所はかつて、特別区は憲法上の地方公共団体にはあたらないと判示したことがある（最高裁大法廷昭和38年3月27日判決刑集17巻2号121頁）。しかしながら、首都東京の内部組織であるという理由で、一面的にその権能を否定されるべきではなく、またその役割も市町村と極めて近接するところから、憲法上の地位を認められる相当の理由があり、現在では区長の公選制も復活されている。結果として、普通地方公共団体と特別区においては、議会議員のほか、その長も直接住民によって選挙されており、執行機関における首長制の採用が、国政レベルとは異なる特色をなしている。

(3)　住民の権利

このほか、普通地方公共団体においては、住民の意思を直接反映する仕組みが採用されている。条例の制定改廃請求〔地方自治法 74 条〕、事務監査請求〔同 75 条〕は、有権者の総数の 50 分の 1 以上の連署をもってなすことができ、また、有権者の総数の 3 分の 1 以上の連署をもって、議会の解散請求〔76 条〕や、議員、長、役員（副知事・副市町村長など）の解職請求〔80 条、81 条、86 条〕を行うことができる。また、「一の地方公共団体のみに適用される特別法は、法律の定めるところにより、その地方公共団体の住民の投票においてその過半数の同意を得なければ、国会は、これを制定することはできない」〔憲法 95 条〕。広島平和記念都市建設法や長崎国際文化都市建設法などの各種の建設法がその例であり、地域住民の自主的な判断を尊重するための規定であると考えられている。

2　地方公共団体の権能

(1)　地方公共団体の事務

地方公共団体の権能として、憲法第 94 条は、「地方公共団体は、その財産を管理し、事務を処理し、及び行政を執行する権能を有し、法律の範囲内で条例を制定することができる」と規定する。かつての地方自治法〔2 条 2 項〕では、普通地方公共団体の事務として、地方公共団体の存立にかかわる「固有事務」(公共事務)、国または他の団体から法令により委任された「団体委任事務」、権力的な規制にかかわる「行政事務」の三つを自治事務として、地方公共団体により自主的に処理されるものとしてきた。ただし、これらとは別に、普通地方公共団体の長その他の機関に、国または他の公共団体の事務を委任して処理させる、「機関委任事務」が認められてきた。都道府県の事務の約 8 割、市町村の事務の約 4 割を占めていたともいわれ、この事務の処理に関する限り、住民の公選による首長（知事・市町村長）が主務官庁の指揮監督を受けることになり、また、これにしたがわなかった場合の「職務執行命令訴訟」も認められるなど、上下・主従の関係が形成される温床であるとも指摘されてきた。

そこで、1999年の地方自治法の改正によって、機関委任事務が廃止されることになり、新たに地方公共団体の事務が、「自治事務」と「法定受託事務」に再編されることになった〔同法2条8項、9項〕。改正された地方自治法によれば、法定受託義務は、「法律又はこれに基づく政令により都道府県、市町村又は特別区が処理することとされる事務のうち、国が本来果たすべき役割に係るものであつて、国においてその適正な処理を特に確保する必要があるものとして法律又はこれに基づく政令に特に定めるもの」（第1号法定受託事務）、および、「法律又はこれに基づく政令により市町村又は特別区が処理することとされる事務のうち、都道府県が本来果たすべき役割に係るものであつて、都道府県においてその適正な処理を特に確保する必要があるものとして法律又はこれに基づく政令に特に定めるもの」（第2号法定受託事務）をいい〔2条9項〕、自治事務とは、「地方公共団体が処理する事務のうち、法定受託事務以外のものをいう」とされている〔2条8項〕。

(2)　国との役割分担と関与の基本原則

そもそも、新たな地方自治法では、国と地方公共団体との役割分担に関する基本原理が述べられている〔1条の2第2項〕。それによれば、国は、①「国際社会における国家としての存立にかかわる事務」、②「全国的に統一して定めることが望ましい国民の諸活動」に関する事務、③「地方自治に関する基本的な準則に関する事務」、④「全国的な規模で若しくは全国的な視点に立つて行わなければならない施策及び事業の実施」、そのほか、国が本来果たすべき役割を重点的に行い、「住民に身近な行政はできる限り地方公共団体にゆだねることを基本」として、地方公共団体との間で、適切に役割を分担しなければならない。地方公共団体の事務分類の再編も、この原則にしたがったものであり、また法定受託事務の処理に際しても、地方自治体の自主性や自立性に配慮して、国の関与は、必要最小限度に止められなければならない〔245条の3第1項〕。また、国や都道府県による関与は、従来、行政内部の通達などを通じて行われてきたが、新地方自治法は、「普通地方公共団体は、その事務の処理に関し、法律又はこれに基づく政令によらなければ、普通地方公共団体に対する国又は都道府県の関与を受け、又は要することとされることはない」〔245条の2〕として、関与の法定主義を定めることになった。

具体的な関与の類型は、第245条に規定されている通りであり、自治事務については、助言、勧告や、そのための資料の提出要求〔245条の4〕、是正の要求および勧告〔245条の5・6〕が、法定受託事務については、助言、勧告、資料の提出要求のほか、是正の指示〔245条の7〕および代執行〔245条の8〕が認められている。法定受託事務に強い関与が認められているのは、事務の性質上その処理に国の関心が強いためであるが、たとえ代執行によらなくてはならない場合であっても、その発動には勧告や指示を前提とし、高等裁判所の判決（代執行訴訟）を踏まえるなど、慎重な手続を経なければならない〔245条の8〕。また、国の権力的関与について不服がある場合には、地方公共団体は「国地方係争処理委員会」に審査の申出を行うことができ〔250条の13〕、都道府県からの関与について、市町村は「自治紛争処理委員」に同様の審査を申し出ることができる〔251条の3〕。このような第三者的な機関の介在を通じて、国と地方公共団体、さらに地方公共団体相互の関係が、本来の対等性を本旨として、形成されていかなければならない。

3　条例制定権とその限界

また、地方公共団体は自治事務について条例を制定する権限を有する。条例とは、地方公共団体の議会によって制定される自主立法をいうが、憲法第94条にいう条例には、このほかに、長の制定する規則〔地方自治法15条〕や、各種委員会（教育委員会、公安委員会など）によって定められる規則〔同138条の4第2項〕を含むと解されている。ただし、地方自治法第14条第1項は、「普通地方公共団体は、法令に違反しない限りにおいて第2条第2項の事務（＝自治事務、筆者注）に関し、条例を制定することができる」とし、法律のみならず、行政機関によって制定される命令にも、抵触することができないと定めている。したがって、行政事務の性質によっては、地域的な特性に応じて、法律で定める基準よりも厳しい基準を定める「上乗せ条例」や、規制対象を法令より拡大する「横出し条例」を制定する必要に迫られることがあるが、はたして立法上可能であるかどうか、問題とされてきた。たとえば、公害対策規制の分野でしばしば論議になったことがあり、従来から、「法律の先占論」の名目の下に、法律の委任がなければ条例を制定することができない限界があると指摘されてきた。

しかし近年、最高裁は「徳島市公安条例事件判決」において、「両者の対象事項と規定文言を対比するのみでなく、それぞれの趣旨、目的、内容及び効果を比較し、両者の間に矛盾抵触があるかどうかによってこれを決しなければならない」とし、法律と条例の制定目的や地方の事情に応じて、別段の規制が容認される場合があることを判示した（最高裁大法廷昭和 50 年 9 月 10 日判決刑集 29 巻 8 号 489 頁）。すなわち、「特定事項を規律する国の法令と条例が併存する場合でも、後者が前者と別の目的に基づく規律を意図するものであり、その適用によって前者の規定の意図する目的と効果をなんら阻害することがないとき」、また、「両者が同一の目的に出たものであっても、国の法令が必ずしもその規定によって全国的に一律に同一内容の規制を施す趣旨ではなく、それぞれの普通地方公共団体において、その地方の実情に応じて、別段の規制を施すことを容認する趣旨であると解されるときは、国の法令と条例との間にはなんら矛盾抵触はなく、条例が国の法令に違反する問題は生じえない」とした。

そのほか、憲法第 29 条第 2 項に関連して、条例によって財産権の内容を制限することについて、最高裁は「奈良県ため池条例事件」において、これを容認する立場をとっている（最高裁大法廷昭和 38 年 6 月 26 日判決刑集 17 巻 5 号 521 頁）。条例が、住民の代表機関である議会を通じて成立した、民主的立法であることに鑑みた判断であり、同様の趣旨から、条例に罰則を設けることも、刑罰の賦課に法律上の根拠を要求した憲法第 31 条に違反しないとされている。この点は、地方自治法第 14 条第 3 項において、「普通地方公共団体は、法令に特別の定めがあるものを除くほか、その条例中に、条例に違反した者に対し、2 年以下の拘禁刑、100 万円以下の罰金、拘留、科料若しくは没収の刑又は 5 万円以下の過料を科する旨の規定を設けることができる」と定められている通りである。なお、地方公共団体の長の定める規則には、法令に特別の定めがある場合を除き、行政罰としての過料（5万円以下）を科する規定を設けることができる〔同法15条2項〕。

第6章　憲法改正

1　憲法改正の手続

(1)　国民投票法の成立と国会による発議

憲法は国家のあり方や大枠を定める根本法規であるが、その国家が社会の変化に十分対応しきれなくなった場合には、一定の改正を加えることによって、国民からの要請に応えることが必要になる。この改正はまず、憲法解釈の変更という枠内で行うこともできるのであるが、その範囲を超える改正に備えて、憲法はそれ自体の改正のための機会と手続を定めることとした。日本国憲法は第96条において、「この憲法の改正は、各議院の総議員の3分の2以上の賛成で、国会が、これを発議し、国民に提案してその承認を経なければならない。この承認には、特別の国民投票又は国会の定める選挙の際行はれる投票において、その過半数の賛成を必要とする」と規定する〔同1項〕。したがって、憲法改正の機会は認めるものの、その手続や要件を通常の法律改正よりも厳格にした、硬性憲法であることを明らかにしている。ただし、これまでに改正のための具体的な手続を定めた法律は存在しなかった。

しかし、2007年5月14日に「日本国憲法の改正手続に関する法律」（以下、国民投票法と略す）が成立し（5月18日公布）、「公布の日から起算して3年を経過した日（2010年5月18日）から施行する」こととされた〔附則1条〕。ただし、一部の規定は公布の日から施行されている。また、この法律の第151条によって、国会法に日本国憲法の改正の発議に関する第六章の二が加えられ、新たな国会法第68条の2において、「議員が日本国憲法の改正案（以下「憲法改正案」という。）の原案（以下「憲法改正原案」という。）を発議するには、第56条第1項の規定（＝議案発議の要件、筆者注）にかかわらず、衆議院においては議員100人以上、参議院においては議員50人以上の賛成を要する」と規定された。

そもそも憲法第 96 条第 1 項に規定する「発議」とは、憲法改正のための原案を提出することではなく、国民に提案される「憲法改正案」を国会が決定することをいう。したがって、その原案としての「憲法改正原案」を発議するためには、衆議院または参議院における、上述の人数を超える賛成を必要とすることになる。そのため、これまで発案権の主体として議論のあった内閣については、今回の改正では、その対象からはずされることになった（吉田利宏『国民投票法論点解説集』（日本評論社・2007 年）116 頁参照)。憲法第 96 条第 1 項の意味での憲法改正の発議、すなわち「憲法改正案」の決定のためには、各議院の総議員の 3 分の 2 以上の賛成を必要とするが、この場合の総議員とは、法定議員数とするか、現在議員数とするか争いがあるが、硬性憲法の趣旨に鑑みれば、法定議員数と解すべき余地がある。国会法第 68 条の 5 の規定により、「憲法改正原案について国会において最後の可決があつた場合には、その可決をもつて、国会が日本国憲法第 96 条第 1 項に定める日本国憲法の改正（以下「憲法改正」という。）の発議をし、国民に提案したもの」とされる〔同 1 項〕。

(2)　国民投票の実施と改正の承認

そして、この国会による憲法改正の発議の日から 60 日以後、180 日以内の国会で議決された期日に、国民投票が行われる〔国民投票法 2 条 1 項〕。「日本国民で年齢満 18 年以上の者は、国民投票の投票権を有する」〔同 3 条〕。憲法第 96 条第 1 項は、提案された憲法改正案の承認の機会として、そのために特別に実施される国民投票のほか、国会の定める選挙の際に行われる投票も含めているため、この点について選挙権を行使できる年齢を共通化できるように、公職選挙法その他の法律を改正するなど、国は国民投票法の施行までに、必要な法制上の措置を講じる必要があった。国民投票法の附則（平成 26 年 6 月 20 日法律第 75 号）第 3 は、この点を確認した規定である。

そしてこの投票において、国民の過半数の賛成が得られた場合には、憲法改正が成立する。この過半数の理解をめぐっては、従来から投票総数の過半数か、それから無効票を除いた有効投票の過半数か争いがあった。しかし、国民投票法は「第 98 条第 2 項に規定する投票総数の 2 分の 1 を超えた場合は、当該憲法改正について日本国憲法第96条第1項の国民の承認があったものとする」〔126条1項〕と規定して、同法第98条第2項かっこ書の「憲法改正案に対する賛成の投票の数及び反対の投票の数を合計した数をいう」を援用することにより、これを、有効投票の過半数とすることを明らかにした。しかし、最低得票率の規定を置かなかったところから、少数の国民の意思のみで憲法改正がなされる可能性もあり、今後の検討が必要とされる。

国民の憲法改正の承認が得られた場合には、その時点で憲法改正が確定する。ただし、憲法は、成立した憲法改正を国民に公示するために、天皇の公布行為を必要としている。「憲法改正について前項の承認を経たときは、天皇は、国民の名で、この憲法と一体を成すものとして、直ちにこれを公布する」〔96条2項〕。内閣の天皇の職務行為に関する権限について述べたように、この場合も、内閣の助言と承認を必要とすることはいうまでもない〔7条1号参照〕。

2　憲法改正の限界

それでは、そもそも憲法改正によって、どの程度までその内容に変更を加えることが可能であるだろうか。憲法改正権を憲法制定権と同視して、憲法制定権の全能性を理由に、改正には限界がないとする見解や、憲法規範に上下の価値序列をつけることができないことを理由に、改正の限界を否定する見解も存在する（憲法改正無限界説）。しかし、通説とされる憲法改正限界説では、憲法のなかに改正によっても変更することができない根本規範を見い出して、その本質に変更を迫るような改正はなすことができないとされている。その対象には、一般に、憲法の基本原理である国民主権の原理、個人の尊重と基本的人権の尊重、平和主義、憲法改正手続（国民投票制）などが挙げられている。

その理論づけにあたり、憲法改正権と制定権を区別するかどうかに程度の差はあるとしても、憲法改正権それ自体は、憲法制定権によって認められた一定の権利であるところから、憲法改正手続（国民投票制）に変更を加えることはできないと解されている。また、これらの憲法制定権や改正権が由来する主権の所在に関する事項、すなわち国民主権の原理も、同様に変更することができない。そして、この国民主権原理を踏まえて、国民の国家創造（憲法制定）の目的であった基本的人権の尊重と、その前提をなす個人の尊重、そして、人権保障にとって最大の脅威となる平和主義を廃止することも、憲法改正の限界に含まれる。したがって、およそ憲法前文に含まれた憲法制定の基本原理については、改正によっても変更することができない、一定の限界があるということができる。

【参考文献】

芦部信喜（高橋和之補訂）『憲法　第7版』（岩波書店・2019年）
佐藤幸治『憲法　第3版』（青林書院・1997年）
辻村みよ子『憲法』（日本評論社・2000年）
高橋和之『立憲主義と日本国憲法』（有斐閣・2006年）
手島孝監修・安藤高行『憲法新教科書』（法律文化社・2007年）

D　行政と法

第1章　行政法の意義と基本原理

1　行政法とは何か

(1)　行政の概念と法領域

行政法について語るとき、まず「行政」の定義とともに、行政「法」の特殊性について取り上げなければならない。すなわち、法律学としての行政法学が考察の対象とする「行政」の定義には、「法の下に法の規制を受けながら、現実的に国家目的の積極的実現をめざして行われる、全体として統一性をもった継続的な形成的国家活動」（田中二郎）という積極説も存在する。しかし学界の多数説では、すべての国家機能のうち立法作用と司法作用を除いた残りの作用を「行政」とする控除説が有力であり、そのために、行政の領域は広範にわたり、その特色を一元的に基礎づけることが困難になっている。それは、現代社会におけるように、国民生活が行政活動と密接なかかわりをもって形成されている場合においては、なおさらである。行政活動は取り締まりや規制のような侵害的な作用から、サービス提供のような給付的な行為にまで多方面にわたっており、直接的のみならず間接的にも、私たちの生活にさまざまな影響を及ぼしている。

そこで、行政法学が考察の対象とする法領域は、およそつぎの三つに分けられている。①国家行政組織法や内閣法、国家公務員法などの行政の組織それ自体を定める法、②国税徴収法や警察官職務執行法などの行政の作用について規律する法、そして、③行政不服審査法や行政事件訴訟法、国家賠償法などの行政による侵害から国民を救済するための法領域である。このうち、①は行政の組織に関する法であり、国民の権利利益に直接の影響をもたらさない内部関係の法を形成しているのに対して、②は権利利益に変動をもたらす外部法として、いわゆる「法規」の性質をもつ法領域であり、行政活動の準拠とされている。③は、これらの行為（作用）法によって権利利益にもたらされた侵害を回復するための法領域であり、行政機関によって適用される場合のほか（行政救済）、裁判所によって適用される場合がある（司法救済）。

したがって、組織法→作用法→救済法の順で適用が問題となるのであるが、あらかじめ国民の権利利益に侵害が生じないように行政活動が営まれるべきであることはいうまでもないため、行政法学の関心は、このような行政活動をいかに法的に規律するか、ということに重点が置かれてきた。しかしながら、前述したように行政作用の多様性のゆえに、この分野（作用法）を包括する統一的な行政法典の成立をみるまでには至っていない。そのために、行政作用法の分野では、これらの行政法規を通じて導き出すことができる一般理論や法原則の発見を考察の対象としており、解釈法学というよりも、むしろ理論法学としての考察方法が要求されているともいえる。

(2)　行政法規の特殊性

このような行政作用法の特色は、その規律の対象とする活動領域の特性に応じて多様ではあるが、一定の行政目的の実現を目指して規定された、行政機関に対する行為規範であるという点に特色がある。したがって、たとえば憲法が基本的人権の保障を目的とし、刑法が一定の保護法益の確保を目的として制定されるのとは異なって、すべての場合において、個別具体的な国民の権利利益の実現が、行政作用法の直接の立法目的とされるわけではないという点に注意が必要である。すなわち、立法目的は各法律の冒頭に掲げられるのを常としているが、行政法規の場合は往々にして、個別具体的な国民の利益から切り離された、一般的利益としての公益や公共目的の実現を目指して制定されることが多い。そのため、行政活動によって国民が何らかの悪影響を受けたとしても、それは行政法規の適用によって生じた間接的な不利益に過ぎず、その違法を主張する法的利益をもたないという問題が生じることもある。すなわち、個人の権利利益が公益や公共目的の中に埋没していまい、利害関係者の外に置かれてしまうという問題であり、そのような危険性は、行政活動の成果が社会全体に広範囲に及ぶことからも、指摘されなければならない。

しかも、行政活動は大量かつ一括的になされることにも特徴がある。そのような場合、行政活動が法律にしたがってなされることを条件として、契約のように相手方の同意を個別に必要とすることなく、一方的に行うことが認められており、またその活動に法律に違反する部分があるとしても、一応有効なものとして取り扱われ、権限のある行政機関や裁判所によって取り消されるまで、その効力を否定することができない、特殊な効力が認められることがある。したがって、このような行政法規によって形成される法関係は、行政の担い手の一方性や優位性を特色としているということもできる。

2　行政の担い手（行政主体と行政機関）

このような行政権それ自体は、統治権として国に帰属しているが、地方公共団体にも自治権として、その一部が帰属している。このような行政権の主体としての国や地方公共団体を「行政主体」と呼んでおり、自己の名前と責任において、行政活動を行う権利と義務が認められている。

(1)　作用法上の行政機関概念

[i]　二つの行政機関概念

しかしながら、国も地方公共団体も統治団体に過ぎないため、具体的な行政活動をその手足となって遂行する一定の機関なり組織の存在を必要とする。日本国憲法第65条は、「行政権は、内閣に属する」として、国の行政機関として内閣を、また、第92条（地方自治の本旨）を受けて制定された地方自治法において、地方公共団体の機関として、都道府県に知事を、市町村に市町村長を置くことが定められている〔139条〕。したがって、具体的な行政活動は、国においては内閣以下、地方公共団体においては知事ないし市町村長（両者を総称して「首長」という）以下の行政機関によって行われることになる。ただ行政法学では、このような事務の配分単位としての行政機関概念のほかに、行政活動それ自体を法的に規律することを目的に、作用法的な行政機関概念を用いるのが一般的である。すなわち、国民に対する権限の所在に着目した行政機関概念であって、対外的に誰がそのような権限を有するのか、行政組織を代表して意思を表明できる主体なのかということを基準にしている。したがって、両者の行政機関概念には相違があることに注意が必要である。まず、作用法的な行政機関概念によれば、行政主体の法律上の意思を決定し、これを外部に表示する権限を有する「行政庁」を中心として、その意思決定を内部において補助するための「補助機関」、意思決定の参考にするための意見を、諮問にもとづいて答申する「諮問機関」、行政庁の意思を拘束する議決を行う「参与機関」が分類されている。

[ii]　行政庁とその他の行政機関

行政庁には、各省大臣、都道府県知事、市町村長などの独任制による機関のほか、公正取引委員会や公安委員会などの合議制による機関もあり、国の行政庁の場合を、とくに「行政官庁」と呼ぶことがある。補助機関には、各省大臣を補助する事務次官や都道府県知事を補助する副知事などがあり、諮問機関には、各種の審議会や調査会などが含まれる。このような諮問機関の意見は行政庁を拘束しないのに対して、参与機関である議会は、議決を通じて行政庁を拘束する決定をなすことができる。そのほかに、行政機関の事務や会計の処理を検査する「監査機関」（会計検査院、地方公共団体の監査委員など）、具体的な実力行使をともなう権限を有する「執行機関」（警察官、収税官、自衛官など）がある。

[ii]　権限の代理と委任

このうち、行政庁は法令により与えられた権限をみずから行使することを基本とするが、やむをえない理由により、これを他の機関に代わって行わせること（代行）があり、その権限自体の移動をともなうかどうかで、権限の「代理」と「委任」が区別されている。権限の代理とは、他の行政機関が本来の行政庁に代わって権限を行使し、その効果が本来の行政庁に帰属する場合をいい、権限の移動をともなわないのに対して、権限の委任は、行政庁が法律上定められた権限の一部を、他の行政機関に委譲して、その行政機関の権限として行わせることをいう。したがって、委任行政庁はその権限を失い、委任を受けた行政機関が自己の名と責任においてその権限を行使する

(権限の移動をともなう) ため、法律による明確な根拠を必要とするほか、権限の本質的な部分の委譲は許されないと解されている。

(2)　事務配分上の行政機関概念

これらの作用法上の行政機関は、すべて組織法上の内閣の下に置かれることはいうまでもない。内閣は、国会議員の中から国会の議決で指名された内閣総理大臣と、内閣総理大臣によって任命された14人（上限17人）以内の国務大臣によって組織される、合議制の機関である〔憲法66条1項、内閣法2条〕。内閣は、内閣総理大臣が主宰する閣議を通じて、その職権を行う〔内閣法4条〕。また内閣には、内閣総理大臣を長とする内閣府が置かれ〔内閣府設置法2条、6条〕、内閣の統轄の下におけるその他の行政機関に、省、委員会および庁がある〔国家行政組織法3条2項〕。各省の長はそれぞれ各省大臣であり、国務大臣によって担当される〔同5条〕。委員会および庁は省の外局として設置されるものであり、その種類は、国家行政組織法の別表第一に掲げられている通りである。委員会は合議制による行政機関であり、その職権の行使について一定の独立性が認められている点に特色がある。

3　法律による行政の原理

(1)　法治行政と法の支配の原理

これらの行政機関による活動には、恣意的な権力の行使や濫用を防止し、行為の客観的な適正を確保するためにも、法律による根拠が必要とされることはいうまでもない。ここで、行政活動が法律にもとづき、法律にしたがって行われるべきであるという基本原理を、「法律による行政の原理」であるとか、「法治行政の原則」といい、その内容の説明のために、行政法の父ともいわれる、ドイツのオットー・マイヤーの理論が挙げられるのを常としている。すなわち、彼はこの原理の中に、「法律の法規創造力」、「法律の優位」、「法律の留保」の三つが含まれると説いている。このうち、法律の法規創造力とは、国民の権利義務に関係する定め（法規）は、国民を代表する議会の法律によるべきであるという原則をいい、法律の優位とは、行政活動の法律に対する拘束性や従属性を意味する原則であるということができる。

そこで、行政機関による活動に法的な根拠を必要とする原則それ自体を、法律の留保という。民主的な行政を確保する観点からすれば、すべての国家活動に法的な根拠を要求することが望ましいのであるが（全部留保説）、学説では、国民の権利利益に侵害を及ぼす行為にのみ、法的根拠を必要とする侵害留保説が有力である。それには、すべての行為に法律による根拠を必要とすると、機能的な行政の実現が阻害される結果になるという理由づけや、給付的なサービス行政についてまで法的根拠を要求することは、国民に対する責任の点から法的理由づけに乏しいという説明がなされることがある。しかしながら、日本国憲法が基本原理とする国民主権や代表制民主主義の原理に照らすならば、すべての国家活動に国民の意思が反映されるべきであると理解されるべきであって、民意から自由な行政領域を認める法的必要は乏しいといわざるをえない。

この点において、法律による行政の原理に対応して、英米法において生成し発展した「法の支配」（rule of law）の原理を挙げることができる。この原理はコーク（Sir Edward Coke）によって述べられた、有名な「国王といえども神と法の下にある」という言葉からもうかがえるように、権力者による国家行為に法的な根拠を必要とした命題として知られている。ただし、さらに加えて、その際の法に権利自由の保障を含んだ法、すなわち憲法を最高法規とする一連の法を含んでいるという点に特色がある。わが国の行政法理論において採用されている法律による行政の原理も、実質的にはこの趣旨を反映していると考えられるのであって（実質的法治主義の原理）、その結果、行政法の解釈に際しても、できる限り憲法的な理論に依拠することが必要とされているということができよう。

(2)　行政活動の手続的統制－行政手続法－

ただし、すべての国家行為に法的な根拠を必要とすると解したとしても、法律から自由な領域を完全になくすことは可能ではない。すなわち、法律による根拠をめぐって、法律そのものによって法律の具体的内容の立案が行政に委ねられる場合があり（行政立法としての委任立法の問題）、また、法律に行政活動の要件が定められた場合であっても、その発動の要件や具体的な行為の選択にあたって、行政機関に判断の余地が認められる場合がある（行政裁量、とりわけ自由裁量の問題）。しかも、法律の不備や行政目的の円滑・効果的な実施のために、行政指導が法律の根拠なしに行われる場合もある。そのため、このような領域についても法的な根拠を必要なものとし、国民による民主的統制を可能にするために、1994 年に事前手続の一般法として「行政手続法」が制定されている。

行政手続法はその第 1 条において、「この法律は、処分、行政指導及び届出に関する手続並びに命令等を定める手続に関し、共通する事項を定めることによって、行政運営における公正の確保と透明性の向上を図り、もって国民の権利利益の保護に資することを目的とする」と規定する。すなわち、これまでのように行政権の発動の第一の時点で何らかの法的根拠を要するという「点」の発想から、行政活動の一連の過程のそれぞれ手続において法的根拠を必要とする「線」の発想への転換により、客観的に適正な行政活動を保障するとともに、国民の権利利益の確保をなすことを目的として、制定された法律である。

そこで、行政手続法は、申請にもとづく処分について、一定の審査基準〔5 条〕や標準処理期間〔6 条〕を定めるとともに、申請にもとづいて遅滞なく審査を開始し、応答（補正または拒否）すべき義務を定めている〔7 条〕。不利益処分については、処分基準〔12 条〕の策定のほか、不利益を受ける者に対して聴聞を受ける機会を保障し〔13 条〕、意見陳述のための手続〔15 条以下〕をとるべきことを定めている。なお、これらの基準は公にすることが必要とされている〔5 条 3 項、6 条、12 条 1 項〕。また、申請による処分にあたり請求のあった場合には、当該申請の処理状況について情報提供するように努めること〔9 条 1 項〕、不利益処分の聴聞手続において、自己の利益を害される者は、その処分の根拠となる資料の閲覧を求めることもできる〔18 条 1 項〕。

申請にもとづく許認可等を拒否し、あるいは不利益処分をなす場合には、その理由を明示することによって、相手方である国民の理解が得られるようにすることが必要である〔8 条、14 条〕。さらに、これまで手続的に法律による拘束を受けることの少なかった行政指導（第4章）や、行政命令の制定にあたり国民から一定の意見を募る意見公募手続（第6章）、いわゆる「パブリック・コメント」に関する手続が新設されたことも特色である。このような行政の手続的統制によって、行政活動に客観的な適正さが確保されるとともに、利害関係者が参加した慎重な手続によって行為がなされることを通じて、従来から論じられてきた行政活動の有する一方性や、行政庁に対する優越性を解消する作用がもたらされることが期待できるのみならず、行政庁の裁量や判断の専門的技術性に由来する司法審査の限界を補うことができるなど、行政手続法にはより大きな役割を期待することができる。

(3) 行政活動の民主的統制－情報公開法－

[i] 情報公開の目的と法整備

行政手続法が、審査基準や処分基準を明示し、行政指導の法的規制を通じて処分の公正と適正を確保し、また、関係する一定の利害関係人の参加の機会をも保障することによって、行政の透明性を確保することを目的に実施されるのに対して、より積極的に、広く一般からの情報公開を認めることによって、行政の国民に対する説明責任をまっとうし、国民の理解や批判の下に、公正で民主的な行政を推進することを目的として実施されるのが「情報公開」である。したがって、理念的には、国民主権原理や民主主義といった憲法上の原理に由来する制度であるということができる。国家権力の信託者であり、改憲権を通じて国政の最終決定権を留保している主権者たる国民は、その時々の国家運営の是非について、立法者である国会議員の選挙を通じて意思表明をなしているといえる。そこで、国会議員による立法行為を通じて、法律に具体化された国民の意思が、行政機関によって適切に実現されるべきことは、わが国の行政が議院内閣制を採用したことの当然の帰結であり、最大限に保障されなければならない。したがって、情報公開制度は、行政活動に対する国民一般による民主的統制のために不可欠な制度であるということができる。

情報公開制度の導入は、地方公共団体が先行してきた。1982年の山形県金山町での情報公開条例の制定が全国初といわれる。国レベルでは、ようやく1999年に「行政機関の保有する情報の公開に関する法律」(以下、行政機関情報公開法と略す）が成立し、2001年4月1日から施行されることになった。現在、すべての地方公共団体において情報公開条例が制定されており、国でも独立行政法人について、「独立法人等の保有する情報の公開に関する法律」が2001年に制定され、翌年の10月から施行されたことにより、国および地方を通じた情報公開体制が整備されることになった。このような情報公開制度は、国民の「知る権利」にも奉仕するものである。しかし、行政機関情報公開法では、知る権利という概念が学説上多義的に用いられることがあり、最高裁も、政府情報開示請求権としての権利性まで認めていないことから、条文上への記載は見送られている。

[ii]　情報公開の請求権者と対象文書

行政機関情報公開法第3条は、「何人も、この法律の定めるところにより、行政機関の長に対し、当該行政機関の保有する行政文書の開示を請求することができる」と規定する。したがって、開示請求権を有するのは、必ずしも国民に限定されるわけではなく、日本国籍を有しない外国人や、個人のほか法人も請求権を有する。その請求は第4条に定める通り書面によるが、請求の目的や使用方法などを記載する必要はない。国民主権の理念にしたがうならば、請求権者を国民に限定することも可能である。しかし、行政の説明責任を通じて公正で透明な行政を実現し、適正な行政運営を確保するという点から、立法政策によって、政府情報にアクセスできる機会が拡大されたものと理解されている。

ここで、公開の対象となる行政文書は、「行政機関の職員が職務上作成し、又は取得した文書、図画及び電磁的記録であって、当該行政機関の職員が組織的に用いるものとして、当該行政機関が保有しているもの」をいう〔2条2項〕。したがって、文書に限定されるものではなく、すべての記録が対象にされている。また、文書は決裁や供覧などの手続を経ている必要はないが、組織的に用いることが要件とされているため、職員個人が備忘のために書いたメモなどは除かれる。また、公開対象機関は、内閣に置かれる機関(内閣官房など)、内閣の所轄の下に置かれる機関（人事院)、内閣府設置法上の機関（内閣府、宮内庁など）、国家行政組織法上の機関（各省庁など）、会計検査院であり、行政機関を対象として適用される法律であるため、立法府である国会や司法機関である裁判所は除かれる〔2条1項〕。

[iii]　不開示情報

開示請求がなされた場合には、行政機関の長は当該文書を開示する義務を負うが（開示義務について、行政機関情報公開法5条1項参照）、一定の不開示情報が含まれるときは、これを除外して公開するか（部分開示）、あるいは不開示（全部不開示）を決定しなければならない。不開示情報には、個人情報、法人情報のほか、防衛情報や外交情報、犯罪の予防、鎮圧、捜査など、公共の安全や秩序の維持にかかわる情報、行政機関内部や相互の間で未だ審議・検討・協議中の情報、公開することによって事務や事業の適正な遂行に支障を及ぼすおそれのある情報が含まれる〔5条1号-6号〕。個人情報の保護については、個人のプライバシー保護を目的とするか、単なる個人に関する情報であっても保護に足りるか議論のあるところであるが、第5条第1号は、特定の個人を識別できる情報を不開示の対象とし、加えて、特定の個人を識別することはできないが、公にすることにより、なお個人の権利利益を害するものをこれに含めている。

ただし、法令の規定や慣行により公にされ、また公にすることが予定されている情報、人の生命や健康などを保護するために、公にすることが必要であると認められる情報、公務員等の職および職務遂行の内容に関する情報については、その例外とした〔5条1号〕。また法人情報について、公にすることによりその権利利益を侵害するおそれがあったり、あらかじめ公にしないことを条件に任意に提供された情報に関しては、人の生命や健康などを保護するために必要と認められない限り、非公開としなければならない〔5条2号〕。ただし、以上の不開示情報が含まれる場合であっても、行政機関の長が公益上とくに必要があると認める場合には、開示することができる裁量的開示も認められている〔7条〕。

[iv]　不服申立て

なお、部分開示を含む不開示決定は行政処分に該当するため、これに不服のある者は行政不服審査法にもとづく審査請求か、行政事件訴訟法にもとづく抗告訴訟（義務付け訴訟を含む）を提起することができる。審査請求のあった場合、その審査請求にかかわる行政機関の長は、申立てが不適法なため却下する場合などを除いて、情報公開・個人情報保護審査会に諮問して、その答申を踏まえて判断しなければならない〔行政機関情報公開法 19 条〕。長はこの答申に必ずしも拘束されるものではないが、審査会は不開示情報を直接見て判断できるインカメラ審理が認められており〔情報公開・個人情報保護審査会設置法 9 条〕、審査しやすく分類・整理した資料（ヴォーン・インデックス）の作成・提出を求める権限を有しており〔同 3 項〕、より慎重な手続を経て、中立な第三者的な立場で審査できることが保障されている。

(4)　行政活動と個人情報の保護－個人情報保護法－

[i]　個人情報保護の必要性と法整備

これに対して、情報化社会の進展にともなう個人情報の収集・管理・利用から、国民を保護するための法制度として、一連の個人情報保護法が整備された。これはプライバシーの保護をより進めて、個人の情報プライバシーの保護、すなわち、自己情報コントロール権を保障した制度であると考えることができる。プライバシーの権利は、「私生活をみだりに公開されない」という消極的な法的保障から、今日では、自己に関する情報を積極的にコントロールできる人権として変質を遂げつつある。それは、高度情報化社会の進展によって、個人に関する情報が、その秘匿性の有無にかかわらず、公権力あるいは私企業によって収集され、管理・利用されることにともなう人権侵害の危険性が高まってきたことに由来するものである。

この点に関しても、地方公共団体では、早い段階から個人情報保護条例が制定されており、国のレベルでも、「行政機関の保有する電子計算機処理に係る個人情報の保護に関する法律」（1988 年）が制定され、1990 年から全面施行されていた。しかし、この法律はその名称からも分かるように、対象情報がコンピューター処理されたものに限られ、紙媒体による文書を含んではいなかった。さらに、情報の自己管理を目的とした自己情報の修正のために、自分に関する情報の開示を求め、あるいは、その訂正などを求める権利が十分に保障されていなかったことにより、以前から、その不備や限界が指摘されていた。そこで、官民にわたる個人情報保護に関する通則規定のほか、国や地方公共団体が果たすべき責務や役割に関する規定を含んだ「個人情報の保護に関する法律」（以下、個人情報保護法と略す）の制定（2003年）とあわせて、行政部門に関して、「行政機関の保有する個人情報の保護に関する法律」（以下、行政機関個人情報保護法と略す）、および、「独立行政法人の保有する個人情報の保護に関する法律」が制定されることになった。

行政機関個人情報保護法は、1999年の住民基本台帳法の改正により、行政情報を一元的に処理することを可能にする、住民基本台帳ネットワークを導入することを契機として整備されたものであった。また、マイナンバーカードの導入などデジタル社会の実現に向けて、2021年5月19日に公布されたデジタル社会形成整備法（「デジタル社会の形成を図るための関係法律の整備に関する法律」）により個人情報保護法が改正され、行政機関、独立行政法人等に分かれていた法律が個人情報保護法に統合されるとともに、同法により地方公共団体の個人情報保護条例についても共通ルールが適用されることになり、全体の所管が国の個人情報保護委員会に一元化されることになった。

[ii]　個人情報の行政目的による利用制限

新たな個人情報保護法は、その第1条で「デジタル社会の進展に伴い個人情報の利用が著しく拡大していることに鑑み、個人情報の適正な取扱いに関し、基本理念および政府による基本方針の作成その他の個人情報の保護に関する施策の基本となる事項を定め、国及び地方公共団体の責務等を明らかに」することを目的として規定する。国の責務を第4条に明記するとともに、「行政機関等の義務」が新たに第5章に定められることになった。そして、行政機関等の事務及び事業の適正かつ円滑な運営と、個人情報の適正かつ効果的な活用を図ることにより、個人情報の有用性に配慮しつつ、個人の権利利益を保護することを目的としている（1条参照）。

個人情報保護法は、行政機関等による個人情報の取扱基準として、1980年のOECD理事会勧告（「プライバシー保護と個人データの国際流通についてのガイドラインに関する理事会勧告」）の付属文書に示されたOECD8原則を反映して、①利用目的による個人情報の保有制限（61条）、②利用目的の明示（62条）、③不適正な利用の禁止（63条）、④適正な取得（64条）、⑤利用目的に応じた正確性の確保（65条）、⑥安全管理のための措置（66条）、および、⑦目的外利用や提供の制限（69条）を定めた。その結果、これらの規定に違反して個人情報を保有・利用・取得されたり、目的外で利用・提供されたと思慮する者は、その利用停止を求める「利用停止請求権」（98条）を有しており、また、個人情報の自己管理が徹底できるよう、自己に関する個人情報の「開示請求権」とともに（76条）、内容が事実と相違すると思慮する場合の「訂正請求権」が認められている（90条）。なお、開示・訂正・利用停止の決定などについて不服がある場合には、情報公開に準じて行政不服審査法による審査請求をなすことができ、審査請求に対する裁決をなすべき行政機関の長は、情報公開・個人情報保護審査会に諮問することが義務づけられている（105条）。

第2章　法治行政をめぐる諸問題

行政活動はさまざまな形態を用いて実施される。行政上の法律関係は、権力性（公権力の行使）の有無と相手方との関係を基準として、行政主体の優位性や一方性を基調とする「権力関係」と、対等な立場で公権力以外の作用を通じて活動する「非権力関係」（管理関係）、そして、まったく私人と同様の立場で活動する「私経済関係」の三つに分けることができる。行政作用の拡大化や多様化の傾向にともなって、行政機関の活動領域が次第に非権力的な関係に移りつつあることが指摘されることがある。たとえば、土地の収用などに関しても、売買契約などの民法上の手段を通じて目的が実現されることがある。非権力的な行政法関係には、このような私法上の契約を通じて実現される「行政契約」や、相手方の同意にもとづいて行政目的が実施される「行政指導」、行政目的の実現のための将来の設計という意味で国民に間接的な影響を有する「行政計画」、行政目的達成のための調査である「行政調査」などが含まれる（芝池義一『行政法総論講義』）。ただし、法律による行政の原理との関係から、依然として問題が多いのは権力的な関係であり、しかも法律の留保の原則により、国民意識をより反映した行政活動を実現するためにも、より詳細な検討が必要とされなければならない。そこで以下では、権力的関係において中心を占める「行政行為」について検討する前提として、法治行政をめぐって問題とされる行政立法、行政裁量、および、非権力的な事実行為に分類されるが、その現実の影響力の大きさや、近年において判例により処分性を認められつつある行政指導にしぼって、その問題について検討することにしたい。

1 行政立法

法治行政の原則に含まれる法律の法規創造力の原則により、国民の権利利益にかかわる法規は、必ず、国民代表機関である議会によって制定されなければならない。したがって、国家行政が法律にしたがって行われることが、民主主義の観点のみならず、自由主義の確保の観点からも必要とされる。しかし、現在のように高度に専門化し技術化した国家行政の下においては、法律の内容のすべてにわたって国会が制定することに、不合理性が見い出される場合がないわけではない。すわなち、行政活動のすべてにわたって法的根拠を用意することは、立法量のうえから議会に過度の負担をもたらすことになるのみならず、内容的な専門性や技術性の点からも、議会の能力的な限界を超える場合がないとはいえないからである。

行政機関によって制定される「行政立法」が必要とされる理由がここにある。憲法第73条はその第6号において、憲法および法律の規定を実施するために、政令を制定する権限を内閣に認めているのがその例である。ここで行政機関によって定立される法自体を、法律との対比において「命令」と称するのが一般的であり、制定機関の別に応じて「政令」(内閣)、「省令」(省庁)と呼びならわされている。名称のうえでは、「施行令」が政令に相当し、「施行規則」が省令に対応している。また、行政立法ないし命令は、内容的に、国民の権利義務に影響をともなう「法規命令」と、そうではない、行政の内部的な基準や準則を示す「行政規則」に分類することができる。このうち「法規命令」は、法律の委任を受けて制定される「委任命令」と、法律の実施に必要な具体的な細目や手続を定める「執行命令」に分けられる。また「行政規則」には、行政機関がその意思や事実を公示する手段として利用する「告示」〔国家行政組織法 14 条 1 項〕や、上級行政庁により法律の解釈や裁量の判断指針として下級行政機関に提供される「訓令」や「通達」などがある。これらは、行政の内部基準として行政機関相互を拘束するものに過ぎないが、行政実務や慣行と結びついて国民生活に影響を及ぼす場合があり（内部基準の外部化）、司法審査の対象となりにくい点からも問題とされることがある。

2　行政裁量

行政活動の法的授権について、さらに、具体的な行政権の発動や行為の選択に行政庁による判断の余地が認められる場合があり、その判断の是非について行政側の判断が優先されるという「行政裁量」の問題がある。この点について、学説は従来から、行政機関による各種の行為のうち、法律の要件が一義的に明確にされており、行政はあくまで法律を機械的に執行するに過ぎない場合（羈束行為）と、権限の発動または行為の選択について一定の判断の余地を認める場合（裁量行為）の二つを区別して、後者について、法律による規律の程度に応じて、「法規裁量」（羈束裁量）と「自由裁量」（便宜裁量）の二つの類型を認めてきた。このうち、法規裁量には何らかの法的拘束が及ぶため、それを手がかりに裁判所による違法性の審査が可能になるものの、自由裁量については行政側の政策的な判断が優先されるため、判断の当不当が問題になるに過ぎず、司法審査の対象とはならない限界があることが指摘されてきた。

ただし現在では、行政事件訴訟法第 30 条が、行政庁による裁量処分について、裁量権の範囲の逸脱またはその濫用があった場合に、司法審査の対象とすることができることを定めている。また、先に述べた行政手続法により、一定の判断基準の策定（申請に対する処分について 5 条、不利益処分について 12 条）がなされるに至っており、法律から自由な領域はより限定されつつある。このうち、裁量権の逸脱・濫用についての判断基準として、判例を通じて一連の審査基準が形成されている。その主なものとして、裁判所は、処分の前提としての事実認定に誤認があったかどうか（マクリーン事件判決：最高裁大法廷昭和 53 年 10 月 4 日判決民集 32 巻 7 号 1223 頁)、法律の趣旨や目的に反する不正な動機や意図があったか（目的・動機違反、群馬中央バス事件：東京地裁昭和 38 年 12 月 2 日判決行集 14 巻 12 号 2255 頁)、あるいは、民法上の信義誠実の原則や法の一般原理としての平等原則や比例原則をも援用して、司法審査の密度を強化する基準づくりをなしている。

また、これまで行政の専門性や政策的判断の尊重、権力分立の均衡確保の観点から容易に認められることのなかった、行政庁に対する義務付け訴訟や差止訴訟も、法律上の要件が明確な場合に限ってではあるが、2004 年の行政事件訴訟法の改正によって認められるに至ったことも、この点に関連して特筆に値するということができる。ただし、このような専門的な判断にもとづく裁量については、能力的な面からも、およそ行政庁の判断が優先される場合が多く、また高度に政策的な判断について、裁判所が審査を控えるという「統治行為」の問題もあり、憲法の番人としての裁判所の機能が十分に発揮されていないという問題がある。また、一般社会から遮断された部分社会において生じた事項についても、その所属員による自律的判断を尊重して司法判断を回避する傾向にあるが、これも当該構成員の判断を裁量ととらえ直せば、裁量問題に含めて、議論する余地がある問題といえる。

3 行政指導

(1) 行政指導の特色と形態

行政活動の法的授権に関する問題の最後に、行政指導の存在意義と法的拘束の問題を挙げることができる。そもそも、行政活動のうち最も典型的な行政行為によるならば、法律で定める要件事実の発生をもって、行政庁みずからの一方的な判断によって行政権を発動することが許容されている。これに対して、行政指導は、相手方である国民などの合意を前提として、行政目的の実現が行われる点に特色がある。したがって、助言や勧告といった非権力的な手段を通じて行われる事実上の行為であり、法的効力をともなわず、したがって強制力も原則として有しない。このような行政指導には、機能的な観点から、税務相談や営農指導などの情報提供や技術指導を目的とした助成的指導のほか、建築主と付近住民の間の建築紛争の調整など、私人間の紛争解決を目的として行われる調整的指導を挙げることができる。しかし、法律の留保との関係で最も問題なのは、相手方の活動を規制することになる規制的指導である。

たとえば、国土利用計画法第24条にもとづく土地の利用目的に関する勧告などは、正式な法律の根拠にもとづいて行われる行政指導であるが、地方公共団体の宅地開発指導要綱など、行政内部の一般基準（行政規則）にもとづいて行われる指導があり、あるいは、まったく作用法上の根拠なしに行われる行政指導もある。なかには、正式な規制権限発動の前段階として行われる行政指導も多いため、拘束力はないとはいっても事実上の強制力を有しており、これを拒絶することが、他の面での不利益をもたらすことにもなりかねないため、自己の意思に反して同意せざるを得ない場合もある。その場合には、相手方の自発的な協力にもとづいて行われたと認定される結果、損害が生じても国家賠償を請求することが困難であり、処分性の認定いかんによっては、行政事件訴訟法による取消訴訟を提起することすら不可能になってしまう。

(2)　行政指導の必要性とその規制

[i]　行政指導の必要性

ただし、行政としては法律がないという理由で、何もしなくてよいというわけにはいかない。具体的な行政事務の遂行に際しては、立法措置が施されていないような新たな特殊な問題を生じる場合が多く、また国民（住民）生活の維持のために、直ちに対策をとらなければ、事後的な回復が困難な事態を招くことも考えられる。とりわけ、住民に直接責任を負っている地方公共団体は、その責任をまっとうするうえからも、必要な対策を積極的にとることが肯定されなければならない。また、正式な行政権の発動である行政行為が、後述するような一方的な意思表示を内容とする権力性を本質とするところから、相手方の同意を前提とする非権力的な行政指導を介在した方が、むしろ柔軟な行政活動を実現できるという意味において好ましい場合もある。したがって、行政指導の必要性をまったく否定することはできない。しかし、法治行政の原則を空洞化することになってはならないため、一定限度の法的な枠組みが必要とされることになる。

［ii］　行政指導の法的規制

この点、行政手続法は、この行政指導を規律の対象に含め（第4章）、第2条第6号において、行政指導を、「行政機関がその任務又は所掌事務の範囲内において一定の行政目的を実現するため特定の者に一定の作為又は不作為を求める指導、勧告、助言その他の行為であって処分に該当しないものをいう」と定義した。したがって、もっぱら規制的行政指導を中心としつつ、法的な根拠としては、当該行政機関の組織法上の根拠を必要としたということができる。この要件は、第32条の行政指導の一般原則においても必要とされている。「行政指導にあっては、行政指導に携わる者は、いやしくも当該行政機関の任務又は所掌事務の範囲を逸脱してはならないこと及び行政指導の内容があくまでも相手方の任意の協力によってのみ実現されるものであることに留意しなければならない」〔同1項〕。

また、行政指導に携わる者は、「その相手方が行政指導に従わなかったことを理由として、不利益な取扱いをしてはなら」ず〔同2項〕、「申請の取下げ又は内容の変更を求める行政指導」については、「申請者が当該行政指導に従う意思がない旨を表明したにもかかわらず当該行政指導を継続すること等により当該申請者の権利の行使を妨げるようなことをしてはならない」〔33条〕。そして同様に、「許認可等をする権限又は許認可等に基づく処分をする権限を有する行政機関が、当該権限を行使することができない場合又は行使する意思がない場合においてする行政指導」においては、「行政指導に携わる者は、当該権限を行使し得る旨を殊更に示すことにより相手方に当該行政指導に従うことを余儀なくさせるようなことをしてはならない」〔34条〕。

そのほか、これまで往々にして曖昧な方式で行政指導がなされてきたことを反省して、「行政指導に携わる者は、その相手方に対して、当該行政指導の趣旨及び内容並びに責任者を明確に示さなければならない」〔35条1項〕。相手方の理解や責任の所在を明確にするための措置であり、口頭でなされた行政指導については、証拠として採用する場合に備えて、書面の交付も求められるようになった〔同3項〕。

また、2014年の改正によって、同じく行政指導の方式として、行政指導の際に、行政機関が許認可等をする権限や許認可等に基づく処分をする権限を行使しうることを示すときは、相手方に、当該権限を行使しうる根拠となる法令の条項やその要件を示さなければならないこと〔35条2項〕、法令に違反する行為の是正を求める行政指導が、根拠となる法律の規定に違反してなされたと思慮する場合は、これを申立て、行政指導の中止その他必要な措置をとることを求めることができること〔36条の2〕、法令に違反する事実を是正する処分や、法律に根拠を有する行政指導がなされていないと思料する場合に、処分権限を有する行政庁や行政指導をする権限を有する行政機関に、その旨を申し出て、当該処分又は行政指導をすることを求めることができるようになった〔36条の3〕。

第3章 行政行為の効力と瑕疵

1 行政行為とその効力

(1) 行政行為の意義と特色

民事関係における対等な私人間における法律関係の発生が、契約を通じて意思表示の合致によって生じるのに対して、行政上の法律関係は、根拠法規に定められた要件事実の発生をもって、行政庁によって一方的に形成される点に特色がある。すなわち、行政上の法律関係は、前述したように、国や地方公共団体などの行政主体に優越的な地位を認め、相手方の同意がなくても一方的に命令・強制することが許される権力的な関係と、国民と対等な立場で、公の事業の経営または財産の管理にあたる管理関係、そして、物品の購入など私人と変わらない立場で活動する純然たる私経済関係の三つに分けることができる。このうち、権力的な関係において、最も一般的に行政庁によって用いられる活動形式が「行政行為」である。

ここに行政行為とは、あくまで学問上の用語であり、個別法上では「処分」という用語が使用されるのが一般的である（行政手続法2条2号、行政不服審査法1条2項、行政事件訴訟法3条2項など参照）。この行政庁による処分の意味について、判例では「公権力の主体たる国または公共団体が行う行為のうち、その行為によって、直接国民の権利義務を形成しまたはその範囲を確定することが法律上認められているもの」（最高裁昭和39年10月29日判決民集18巻8号1809頁）という定義づけがなされている。そこで、行政行為の特色として、まず、法律のみにもとづいてなされる一方性や権力性を指摘することができ、この点において、相手方の同意を必要とする行政契約と区別することができる。また、直接に権利義務への変動をもたらす行為である点において、間接的に国民の権利関係に一般的で抽象的な影響を及ぼす、行政立法や行政計画と区別することができる。さらに、外部に対する影響という点において、通達のような行政機関における内部行為や、法的効果をともなわない事実上の行為である行政指導と区別することができる。

(2)　行政行為の特殊な効力

このような行政行為（処分）は、行政庁によって大量かつ一括的になされることがあり、また、安定的に行政目的を達成するために、一定の特殊な効力が認められることがある。すなわち、行政行為は、権限のある国家機関によって取り消されない限り、一応有効に成立したものと推定される必要があり、この点については判例でも、「行政処分は、たとえ違法であっても、その違法が重大かつ明白で当該処分を当然無効ならしめるものと認むべき場合を除いては、適法に取り消されないかぎり完全にその効力を有するものと解すべき」（最高裁昭和30年12月26日判決民集9巻14号2070頁）であると述べられている。行政行為が有するこのような仮の効力を「公定力」といい、処分庁みずからによって取り消されない限りは、行政事件訴訟にもとづく裁判所の取消判決を得なければ、その効力を否定することはできない。このような公定力が認められる制度上の根拠には、裁判所による取消訴訟が用意されていることが挙げられており、したがって公定力は、行政庁による職権による取消しによる以外は、取消訴訟の提起によってのみしか争うことができない。このことを「取消訴訟の排他的管轄」と呼んでいる。

また、行政行為の内容を行政庁みずから執行できる力を「執行力」また「自力執行力」と呼ぶことがあるが、現在では、それを命じる法律がある場合に限り、その適用として執行が行われるに過ぎず、行政行為それ自体がもつ効力であるとは理解されていない。この点にかかわる法律として、行政代執行法のほか、国税徴収法がある。さらに、行政行為は一定期間が経過すると、その効力について私人の側から裁判上争うことができない「不可争力」があるといわれるが、これは行政事件訴訟法において、取消訴訟の提起に出訴期間の制限が置かれている効果によるものであり〔14条〕、行政法関係の早期の安定を目的としている。そのほか、行政庁が一度行った行政行為を自由に変更できなくさせる力のことを「不可変更力」というが、これは、行政行為のうち、行政不服審査法にもとづく裁決や決定など、裁判類似の慎重な手続によってなされる処分について認められるとされている。

2　行政行為の瑕疵と取消

行政行為は、法律に定める要件のすべてに合致することによって、はじめて有効に成立する。したがって、いかなる行政庁が行うか（主体）、いかなる内容の行為を行うか（内容）、いかなる手続によって行うか（手続）、いかなる形式で行うか（形式）のすべてにわたって、法律に定める要件にしたがって、行政行為はなされなければならない。このうちのいずれかの要件ついて、法律に反する事実が認められる行政行為は、瑕疵ある行政行為として、処分庁または裁判所による取消しの対象となる。行政行為は前述したように、たとえ瑕疵があったとしても、一応有効なものとして扱われる公定力を有すると解されているが、そのような公定力を排除するほどの瑕疵の程度について、一般に瑕疵の重大性のみを問題とする見解と、瑕疵の重大性に加えて、明白性を必要とする見解の二つが対立している。そもそも無効な行政行為とは、何人もそれを無視してもかまわない客観的な違法性を有していることが必要と解されるため、瑕疵の重大性に加えて明白性を必要とする見解が妥当するように思われる。最高裁も明白性の程度について、権限のある国家機関の判断を待つまでもなく、何人の判断によってもほぼ同一の結論に到達し得る程度の明白さを指すと述べている（最高裁昭和36年3月7日判決民集15巻3号381頁）。

瑕疵ある行政行為は、処分庁により職権によって取り消されるのであれ、取消訴訟における判決を通じて取り消されるのであれ、ひとたびその効力が否定されると、その効果は処分の当初にさかのぼって発生する。したがって、はじめからその行政行為がなされなかったと同様の状態に戻るのが原則である。これに対して、処分の当初、何ら瑕疵がなく有効に成立した行政行為を、事後に発生した新たな事情を理由に、将来に向かってのみその効力を失わせることを、行政行為の撤回という。ただし、実際の法令上の用語からは明らかに読み取れない場合があるため、注意が必要である。

3　行政上の義務履行確保

行政行為は行政庁みずから、その行為の内容を実現し、目的を完成させることが許される自力執行力をもつといわれる。しかしそれは、あくまで、その執行を命じる特別の法律がある場合に、その法律を根拠として認められる法的な効果に過ぎないのであって、行政行為そのものがもつ効力と考えることはできない。かつてわが国では、行政上の義務履行の確保を目的とした一般法として行政執行法があったが、現在では廃止されており、他人が代わってなすことができる代替的な作為義務について、行政代執行法が、また金銭の徴収について国税徴収法が制定されているほかは、個別の行政法規によって認められた特別の方法によらなければ、行政みずから強制を行うことは許されない。

ここで、法律や行政行為によって課された行政上の義務が履行されない場合に、義務者に直接または間接的な強制を加えて、義務が履行されたと同じ状況を作りだす行政の作用を、「行政上の強制執行」という。これには、先ほどの代替的作為義務について認められる、行政代執行法にもとづく代執行や、金銭納付義務の不履行の際に、国税徴収法にもとづいて行われる行政上の強制徴収のほか、非代替的作為義務について、義務者の身体または財産に直接強制を加えることによって義務履行を確保する直接強制、過料の賦課による心理的圧迫を通じて、間接的に義務履行を強制しようとする執行罰の四つが含まれる。このうち代執行とは、代替的作為義務を行政機関が代わって行い、その執行に要した費用を義務者から徴収することによって実現される。

このような行政上の強制執行が、行政目的の実現を意図して行われるのに対して、行政上の義務違反のあった場合に、義務者に対して一定の罰が制裁として課される場合がある。これを「行政罰」いい、刑法に刑名の定めのある刑罰〔刑法9条〕が課される行政刑罰と、一定の秩序違反（届出を怠るなど）があった場合に、秩序罰として課される過料の二つがある。以上のような従来からの義務履行確保あるいは制裁の手段に加えて、現在では多様な手段が事実上用いられることがある。建築基準法違反の建物に対する給水拒否や、義務不履行者の氏名などの公表などがそれである。しかしながら、これらは行政指導を前提として行われることが多く、その法的根拠や実効性の点において問題を有する場合があるため、慎重な取扱いを要する手段ということができる。

一方、以上のような義務の賦課を前提とすることなく、目前急迫の障害や行政違反の状況を除去する必要上義務を命じる余裕のない場合などに、直ちに国民の身体または財産に実力を行使して、行政上必要な状況を実現する作用を「行政上の即時強制」という。これには、付近の住宅への延焼を防ぐために、出火している建物自体を破壊することによって消防目的を実現しようとする破壊消防〔消防法29条〕や、警察官職務執行法にもとづく保護〔3条〕や避難などの措置〔4条〕を挙げることができる。

第4章　国家補償

具体的な国家活動は、一般に公務員を通じて行われ、また、その作用は権力的作用のならず、道路や学校の設置維持などの非権力的作用にも及んでいる。したがって、国民は公務員による行政活動を通じて、現実に何らかの侵害や不利益を受けることがあり、国家的な見地から、これに対する金銭的な救済が問題になる場合がある。憲法第 17 条にもとづく「国家賠償」と憲法第 29 条第 3 項にもとづく「損失補償」がそれであり、両者をあわせて「国家補償」と呼ぶことがある。

1　国家賠償

(1)　国家賠償の意義と本質

憲法第 17 条は、「何人も、公務員の不法行為により、損害を受けたときは、法律の定めるところにより、国又は公共団体に、その賠償を求めることができる」とし、公務員の不法行為による、国または地方公共団体の損害賠償責任を認めている。そもそも、かつては西欧の「国王は悪をなしえず」（King can do not wrong）を受けた「国家無答責の原則」が通用しており、わが国でも、明治憲法下では、公権力の行使に対する損害賠償請求は認められておらず、その点は行政裁判所法第 16 条（「行政裁判所ハ損害要償ノ訴訟ヲ受理セズ」）からも明確にされていた。したがって、あくまで非権力的な行政活動について、民法第 709 条以下の不法行為による損害賠償責任を追及する余地しか残されていなかったのである（徳島遊動円棒事件について、大審院大正 5 年 6 月 1 日判決民録 22 輯 1088 頁参照）。しかし現憲法においては、第 17 条を受けて制定された、一般法としての国家賠償法を通じて、違法な国家活動による損害について、国または公共団体に対して、金銭的賠償を要求できる体制が整備されている。

国家賠償法第 1 条第 1 項は、「国又は公共団体の公権力の行使に当る公務員が、その職務を行うについて、故意又は過失によつて違法に他人に損害を加えたときは、国又は公共団体が、これを賠償する責に任ずる」と規定する。その趣旨として、公務員個人の責任を国または公共団体が代わって負担するという、代位責任をもって説明がなされている。それは、公務員個人の金銭的負担能力を問題とすることなく、また、公務員個人の活動を保護する点からも優れているからである。したがって、国や公共団体に対する賠償を認めることにより、公務員個人に対する民法上の賠償請求は認められなくなる。ただし、そのような場合であっても、公務員に故意または重大な過失があった場合には、賠償に応じた国や公共団体は、その公務員に対して求償権を行使することが認められており、最終的な金銭の相殺が行われることになる〔同条2項〕。これに対して、一定の損害を発生させる危険をともなう権限を公務員に認めた以上、その結果発生した損害については、国または公共団体が賠償責任を負うべきであるという、自己責任説も主張されることがある。

(2)　国家賠償の類型と要件

[i]　公権力の行使にもとづく賠償責任

国家賠償法第1条による賠償責任が認められる要件として、①国または公共団体の「公権力の行使」にあたる行為であること、②公務員が「職務を行うについて」損害を加えたこと、③公務員に「故意または過失」があることが必要になる。

ここで、①「公権力の行使」の解釈には、国などの活動範囲を基準として狭義説、広義説、最広義説の三つがあるが、通説・判例である広義説によれば、国または公共団体の作用のうち、純粋な私経済作用と国家賠償法第2条にいう営造物の設置管理作用を除く、すべての作用があてはまるとされている。したがって、本来の権力的作用のほか、条文からはうかがえない対象を広範に含むことになる。また公務員は、法制度上の公務員のみならず、公権力の行使を委任された者一般を含み、②「職務を行うについて」とは、職務上の行為そのものでなくても、客観的に職務行為の外形を備えていればよいとする外形標準説が通説である。最高裁も、非番の警察官が、制服制帽を着用のうえ、金を奪うことを目的に、職務の執行を装って職務質問をし、強盗殺人に及んだ事件において、公務員が主観的に権限行使の意思をもってする場合に限らず、自己の利を図る意図をもってする場合でも、客観的に職務執行の外形を備える行為をして、これによって他人に損害を加えた場合には、国または公共団体に損害賠償の責を負わしめて、広く国民の権益を擁護することをもって、その立法の趣旨とするものと解すべきであるとしている（最

高裁昭和31年11月30日判決民集10巻11号1502頁）。

そして、③「故意または過失」のうち、過失の要件については、公務員の主観的な心理状態を問うことなく、被害の発生を予見し回避することもできたのに、それを怠ったという客観的な注意義務違反が問題とされている（過失の客観化）。したがって、違法性という客観的な要件との接近ないし相対化がなされている。

［ii］　営造物の設置管理にもとづく賠償責任

これに対して、国家賠償法第2条第1項は、「道路、河川その他の公の営造物の設置又は管理に瑕疵があつたために他人に損害を生じたときは、国又は公共団体は、これを賠償する責に任ずる」と規定しており、判例によれば、ここでいう「瑕疵」とは、「営造物が通常有すべき安全性を欠いていること」であるとし（最高裁昭和45年8月20日判決民集24巻9号1268頁）、第1条とは異なり、国や公共団体の無過失責任を明らかにしたものといわれている。ここで公の営造物とは、行政法上の概念では、公の目的に供される物的施設および人的要員の総体を意味するが、このうちの物的施設（有体物）を指し、行政法上の公物概念に相当するということができる。これには不動産のほか動産も含み、人工公物のみならず、河川をはじめとする自然公物をも含む。これらを通じて、非権力的な作用によって生じる損害についても、国や公共団体の責任が明確にされることになった。

2　損失補償

(1)　損失補償の意義

行政活動はまた、公共目的を実現するために、個人の財産に一定の制約を加える場合がある。道路の新設や拡張のために土地を強制的に取得したり（公用収用）、自然公園の維持のために、地域内の土地利用に制限を加えたり（公用制限）する場合がそれである。これらの活動は、地域住民や国民全体のために行われるため、特別の犠牲を受ける一部の者に対して、負担の公平の見地から、金銭的な補償がなされることを必要とする。憲法第29条はこの点について、第1項で財産権の不可侵について規定しつつ、第2項において「財産権の内容は、公共の福祉に適合するやうに、法律でこれを定める」とし、第3項で「私有財産は、正当な補償の下に、これを公共のために用ひること」を認めている。すなわち、第17条による国家賠償請求とは異なって、適法な公権力の行使によって、特定の個人に財産上の特別の犠牲が生じた場合に、負担公平の見地から、その調整を目的として金銭的な補填をなすことを「損失補償」という。ただし、国家賠償における国家賠償法のような一般法があるわけではなく、土地収用法〔68条以下〕や道路法〔69条、70条〕などが個別に規定しているに過ぎない。しかしながら、関係する規定がない場合でも直接に第29条第3項をもとに請求することができ、したがって、この規定は単なるプログラム規定ではないと理解されている。

(2)　損失補償の要件と程度

金銭的な補償を受けるためには、その財産的な損失が「特別の犠牲」といえる程度のものでなければならない。その判断には、侵害行為の対象が一般的か個別的かという形式的基準のほか、侵害行為が財産権の本質的内容を侵害する程度に強度のものかという実質的基準がある。したがって、侵害行為の特定性に加えて、侵害の程度が社会通念上受忍されるべき限度を超えるほど重大であることが必要とされる。しかし、侵害の一般性および個別性の判断が困難な場合もあるため、実質的基準をより重視すべきであり、財産権の剥奪や財産権の本来の効用の発揮を妨げるような侵害については、補償が行われるべきであるとされている。具体的には、財産権に対する侵害が軽微な場合や、財産そのものが火災などにより危険物と化している場合には、補償の必要はない。また、財産権に対する制約が社会公共の安全や秩序の維持のために課せられる警察（消極）目的規制である場合には、受忍限度の範囲内であるとされている（奈良県ため池条例事件について、最高裁昭和38年6月26日判決刑集17巻5号521頁参照）。

また、補償の程度については、損失を受けた財産権の客観的価値の全額を補償すべきであるとする「完全補償説」と、公正な算定基準にもとづいて算出された合理的金額の補償で足りるという「相当補償説」の対立がある。最高裁判所は、かつて、戦後の農地改革における補償について、憲法に定める正当な補償を、「その当時の経済状態において成立すると考えられる価格に基づき、合理的に算出された相当な額をいうのであって、必ずしも常にかかる価格と完全に一致することを要するものではない」（最高裁昭和 28 年 12 月 23 日判決民集 7 巻 13 号 1523 頁）として、相当補償説によることを明らかにしていた。ただし、戦後の特殊事情の下でなされた特別措置に関係しているため、一般的基準とは理解されていなかったところ、改正前の土地収用法第 71 条について、完全補償説に立脚する判決もなされている（最高裁昭和 48 年 10 月 18 日判決民集 27 巻 9 号 1210 頁）。他方、2002 年 6 月 11 日の最高裁判決では、前出の 1953（昭和 28）年の判決を引用して、相当補償説に立つことを確認しつつも、問題とされた土地収用法第 71 条をめぐり、「被収用者は、収用の前後を通じて被収用者の有する財産価値を等しくさせるような補償を受けられるべき」であると述べて、完全補償説の合理性を承認している。

3　国家補償の谷間

ところで、国家賠償制度によっても損失補償制度によっても救済されない「国家補償の谷間」という問題がある。すなわち、国家賠償法第 1 条第 1 項は、公務員による故意・過失による違法な侵害を問題としており、他方で、損失補償制度では、適法な行為による全体的見地からの調整を目的としているため、公務員の過失は認められないが、結果として違法であるような場合には、どちらの制度も機能しえないことになる。たとえば、国公立病院の医師よって手術を受けたが、判断を誤った結果、人を死亡させてしまったような場合には、医師の判断には必ずしも過失があったとはいえないため、国家賠償請求を行えないことになり、反面で結果として違法行為である以上、損失補償も問えないことになる。いわゆる「結果責任」の問題であり、刑事上では憲法第 40 条による「刑事補償」が認められているものの、対応する行政上の制度は存在しないため、何らかの対処が必要になる。そこで学説では、国家賠償法と損失補償を接近させる試みを行っており、公務員による過失の認定をより柔軟にしたり、損失補償による救済を財産権の侵害から拡大したりすることにより、対応を行うことが検討されている。たとえば、病気の蔓延を防ぐために事前に行われた予防接種によって被害が発生したような場合には、生命や身体に対する被害であっても、特別の犠牲であるとして、憲法第29条第3項を類推適用して、国の補償請求を認めた判決（予防接種禍訴訟）もある。

第5章　行政不服審査

1　行政不服審査の意義

国民は行政活動によって損害や損失を受けた場合に加えて、行政活動そのものに不服がある場合に、これを申し立てる制度が認められなければならない。たとえば、行政行為には公定力が認められるため、行政庁みずから、あるいは、裁判所によって取り消されないかぎり、その効力が存続し、具体的な行為が現実に完成してしまうことがある。したがって、法律に違反することを理由に処分に不服をもつ国民は、その違法を争う手段を有していなければならず、そのために、司法手続を通じて争う方法と、行政手続において訴える方法の二つが用意されている。このうち司法手続は、中立な機関による慎重な手続による救済という点で優れているが、より簡易で迅速な救済を得ようとする場合には、行政による救済が望ましいことになる。

また、明確な法律違反とはいえない裁量判断の当不当の問題については、裁判所が判断するには困難がともなうため、処分を行った行政庁に再考を促し、あるいは処分庁の上級庁を通して検討を求めた方が、救済の実効性という点ではより優れている場合がある。そのため、行政事件の裁判手続を規定した行政事件訴訟法では、違法な行政処分を争うための手段として、裁判所に直接その取消しを訴えるか、不服申立てを通じて処分庁の再考を促し、その結果として処分を取消させるかについて、選択の自由を国民に認めている（取消訴訟における自由選択主義）。ただし、法律に特別の定めがある場合は除かれる〔行政事件訴訟法8条1項〕。

ここで、行政庁の違法または不当な処分その他公権力の行使にあたる行為に関して、その行為の取消しその他の是正を求めることができる制度を、

「行政不服申立て」といい、そのための一般法として、1962年に「行政不服審査法」が制定され、2014年に全面的に改正された。その前身である訴願法（1890（明治23）年制定）は、申し立てられる事項に制限が置かれており（列記主義）、行政の自己統制という性格が強かったのに対して、行政不服審査法は、「簡易迅速かつ公正な手続の下で広く行政庁に対する不服申立てをすることができるための制度を定めることにより、国民の権利利益の救済を図るとともに、行政の適正な運営を確保する」ことを目的としている〔1条1項〕。したがって、国民の権利救済を主眼としながら、行政の自己統制も、その目的としているということができる。

なお、特別法として、国税通則法に基づく税務署長や国税不服審判所長に対する不服申立てなどがあるほか、行政機関に適用される情報公開法〔19条〕や個人情報保護法〔105条〕では、行政不服審査法による審査請求があった場合は、関係する行政機関の長は、情報公開・個人情報保護審査会に諮問して、その判断をなすべきことが定められている〔なお、情報公開・個人情報保護審査会設置法2条参照〕。

2　行政不服審査の対象

審査請求の対象には、行政庁の処分のほか、その不作為も含まれる〔行政不服審査法2条、3条〕。行政不服審査法による処分とは、行政庁による処分その他公権力にあたる行為をいうが、講学上の行政行為の概念にほぼ相当し、「行政庁が、法令に基づき優越的立場において、国民に対し権利を設定し、義務を課し、その他具体的な法律上の効果を発生させる行為」をいうとされている（原田319頁）。そのほかにも、公権力の行使に当たる事実上の行為で、人の収容、物の留置その他その内容が継続的性質を有する事実行為も含まれる。すなわち、法的効果をともなわないが、権力的性質を有する行為であって、精神障害者に対する入院措置〔精神保健及び精神障害者福祉に関する法律29条〕、不法入国者の強制退去前の収容〔出入国管理及び難民認定法39条〕などが該当する。また不作為とは、行政庁が法令に基づく申請に対し、相当の期間が経過したにもかかわらず、何らの処分をしないことをいう〔3

条〕。したがって、行政庁による申請の握りつぶしを排除し、許認可などの事務処理を促すことを目的とした不服申立ても認められることになる。

行政不服審査法は、不服申立事項に制限を置かない概括主義を採用している。ただし、第7条の定める機関または特別の手続によりなされる処分または不作為については、この限りではない。たとえば、行政手続法第27条によれば、行政庁または主宰者が同法の第3章（不利益処分）第2節（聴聞）の規定に基づいてした処分やその不作為については、行政不服審査法による審査請求をすることができない。それは、すでに行政部内において、利害関係者が参加した慎重な手続を通じて、処分がなされたことを理由としている。

3　行政不服審査の種類

(1)　行政不服審査の種類と要件

[i]　行政不服審査の種類と提起

行政不服審査は、いかなる行政庁にどのような手続で行うかによって、「審査請求」、「再調査の請求」、「再審査請求」の三つに分けられる〔行政不服審査法2・3条、5条、6条〕。審査請求とは、行政庁の処分または不作為について、原則として、当該処分庁または不作為庁の最上級行政庁に対して行う不服申し立てをいう〔4条〕。最上級行政庁がない場合には、当該処分庁または不作為庁が審査庁となり、改正前に存在した異議申立てとは区別がなくなることになる。しかし、当初の処分または不作為に関与していない職員の中から「審理員」を指名し〔9条〕、その主宰する手続のもと、作成された裁決に対する意見書（「審理員意見書」）を、第三者機関である「行政不服審査会」（国の場合）、あるいは地方公共団体の機関に諮問して、その答申に基づいて裁決を行うことにより、審査庁の判断の公正性と客観性が確保されている〔42条、43条〕。

再調査の請求とは、行政庁の処分について、処分庁以外の行政庁に対して審査請求できる場合において、特に法律に規定がある場合に限り、認められる手続をいう〔5条〕。これは、処分の前提をなす事実関係の調査などを通じて、処分の適正を確保できる場合に、手続的な負担を軽減しつつ、簡易迅速な救済を図ることを目的として導入されたものである。租税関係など、大量一括的になされる処分について、適用される救済手続といえる。個別法により、再調査の請求が規定されている場合でも、審査請求を選択することは妨げない。しかし、再調査の請求をしたときは、請求の翌日から起算して3月を経過しても再審査の審査について決定がないか、決定を経ないことについて正当な理由がない限り、審査請求をすることができない〔5条2項〕。なお、行政庁の不作為は、再調査の請求の対象にならない。

再審査請求は、処分についての審査請求の結果（裁決）に不服がある場合に、さらに行われる不服申立てをいう〔6条〕。法律に規定がある場合に限って認められる特別の手続であり、一度審査請求を経ているため、行政不服審査会などへの諮問は排除される〔43条〕。再調査の請求と同じく、行政庁の不作為は、再審査請求の対象にならない。

[ii]　行政不服審査の要件

処分についての審査請求は、違法または不当な処分によって、直接自己の権利利益を侵害された者がなすことができる。処分の相手方のみならず、第三者であっても、同様の直接的な権利利益の侵害が認められる場合には、申立てが認められている。しかし、第三者や国民一般の利益の保護を図るための申立ては除かれる（主婦連ジュース不当表示事件について、最高裁昭和53年3月14日判決民集32巻2号211頁参照）。審査請求および再調査の請求は、ともに「処分があったことを知った日の翌日から起算して3月」以内に提起しなければならない〔18条1項、54条1項〕。再調査を請求できる処分について、これを先行した場合の審査請求は、当該請求についての「決定があったことを知った日の翌日から起算して1月」を経過したときは、することができない〔18条1項〕。再審査請求は、審査請求についての「原裁決があったことを知った日の翌日から起算して1月」以内にしなければならない〔62条〕。

行政事件訴訟法に基づく取消訴訟の出訴期間が、処分または裁決があったことを知った日から6カ月〔同法14条1項〕であるのと比べて短期間であるが、処分の法的効果の早期安定と、救済の迅速性の調整を図った結果であるとされている。したがって、いずれも「処分（または再調査の請求についての決定、あるいは原裁決）があった日の翌日から起算して1年を経過したとき」は、正当な理由がないかぎり、もはや不服申立てをすることはできない〔18条2項、54条2項、56条〕。不作為の不服申立ては、不作為にかかる処分そのほかの行為を請求した者に限り行うことができ、不服申立ての期限を設定されておらず、不作為の状態が続く限り、いつでも提起することができる。

なお、不服申立ての提起は、処分の効力、処分の執行または手続の続行を妨げない、執行不停止が原則とされている〔25条1項、61条、66条1項〕。

(2) 教示制度

なお、そもそも不服申立てをなし得る処分であるかどうか、また不服申立てをなすべき行政庁および出訴期間を明らかにし、この制度を利用した権利救済の機会を確保するために、行政不服審査法は、不服申立てをすることができる処分をする場合には、以上の要件を処分の相手方に対して書面で教示すべきことを定めている〔82条1項〕。また、手続への参加の機会を保障するために、利害関係人から請求があった場合にも、教示をしなければならない〔同2項〕。したがって、制度利用のための重要な指針となるところから、必要な教示がなされなかった場合や〔83条〕、誤った教示がなされた場合には、その救済の方策も採られている〔22条、55条〕。

4　行政不服審査の審理と判断

(1) 審理の特色と判断結果

行政不服審査法は、行政の自己統制を通じて、問題の簡易迅速な解決を図るという目的を有するため、審理方法は原則として書面審理が中心であり〔19条、61条、66条〕、また審理手続の進行や証拠調べにも、職権主義が多く採用されている。しかしながら、当事者主義的な、一定の手続上の権利を確保することにより、公正な審理がなされる配慮もなされている。すなわち、審査請求についていえば、処分庁による弁明書の提出に対応した反論書等の提出〔30条〕、口頭による意見陳述〔31条1項〕、証拠書類等の提出〔32条1

項〕、書類その他の物件の提出要求〔33条〕、参考人の陳述および鑑定の要求〔34条〕、検証〔35条〕、提出書類等の閲覧請求〔38条1項〕などといった機会が、審査請求人または参加人に対して保障されている。また、審査手続きの迅速化のために、審査庁となる行政庁は、審査請求が事務所に到達してから、当該審査請求に対する裁決をするまでに、通常要する標準的な期間（標準処理期間）を定めるように努め、これを公にするほか〔16条〕、審理手続の計画的進行のための審理関係人および審理員相互の協力義務〔28条〕、審理関係人を招集して事前に行う申立てに関する意見聴取〔37条1項〕などが定められた。

審理の結果は、「裁決」（審査請求および再審査請求の場合）または「決定」（再調査の請求の場合）という形式で行われる〔46条、47条、59条、65条〕。これらは、その判断内容の別に応じて、不服申立ての要件を欠くために本案審理を否定する「却下」、申立ての内容（本案）に理由がないとしてこれを斥ける「棄却」、その理由を認めて請求に応じた措置を実現する「認容」に分けることができる。

したがって、処分についての審査請求に理由があるときは、審査庁は裁決をもって、当該処分の全部もしくは一部を取り消し、またはこれを変更することになる〔46条1項〕。同様に、事実上の行為について審査請求に理由があるときは、審査庁は裁決において、当該事実上の行為が違法または不当であることを宣言するとともに、審査庁が処分庁以外の場合には、当該処分庁に対して、当該事実上の行為の全部もしくは一部を撤廃し、またはこれを変更すべきことを命じ〔47条1号〕、審査庁が処分庁である場合には、自らこれを撤廃し、または変更することになる〔同2号〕。ただし、処分または事実上の行為の場合ともに、審査請求人の不利益に当該処分を変更し、または当該事実行為を変更すべきことを命じ、もしくは変更してはならないことはいうまでもない〔48条〕。

また、不作為の審査請求に理由があるときは、審査庁は裁決において、当該不作為が違法または不当であることを宣言するとともに、審査庁が上級行政庁である場合には、当該不作為庁に対して当該処分をすべきことを命じ、審査庁が不作為庁である場合には、自ら当該処分をしなければならない〔49条3項〕。

なお、審査請求にかかる処分が違法または不当であっても、「これを取り消し、又は撤廃することにより公の利益に著しい障害を生ずる場合において、審査請求人の受ける損害の程度、その損害の賠償又は防止の程度及び方法その他一切の事情を考慮した上、処分を取り消し、又は撤廃することが公共の福祉に適合しないと認めるときは、審査庁は、裁決で、当該審査請求を棄却することができる」〔45条3項〕。これを「事情裁決」という。ただし、その場合には、「審査庁は、裁決の主文で、当該処分が違法又は不当であることを宣言しなければならない」(同項)。

(2)　裁決・決定の方式と効力

裁決および決定は、理由を示した文書によってなされなければならない〔50条1項、66条1項〕。判断の慎重さと公正を確保するとともに、判断にいたった根拠を明確にすることにより、審査庁または処分庁として説明責任を果たすことにつながるからであり、また、不服申立人によって理解がえられない場合に、以後の訴訟手続における争点を明確にすることにも役立つ。ただし、処分の取消しの訴えと、その処分について審査請求を棄却した裁決の取消しの訴えのどちらかを選択できる場合には、裁決の取消しの訴えにおいては、処分の違法を争うことができない原処分主義が採用されている。したがって、裁決の取消しの訴えにおいては、裁決固有の瑕疵のみしか争うことができないため、原処分の違法を争う場合には、処分の取消訴訟によらなくてはならない〔行政事件訴訟法10条2項〕(本書 III 法と裁判 E 行政訴訟 参照)。

なお、裁決および決定も、一般の行政行為と同様に、公定力、自力執行力、不可争力を有するほか、裁断行為に基づく判断の効力として、不可変更力および拘束力〔52条1項参照〕が認められる。

5　行政審判

このような行政不服審査法による審査請求が、いずれも処分庁や上級庁といった独任制の行政機関によって審査され、しかも、同一系列の行政組織内部において処理されることを特徴とするのに対して、通常の行政機関から独立した合議制の行政委員会や、これに準じた行政機関が、裁判に準じた慎重・公正な手続（準司法手続）によって、一連の処分を行う場合がある。これを「行政審判」といい、いずれも構成員の合議によって判断がなされる点に特色がある。機能的には、紛争解決の一環として審判を行う場合の他、第一次的な行政決定に先立って、審判の形式が採用される場合がある。電波監理審議会により、免許取消しなどの不利益処分に際してなされる手続〔電波法 99 条の 11 以下〕などが、後者に属する。なお、紛争解決としてなされる審判には、人事院が公務員の不利益処分について行う審査〔国家公務員法 90 条以下〕や、電波監理審議会が行う審査請求の審査〔電波法 85 条以下〕などがある。

また、私人間の紛争解決のためになされる審判もある。労働委員会が行う不当労働行為の救済命令を行うための手続〔労働組合法 27 条以下〕や、公害紛争をめぐって、公害等調整委員会が行う処理手続（公害紛争処理法 3 条）などがそれである。これらは紛争について、あっせん・調停・仲裁などを行うことを目的としており、行政機関による事前紛争処理（ADR ＝ Alternative Dispute Resolution）、すなわち、裁判外紛争処理として分類されることもある。

そもそも行政審判制度は、戦後の行政委員会制度の導入にともなって、アメリカ法をモデルとして採用されたものであるが、専門的技術的な判断を行うことを目的として、従来から特許審判や海難審判などの制度も置かれてきた。なお、これらの審判に基づく決定（審決などという）の司法審査に際しては、審級が省略されることがあり、高等裁判所が第一審管轄をもつ場合がある。また、審判手続を経て認定された事実についても、その手続の慎重さや認定の専門技術性を反映して、その認定に裁判所が拘束される「実質的証拠の法則」の適用が認められる場合がある〔電波法 99 条、鉱業等に係る土地利用の調整手続等に関する法律 52 条参照〕。

【参考文献】

塩野宏『行政法Ⅰ』『行政法Ⅱ』『行政法Ⅲ』（有斐閣・2006 年）
藤田宙靖『行政法入門』（有斐閣・2006 年）
原田尚彦『行政法要論』（学陽書房・2006 年）
櫻井敬子・橋本博之『行政法』（弘文堂・2007 年）
北村和生・佐伯彰洋・佐藤英世・高橋明男『行政法の基本』（法律文化社・2007 年）
橋本博之『現代行政法』（岩波書店・2017 年）

II

社会の基本法

A　家族と法

第1章　序　　説

1　家族・国家・法律

人生を通じ最も身近かつ親密な関係にあるのが、いうまでもなく家族である。生命を繋ぎその成長を支え育む母体であり、社会における「最も基礎的で自然な」集団単位である。ある社会の持続的な発展は、まさに家族の安定に依存しているといっても過言ではない。この側面からは、社会ないし国家の家族に対する関心は必然性をもつ。世界人権宣言は、「家庭は、……社会及び国の保護を受ける権利を有する。」と定め〔世界人権宣言16条3項〕、憲法で家族の保護を規定する国もある〔ドイツ基本法6条1項〕（なお、家庭内暴力の問題につき、後掲C末尾の **Progress**「家庭内暴力」参照。）。

また、人間の自然な営みである生殖活動により、子が生まれた場合に、子をすべて社会・国で育てるという制度をもたない限り、誰が責任をもって育てるのかという問題を生じ、少なくとも、これに対処する一定の規律は制度化を必要とする。ここに、家族関係について法律による規整を不可避とする根拠が認められよう。

2　日本の家族法制

戦前、日本では戸主と呼ばれる家長による家族員の統率を基軸とする家父長制的家族制度が採られていた。これを「家」制度という。戸主は、家族員の婚姻に対する同意権をはじめ、家の統率者として法律上の権限を認められていた。このような戸主の地位の継承が、戦前の相続であり（すなわち、家督相続）、長男子による単独相続制を基本とした。妻は、相続権がないばかりでなく、財産上の取引能力（行為能力）や親権も認められず、きわめて男尊女卑の制度であった。

これに対して、戦後、「家」制度は廃止され、家族制度は抜本的に改められた。自由と平等という人権尊重を基本原理とする日本国憲法は、家族制度の理念として、**「個人の尊厳」**と**「両性の本質的平等」**を掲げ、婚姻の自由を全面的に保障した〔憲法24条〕。これにもとづいて、妻の無能力制度の廃止、配偶者相続権の確立、父母共同親権制、諸子均分相続制など夫婦同権・男女平等の徹底が図られた。

さて、家族は夫婦の関係（配偶関係）および親子の関係を基軸として形成されている。現行法も、両者を分けて規整しているので、これにしたがって説明を進める。

第2章　婚　　姻

1　成立要件

(1)　基本的要件

[i]　婚姻意思の合致

戦前の「家」制度の下では、家長たる戸主は、法律上家族員に対する同意権を与えられていた。したがって、父親の同意しない婚姻は認められなかったのである。これに対し、日本国憲法は、「婚姻は、両性の合意のみ」にもとづくとし、その自由を全面的に保障している〔憲法24条1項〕。したがって、婚姻の第一の成立要件は、当事者間における**婚姻意思の合致**である。

将来、結婚することで合意に達すれば、婚約の成立を認めることができる。婚約も一種の契約であり、当事者は誠実に交際し結婚の成就に向けて努力する義務を負うと解される。したがって、婚約を一方的に不当に破棄した場合、債務不履行となり、損害賠償責任が発生する。

[ii]　婚姻の届出

法律上、婚姻と認められるためには、上述した婚姻意思の合致のほか、**届出**が必要である。届出をして、これが受理されることにより婚姻の効力が発生する〔民法 739 条〕。

(2)　婚姻障碍事由

しかし、一定の事由がある場合には、不適法な婚姻として認められない（法律上は、取り消し得るだけだが、通常そのような事由が存在すると認められる婚姻届は受理されない。）。その事由として、以下のものがある。

[i]　婚姻最低年齢（婚姻適齢）

従前、婚姻できる最低年齢は、男 18 歳、女 16 歳となっていたが、2018 年の成年年齢の満 18 歳への引き下げにともない、男女とも満 18 歳に共通化されることになった〔同 731 条〕。

[ii]　重婚の禁止

明治になって、歴史的にはキリスト教に由来する一夫一婦制を、日本でも採用した。これにより重婚は禁止された〔同 732 条〕。

[iii]　近親婚の禁止

時代や地域を問わず、いかなる社会にもみられる人類普遍のタブーであったとされる。いうまでもなく、遺伝上の問題によるものである。現行法も、この観点から、直系血族または三親等内の傍系血族間の婚姻を禁じている〔同 734 条〕。したがって、いとこ同士の結婚は可能だが、叔父・叔母と姪・甥間の結婚は許されない（ただし、養子と養方の傍系血族間の婚姻は許容されている。）。このほか、直系姻族間および一定の養親子関係者間での婚姻制限が定められ、その関係が終了した以後にも及ぶ〔同 735 条・736 条〕。これらの制限は、社会倫理的な理由によると説明されている。

これまで、女性については再婚禁止期間の定めが置かれていた〔同 733 条〕。生まれてきた子の父親が、前婚の夫であるのか、後婚の夫であるのかを明確にする趣旨である。しかし、嫡出推定規定の見直しにともない、2022 年の改正により廃止された。

2 効　果

(1) 人格面に関する効果

[i] 同居・協力・扶助義務

「夫婦は同居し、互いに協力し扶助しなければならない。」〔民法752条〕。お互いの愛情にもとづいて結ばれた夫婦が、その共同生活の営みにおいて負うべき基本的な責任の内容を、民法は法律上の一般的な義務として明示した。これが、民法第752条の規定である。

[ii] 貞 操 義 務

明文の規定はないものの、「不貞な行為」が裁判上の離婚原因とされていること〔同770条1号〕を解釈上の根拠として、婚姻夫婦は、相互に貞操義務を負うと解されている。これにもとづき、判例は貞操義務違反にかかわった第三者に不法行為責任を認め、当事者たる夫または妻の配偶者からの損害賠償請求を認容している（最高裁昭和54年3月30日判決民集33巻2号303頁）。しかし、貞操義務に違反した配偶者の責任とのバランスなどから、貞操義務違反に関与した第三者の責任を追及することに対する批判もある。判例は、その後婚姻関係破綻後に関係をもった第三者につき、不法行為責任を否定している（最高裁平成8年3月26日判決民集50巻4号993頁）。

[iii] 同　一　氏

婚姻に伴い、氏を夫または妻のうちいずれかに統一しなければならない〔同750条〕。（夫婦別姓に関し、後述**Progress**「家族法制度の一部改正提案」参照。）

(2) 財産法上の効果

夫婦間の契約取消権

有効に成立した契約は、当事者を法的に拘束する。しかし、夫婦間では第三者の権利を害しない限り、婚姻中いつでも取り消すことが認められている〔同754条〕。夫婦という特別な人間関係であることに配慮して、その契約にもとづく義務の履行につき、法律による強制を差し控え、夫婦間で信頼と愛情にもとづいて解決を図ることが望ましいと考えられるからである（古くから、「法は家庭に入らず」という格言も伝えられている。）。たしかに、夫婦関係が円満に営まれている場合には、効果的であろう。しかし、そうでなくなった状況の下では、むしろ濫用の恐れの方が高い。判例も、婚姻が実質的に破綻している場合には、夫婦間の契約取消権の行使を許していない（最高裁昭和33年3月6日判決民集12巻3号414頁）。

3　夫婦の財産関係

(1)　総　　説

夫婦共同生活を営むうえで、この家族共同生活における財産の帰属・管理などについて、夫婦間で協議して決めるのが通例であろう。民法も、婚姻前に夫婦間で財産契約を結ぶことを認め、これを登記することにより第三者に対抗できると定めている〔民法755条・756条参照〕。これを、**夫婦財産契約**という。夫婦間に特段の取り決めがない場合には、法律所定の規律によることになる。これを、**法定財産制**という。

(2)　夫婦別産制

日本の法定財産制の内容は、夫婦別産制を基本とする。これは、各人が所有し、取得した財産を各自に帰属させる制度である（これに対して、夫婦の財産を共有とする制度もある。これは、夫婦共有制と呼ばれる。）。したがって、婚姻中に各々の名義で得た収入は各自に帰属する。

しかし、共同生活を営んでいる家族において、まったく各別の財産関係をもって対処することは適切でない。そこで、民法は、夫婦別産を基本としながら、夫婦間の内部関係において婚姻費用分担義務を〔同760条〕、また、夫婦の対外的な関係において日常家事債務の連帯責任を定めている〔同761条〕。

(3)　別産制の修正点

[i]　婚姻費用分担義務

婚姻費用とは、家族共同生活から生じる費用をいう。夫婦および子を含む家庭生活を営むうえで必要な費用については、夫婦が分担して責任を負う。婚姻の基本的な効果である夫婦間の協力義務の当然の帰結というべきであろう。

[ii]　日常家事債務の連帯責任

日常の家事に関する債務について、民法は、夫婦に連帯責任を課している。夫婦は、相互に代理人であるとする思想に由来する。日常家事に関する取引において、その相手方を保護するための規定である。夫婦間に課される連帯責任は、日常家事債務に限られるから、たとえば夫のギャンブルのために負った借金などについて、妻が連帯責任を負うものではない。

4　婚姻関係の解消

(1)　総　　説

「神が結びあわせてくださったものを、人は離してはならない。」(マタイ19章6節)。キリスト教の下では、離婚は許されない。このため、ヨーロッパでは歴史的に離婚は禁止されてきた。ようやく、1970年頃より各国で離婚の自由化が推進されるようになったのである。他方、このような宗教的・精神的な背景をもたない日本においては、伝統的に比較的緩やかに離婚が認められてきたといってよい。男尊女卑が支配的な時代には、夫の一方的な妻との離縁が行われた（江戸時代のいわゆる「三行半」がこれである。)。明治以降、日本では届出による離婚の成立を認めているが、欧米と比較すると離婚を容易に許容する立法例といえる。離婚により最も犠牲を強いられるのは未成熟子である。このような点を考慮するならば、夫婦だけで離婚の決定を行うことの是非について、十分検討に値する問題というべきであろう（なお、2011年の改正により、未成年の子をもつ夫婦が離婚するに際して、親子の面会や交流、養育費の分担について取り決めなければならないと定められた〔民法766条1項〕。)。

(2)　離婚の方法

当事者である夫婦は、両者の話し合いにより自由に離婚することができる〔民法763条〕。離婚に関する合意にもとづいて、離婚の届出をすることにより、離婚が成立する（協議離婚）。

問題は、一方は離婚を望んでいるが、他方がこれに応じない場合である。この場合には、家庭裁判所における調停によることになる。調停により当事者が離婚の合意に達すれば、離婚届を提出することになるが、不調に終わった場合には、離婚の訴えを提起して裁判で争うことになる（家庭裁判所の審判制度も存在するが、実質的に実効性に乏しく、あまり利用されない。）。なお、離婚訴訟を提起する前に、必ず家庭裁判所の調停を経なければならない（これを、調停前置主義という。III C 第 3 章参照）。

(3)　裁判上の離婚原因

裁判所が離婚を許容してよい原因は、法定されている。これを定めているのが、民法第 770 条である。それによると、①配偶者の不貞な行為、②配偶者による悪意の遺棄（夫婦間の扶助義務違反を指す）、③ 3 年以上の生死不分明、④回復不能な強度の精神病、⑤その他婚姻を継続しがたい重大な事由のある場合である。

最高裁判所は、従来婚姻関係破綻の原因を作った配偶者（有責配偶者）からの離婚請求を認めてこなかったが、近時一定の条件の下にこれを認めるに至っている（最高裁昭和 62 年 9 月 2 日判決民集 41 巻 6 号 1423 頁）。

(4)　離婚の効果

[i]　一般的効果

婚姻成立にともなって生じた義務は、離婚によって消滅する。また、離婚により配偶関係が解消されるので、配偶者相続権も喪失する。婚姻に際し、氏を改めた者は婚姻前の氏に復する（復氏の原則〔同 767 条〕）。ただし、3 カ月以内に届け出ることにより、婚姻中の氏を称することもできる。

[ii]　財産分与請求権

離婚した者の一方は、相手方に対して財産の分与を請求することができる〔同 768 条〕。この趣旨は、第一に、夫婦間の実質的な共有財産の清算である。一方の名義となっている財産であっても、夫婦相互の協力にもとづいて形成されたものと認められる限り、分与の対象である。第二に、離婚後における扶養料という性質をもつ。このほか、有責配偶者に対する慰謝料という性質も含むと考えられている。

5 内縁・事実婚の法的保護

夫婦共同生活の実体を備えながら、婚姻届を出していないために法律上婚姻とは認められない男女関係を、内縁あるいは事実婚という。戦前においては、戸主の同意を得られなかったために届け出ることができないという事情を抱えた場合も多く見られたこともあって、古くから、学説・判例は、内縁を婚姻に準ずる関係と捉えて（準婚理論）、一般的に法的な保護を及ぼしている。ただし、配偶者相続権、子の嫡出性は排除される。

6 親族間における私的扶養責任

民法は、一定の親族の間における助け合いの義務を定めている。配偶者間においては、既に見たように、相互扶助義務がある。また、直系血族および兄弟姉妹間では、扶養義務が課されている〔民法 877 条 1 項〕。さらに、直系血族および同居の親族は、互いに扶け合わねばならないと定められている〔同 730 条〕。社会福祉・社会保障が整備されている今日、親族間における扶養責任は事実上大幅に軽減されているけれども、法律上、生活保護などの公的扶助を受ける場合に、まず私的扶養を優先し、補足的に公的扶助に依ることとされている〔生活保護法 4 条 2 項〕。

【親　族　図】（民法第725条による親族の範囲）

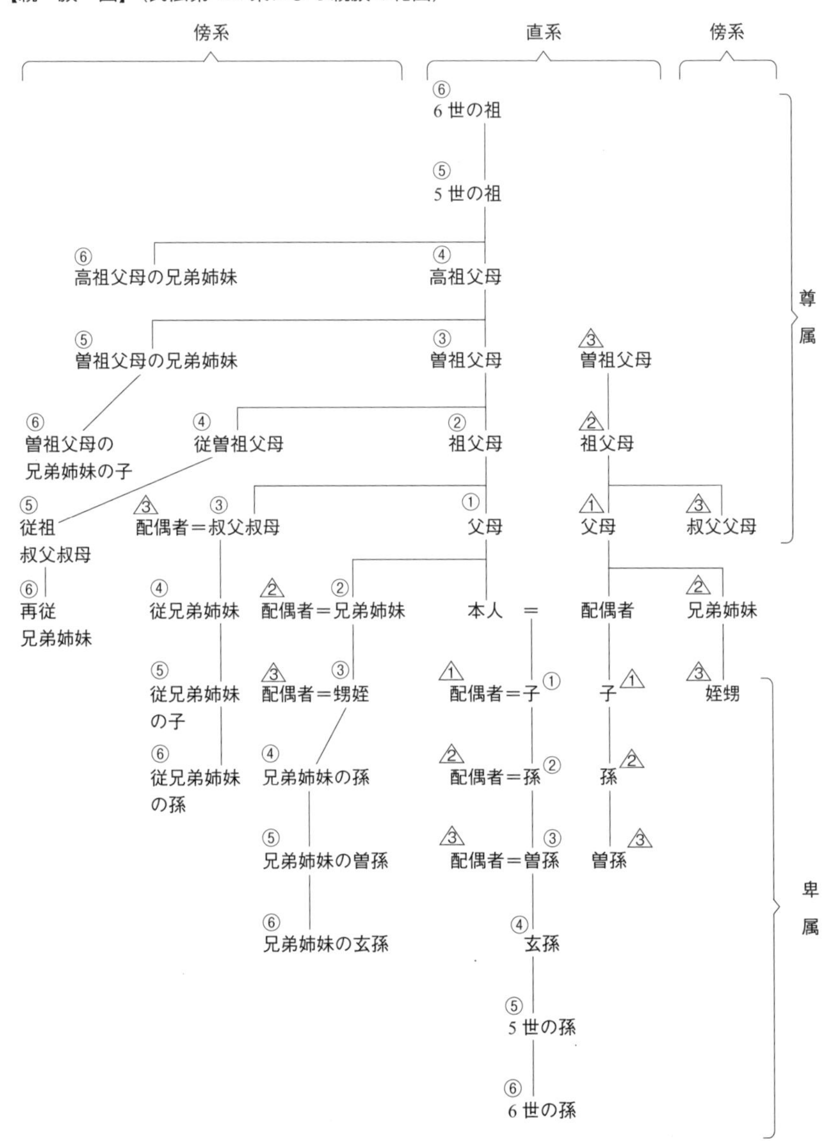

※○印は血族を、△印は婚族を表わす。

Progress　家族法制度の一部改正提案

法制審議会は、婚姻制度を中心とする民法の改正について、1996年、「法律案要綱」として答申をまとめた。おもな改正点は、①婚姻最低年齢の男女18歳同一化、②女性の再婚禁止期間の100日への短縮化、③選択的別氏（夫婦別姓）制の導入、④5年間の別居を離婚原因として明示、⑤離婚後における親の面接交渉権の明文化、⑥嫡出子と非嫡出子との法定相続分の均等化などである。これらのうち、①②⑤⑥は立法化されたものの、③と④については実現していない。

＊選択的別氏（夫婦別姓）制問題

女性の社会進出が進む中、98%以上の夫婦が夫の氏を称する現状にあって、姓を変更せざるを得なかった女性が、実際上さまざまの不便を一方的に強いられる結果となっている。法制審議会の提案に対して、家族の一体性を損なうなどとする反対論が強力に主張されている。最高裁も、同一氏の規定につき、憲法に反するものではないとする判断を示している（判例**21**参照）。しかし、女性の氏の選択決定に対する自由を確保し、法の下の平等を実質的に実現する見地から、選択的別氏制の導入を図るべきである。同一氏が夫婦・家族の一体性を象徴するとの見方も、ひとつの意見として尊重に値するが、現在では、こうした価値観を共有しない人びとも存在しているのであり、同一氏の原則が、ひとつの価値観を個人に強制しているという側面も看過し得ない。個人の尊重を掲げる憲法第13条および第24条第2項に照らして、選択的別氏制の採用が支持されるべきである。なお、日本も批准する女子差別撤廃条約において、姓を選択する権利を含む夫および妻の同一の個人的権利の保障が定められている〔女子差別撤廃条約16条1項（g）〕。

Progress　同性婚について

現在、欧米を中心に、多数の国や州で同性婚を認める制度が導入されている。誰と結婚するのかという相手方の選択につき、異性に限定することなく、当事者の意思を尊重して婚姻の自由を認めるものである。日本の現行法上、夫を男、妻を女とする明文の規定が存在するわけではないが、憲法24条1項には「両性の合意」という表現があり、また民法、戸籍法上も、同性婚を許容しているとみられる規定もないところから、法務省は現行法が異性婚を前提としていると解し、実務上の取扱いとして、同性間の婚姻届を受理していない。

この問題につき、憲法13条や14条を根拠として、裁判でも争われており、一部の下級審の裁判例では、婚姻を異性婚に限定する取扱いにつき、違憲とする判断も示されるに至っている（札幌地裁令和 3 年 3 月 17 日判決、名古屋地裁令和 5 年 5 月 30 日判決など）。今後の上級審の司法判断が注目される。

なお、自治体の間では、地域社会における多様な生き方を尊重する趣旨で、同性で相互に特別な人的関係として認めあっている場合に、その関係をパートナーシップとして公的に証明する制度を導入するケースも増えている。

第3章 親　　子

1 親子関係

(1) 実親子関係

婚姻夫婦間に生まれた子を、**嫡出子**という。つまり、出生した子の父と母との間に婚姻届が出されている場合である。母子関係は、分娩の事実により明らかであるが、父子関係はやや問題が残る。しかし、婚姻夫婦の場合、婚姻中の妻が懐胎した子については、法律上、夫がその子の父と推定されている（これを、**嫡出推定**という〔民法772条〕。こうした取り扱いは、多くの国でみられる。）。夫が、その子との父子関係を否定するためには、**嫡出否認の訴え**によらなければならない〔同774条〕。このほか、実務の取り扱い上、親子関係不存在確認訴訟〔人事訴訟法2条2号参照〕によることも許されている。

非婚の女性が生んだ子（嫡出でない子）の親子関係には、上述の嫡出推定が働かないので、母子関係と父子関係とを各別に確定することになる。前者は分娩の事実によって成立し、後者は**認知**により発生する〔同779条〕。認知とは、その子が自分の子であると認める意思表示をいうが、任意に認知がなされないときには、子自身や子の法定代理人である母などから、**認知の訴え**を提起することができる〔同787条〕。もし、これが認められれば、父子関係が確定する（これを、強制認知と呼ぶ）。認知がなされると、その子が生まれたときから法律上親子関係が発生したものとして取り扱われる（認知の遡及効〔同784条〕）。

なお、判例は、虚偽の嫡出子出生届にも、出生した子が自己の子であると父として承認し、その旨を申告する意思の表示が含まれているとして、認知の効力を認めている（最高裁判所昭和53年2月24日判決民集32巻1号110頁）。

(2) 養親子関係

以上が血縁親子（実親子）の場合であるが、このほかに法定親子、すなわち養子制度がある。現在、これにも普通養子と特別養子の2種類が存在する。養親子関係が成立すると、養子は養親の嫡出子という身分を取得することになる〔同 809 条〕。

[i]　普通養子

普通養子の基本的な成立要件は、**①当事者間における養子縁組に関する合意**、**②届出**である。ただし、未成年者を養子とする場合には、原則として**家庭裁判所の許可**を要する〔同 798 条〕。養子となる未成年者自身の利益を損なうことのないよう、家裁によるチェックを行うためである。養子となる者が 15 歳未満の場合には、その法定代理人に縁組の承諾が認められている（代諾養子〔同 797 条 1 項〕）。

出生直後の他人の子を、自己の嫡出子として出生届を出すいわゆる「藁の上からの養子」について、その出生届は虚偽であり無効であるが、その子を自己の子とする意思は存在するので、養子縁組としての効力を認めることができるとする見解も強い。しかし、判例は、こうした出生届に養子縁組届としての効力は認められないとする立場を採っている（最高裁判所昭和 50 年 4 月 8 日判決民集 29 巻 4 号 401 頁）。

普通養子縁組のおよそ 3 分の 2 は、戦前における「家」制度の価値観も影響してか、成年者の養子で占められており、子のためというよりも、むしろ養親の側の都合（たとえば、事業の継承など）による養子制度として機能している側面が強い。

[ii]　特別養子

「藁の上からの養子」を斡旋した菊田医師の事件を直接の契機として、上述した実情を改善し、真に「子のため」の養子制度として、1987 年に特別養子制度が新設された〔同 817 条の 2‐817 条の 11〕。

これは、恵まれない幼子に家庭を与えることを目的に、法律所定の条件の下、試験養育を経て、家庭裁判所の審判によって成立するものである。特別養親子関係の成立により、――普通養子縁組の場合と異なり――実方との法律上の親族関係が終了するという効果を生ずる点に、特色が認められる。法律上の親子関係を養親との関係に限って認めることで、自然な親子関係形成の環境が整えられるし、養親としても、実親の干渉なしにわが子として十全に愛情を注ぐことができる。

このように、もっぱら子の利益を図るための理想的な制度として導入されたものの、その利用は必ずしも活発とはいえない状況にある。なお、養子制度のほか、他人の子の養育だけを支援する自治体の**里親制度**もある。

2　親　　権

一般に、親の未成年子に対する権利義務を総称して、親権という。その内容は、子の養育における親の子に対する義務を中心とする。親子間に扶養義務があることはいうまでもないが、親権の内容として、通常次のものが挙げられる。

(1)　人格面に関する内容

親は、子の身体的・精神的な成長を支える責任を負っている。民法は、身体上の面倒をみることを「監護」、精神的な面倒をみることを「教育」と呼んで、親の責任を規定した（**監護教育の権利義務**〔民法820条〕)。なお、保護者には、憲法上その子女に普通教育を受けさせる義務が課せられている（〔憲法第26条第2項〕Ⅰ B第4章3参照)。

民法は、監護教育の権利義務の実効性を確保するため、親権者による懲戒権の規定〔同822条〕を設けていたが、児童虐待を正当化する口実になっているとの批判を受け、2022年の改正によりこれを削除したうえ、親権者が監護・教育を行うに当たり、「子の人格を尊重するとともに、その年齢及び発達の程度に配慮しなければならず、かつ、体罰その他の子の心身の健全な発達に有害な影響を及ぼす言動をしてはならない。」との内容が明記されるに至っている〔新821条1項〕。

(2)　財産面に関する内容

子といえども、親とは別個独立の財産上の権利の主体である。したがって、お年玉として子に与えられた財産は、その子自身に帰属する。しかし、その**財産管理権**は、親権者に認められている。さらに、親権者は、子の法律行為について**代理権**を有する〔同824条〕。

Progress　生殖医療技術の利用と親子関係

伝統的、自然的に妊娠し出産した女性が母であり、生まれた者がその子であることは、自明のことであった。だが、不妊治療の一環として生殖医療が進歩したことによって、人工的な授精が可能となった。この結果、生殖活動に第三者が介在する事態を生じ、遺伝的な繋がりと分娩との間に分裂が起こり、親子関係の確定に動揺をもたらしている。

日本では、従来、不妊治療として、無精子症の夫に代わり夫以外の男性の精子を利用して、妻の卵子に人工授精するという方法が行われている。この場合、予め夫の同意を得、かつ精子提供者の男性が子の父であることを主張しないという条件が整っていれば、出産した妻と子との母子関係は明確であり、その妻と婚姻関係にある夫は法律上父性推定を受けており、嫡出否認権が放棄されている限り、現行法上、この夫婦と子との嫡出親子関係の成立に特段の問題は生じない。

これに対して、妻以外の女性が生殖に関係する場合には、複雑な問題が起こる。これには、①妻以外の女性の卵子を利用して、夫の精子と体外受精させ、その受精卵を妻の子宮に戻して着床させ出産させる場合、②夫婦間の受精卵を第三者の女性の子宮に着床させて出産する場合などが考えられる。産科婦人科学会では、いずれも自主規制によって行わないことにしているが、一部の医師によって①の方法で、またある有名人がアメリカで②の方法によって子を出産したことが、社会的な大きな話題となった。後者が、いわゆる代理母の問題である。いずれの場合にも、遺伝的な繋がりを有する者（卵子提供者）と出産した女性とが一致しておらず、法的にも重大な問題を提起することになる。

②のケースについて、その夫婦は、嫡出出生届を区役所に出したが、事実関係を把握していた当局によって結局受理されなかったため、不受理処分につき争った。東京高裁は夫婦の主張を認容したものの、最高裁は、次のように述べて、親子関係を認める外国の判決の内容が公序良俗に反すると判断したうえで、現行法上、嫡出親子関係は認められないと判示して、夫婦の主張を退けた(平成 19 年 3 月 23 日決定民集 61 巻 2 号 619 頁)。

「実親子関係は、身分関係の中でも最も基本的なものであり、様々な社会生活上の関係の基礎となるものであって、単に私人間の問題にとどまらず、公益に深く関わる事柄であり、子の福祉にも重大な影響を及ぼすものであるから、どのような者の間に実親子関係の成立を認めるかは、その国における身分法秩序の根幹をなす基本原則ないし基本理念にかかわるものであり、実親子関係は一義的に明確なものでなければならず、かつ、実親子関係の存否はその基準によって一律に決せられるべきものである。したがって、我が国の身分法秩序を定めた民法は、同法に定める場合に限って実親子関係を認め、それ以外の場合は実親子関係の成立を認めない趣旨と解すべきである。以上からすれば、民法が実親子関係を認めていない者の間にその成立を認める内容の外国裁判所の判決は、我が国の法秩序の基本原則ないし基本理念と相いれないものであ」る。そして、「民法には、出生した子を懐胎、出産していない女性をもってその子の母とすべき趣旨をうかがわせる規定は見当たらず、……現行民法の解釈としては、出生した子を懐胎し出産した女性をその子の母と解さざるを得ず、その子を懐胎、出産していない女性との間には、その女性が卵子を提供した場合であっても、母子関係の成立を認めることはできない。」

この問題については、一部の国において立法措置も講じられており、日本でも 2003 年に厚生労働省の厚生科学審議会の専門委員会が、夫以外の精子利用および妻以外の卵子利用を公認する一方で、代理母については代理母となる女性の安全と人権に配慮して禁止する方針を示している（厚生科学審議会・生殖補助医療技術に関する専門委員会最終報告案）。その後、親子関係については、2020 年に「生殖補助医療の提供等及びこれにより出生した子の親子関係に関する民法の特例に関する法律」が制定され、代理出産子の母を懐胎、出産した女性とする明文の定め〔同法 9 条〕が置かれた。

第4章　相続と遺言

1　相続の意義

戦前において、相続とは、家長としての「戸主」という身分の承継を意味し、原則として長男子によって相続されることになっていた。これに対し、「家」制度が廃止された戦後においては、もっぱら亡くなった者（被相続人）の財産上の権利義務の承継が、相続で取り扱う内容である。

そもそも、相続の対象となる財産は、被相続人の財産であるから、同人において自己の財産に関する死後処分の方法について、自由に決めて良い。すなわち、被相続人には、原則として遺言により、財産の死後処分の自由が認められる（ただし、後述する遺留分と呼ばれる制度があり、この例外をなす。）。

2　相続の開始原因

相続は、「死亡」により開始する〔民法882条〕。死亡には、生命の終焉としての死（自然死）のほか、法律上死亡と取り扱われる**失踪宣告**の場合〔同30条・31条〕も含まれる。

自然死につき、従来、心臓の停止、呼吸の停止および瞳孔の散大をもって判定されてきた（三兆候説。現在では、臓器移植法（1997年制定）にもとづく脳死の判定結果も、人の死と認められよう。）。

3　相　続　人

(1)　相　続　人

被相続人の配偶者および子は、つねに相続人となる（ともに、第1順位の相続人である〔民法890条・887条1項〕。）。被相続人の死亡時に、配偶関係にある者が相続人である。したがって、被相続人の前婚の配偶者や内縁関係にとどまる者は、相続人とは認められない。被相続人の子である限り、嫡出であると否とを問わないし、実子・養子の別も問わない。法律上の「人」には未だなっていない**胎児**も、相続については既に生まれたものとみなされ〔同

886条〕、相続人となる。

被相続人の子が、相続開始前に既に死亡している場合または相続の欠格もしくは廃除により相続権を失っている場合、もしその者に子がいるときは、その子がその者に代わって相続人となる〔同887条2項〕。これを、**代襲相続**という（兄弟姉妹が相続人であるときも、代襲相続が認められる〔同889条2項〕。）。

子の相続人が代襲相続人も含めて誰もいない場合には、直系尊属が相続人となり（親等の異なる複数の直系尊属がいる場合は、被相続人と最も親等の近い者が相続権をもつ。）、これもいないときは兄弟姉妹が相続人となる〔同889条1項〕（このことを、順位と呼ぶ。したがって、直系尊属は第2順位、兄弟姉妹は第3順位となる。）。

(2) 相続権が認められない場合

推定相続人であっても、法律所定の事由の存在により、自動的にまたは家庭裁判所の手続きを経て、相続権を喪失する場合がある。

[i] 相 続 欠 格

次に掲げる者は、相続人としての資格を失う〔同891条〕。①被相続人または先順位もしくは同順位の相続人を故意に死亡するにいたらせまたはいたらせようとしたために、刑に処せられた者　②被相続人の殺害されたことを知って、これを告訴・告発しなかった者　③詐欺または強迫により、被相続人が遺言をしたり取り消したり変更することを妨げた者　④詐欺または強迫により、被相続人に遺言をさせたり取り消させたり変更させた者　⑤遺言書を偽造・変造・破棄・隠匿した者。

[ii] 相続の廃除

被相続人は、推定相続人中、配偶者・子・直系尊属から虐待を受け、重大な侮辱を加えられ、あるいはそれらの者に著しい非行があるときは、廃除の審判を家庭裁判所に請求することができる〔同892条〕。廃除審判によって、その推定相続人は相続権を失う。

4　相続の承認・放棄

近代法は、権利義務の移転について、個人の意思を重視する。相続人の意思を無視して、当然相続人に承継されるとすることはできない。相続人にも、相続を引き受けるか否かの決定の自由が認められるのである。

相続人は、各自で相続を放棄することができる〔民法938条・939条〕。冒頭で述べたように、相続は、被相続人の財産上の権利義務の承継を内容とするので、マイナスの財産すなわち債務が残される場合もある。この債務は、あくまでも被相続人が負ったものであり、相続人が当然承継すべきであるとはいえない。こういう場合に、債務の承継を免れるため、相続人は各自の判断で相続の放棄を行うことができる。また、相続人全員により、プラスの財産の範囲で債務を弁済するという承認方法もある。これを、限定承認という〔同922条・923条〕。相続の放棄や限定承認が行われると、被相続人の債権者は、債権を回収できなくなり損害を蒙る。この点にも配慮して、これらは相続の開始を知った日から3カ月以内に、家庭裁判所への申述という手続きを取らなければならないことになっている〔同915条〕。こうした手続きを取らないと、単純承認したものとみなされ、相続人は無限に被相続人の権利義務を承継する〔同921条・920条〕。

5　相　続　分

(1)　法定相続分

被相続人は、原則として財産の死後処分の自由を有するので、遺言で相続人の相続分を自由に指定することができる〔民法902条1項〕。指定が行われれば、各相続人の相続分は、これによる。このような指定のない場合に、法律所定の相続分にしたがうことになる（法定相続分）。

相続人が1人であれば、その者がすべてを相続するし、同順位にある相続人の間では、基本的に均分すればよい。そこで、つねに相続人となる配偶者と、第1順位以下の相続人とがいる場合に、相続分の割合が問題となる。民法はそれらの組み合わせにしたがって、相続分の割合を次のように定めている〔同900条〕。

【相続人の組み合わせと相続分の割合】

配偶者 2分の1	配偶者 3分の2	配偶者 4分の3
×	×	×
子 2分の1	直系尊属 3分の1	兄弟姉妹 4分の1

なお、2018年の改正によって、相続開始後における相続財産となる建物での配偶者の生活を保護するために、新たに配偶者短期居住権・配偶者居住権が創設された〔民法1028‐1041条〕。

(2) 相続分の公平を図る制度

[i] 特別受益者の相続分

相続人の中に、生前に被相続人からとくに贈与を受けていた者がいるなどの場合に、相続開始の時点に現存する財産だけを対象として相続を行うと、相続人の間で不公平を招くことになる。そこで、このような場合の相続分につき、民法は特別な規定を設けている〔同903条〕。

被相続人から、遺贈を受けたり、婚姻・養子縁組のためあるいは生計の資本として贈与を受けた者を、特別受益者という。相続人の中に、特別受益者がいるときは、相続開始時の財産にその贈与の価額を加算し、これを相続財産としたうえで法定相続分を乗じ、特別受益者については遺贈または贈与の価額を差し引き、その残額を相続分とする。

[ii] 寄 与 分

父の家業を継ぎ、父とともに仕事をしている子や、老親の介護に献身的に尽くした子がいるとき、他の子と均分に相続させるのは公平を欠く。これを是正するために、民法は寄与分の制度を定めた〔同904条の2〕。

寄与分が認められる者は、被相続人の財産の維持または増加に特別の寄与をした共同相続人である。民法は、その方法として、被相続人の事業に関する労務の提供・財産上の給付、被相続人に対する療養看護を例示している。寄与分は、共同相続人の協議で決めるが、合意が得られないときは家庭裁判所が定める。寄与分は、相続開始時の財産から予め控除される。残りを相続財産として法定相続分を乗じ、寄与者については寄与分を加算する。2018

年の改正により、被相続人の親族による特別寄与の場合にも、相続人に対する金銭の支払を請求できるようになった〔同1050条〕。

6 遺　　言

被相続人には、遺言を行うことにより死後における自己の財産の処分を、原則として自由に行うことが認められている。**満15歳以上**の者であれば、意思能力がある限り、誰でも遺言をすることができる。死後においては、もはや被相続人の意思を確認することが不可能なので、民法は遺言の方式を厳格に定めている。

(1) 遺言の種類

一般的な遺言の方式である普通方式〔民法967条以下〕と、危急時などの場合の特別方式〔同976条以下〕とが用意されている。前者には、次の3種類がある。

[i] 普通方式

① 自筆証書遺言

遺言の全文、日付および氏名を自書し、押印する〔同968条〕。すべて手書きでなければならない（パソコンなどで打ったものは、認められない。添付する財産目録については自書を要しない。）。最も簡便な方法であるけれども、安全性や確実性の点で劣るといえよう。このデメリットを改善するため、現在では法務局での保管制度も設けられている〔遺言書保管法〕。

② 公正証書遺言

証人2人以上の立会いの下で、遺言者が、公証人に遺言の趣旨を口授（障害などによる発言不能者については、通訳による手段も可）し、これにもとづいて公証人が証書を作成する方法である〔同969条〕。公正証書は、遺言者本人と公証役場で保管するので安全で確実である。ただし、遺産の額にしたがって費用がかかり、また手続きをとる手間も要する。

③ 秘密証書遺言

公正証書遺言の方法では、遺言の内容が公となる。その内容を、死亡時まで明かしたくないときは、証書に、遺言者が署名・押印し、これを封じて同一の印で封印した封書を、公証人ならびに2人以上の証人の前に提出し、所定の手続きをとって遺言することができる〔同970条〕。

[ii]　特別方式

死亡危急者〔同976条〕、伝染病隔離者〔同977条〕、在船者〔同978条〕、船舶遭難者〔同979条〕の場合に、各々特別な方式が規定されている。

(2)　遺　留　分

家族以外の第三者あるいは子のうち特定の一人だけに、すべての遺産を与える旨の遺言は、果たして妥当であろうか。被相続人自身の財産であるとはいえ、その財産形成には家族の有形・無形の力による部分も認められようし、また遺された家族の扶養という観点から見ても、必ずしも適切とはいえないであろう。このような見地から、民法は、遺言の自由に一定の限界を設け、遺産の一定割合を近親者に必ず留保することにした。これが、遺留分の制度である〔同1042条以下〕。

[i]　遺留分権利者

配偶者、子および直系尊属である相続人に認められる。

[ii]　遺　留　分

直系尊属だけが相続人であるときは、被相続人の財産の3分の1が遺留分である。これ以外の場合には、2分の1が遺留分として認められる。

[iii]　遺留分にもとづく金銭支払請求

遺留分を侵害する遺言につき（そのような遺言自体は無効ではない）、遺留分権利者は、遺贈を受けた者に対し、遺留分侵害額に相当する金銭の支払を請求することができる〔同1046条〕。

【参考文献】

星野英一『家族法』（放送大学教育振興会・1994年）
大村敦志『新基本民法7　家族編』（有斐閣・2014年）
大村敦志『新基本民法8　相続編』（有斐閣・2017年）
大村敦志『家族法　第3版』（有斐閣・2010年）

B　財産と法

人間は他者との相互依存関係を形成しながら、社会を築き上げてきた。人が他人と必然的にもっとも頻繁にかかわる場面は、必要な物やサービス（役務）に関する事柄である。これらの交換過程において、封建制度の下では身分関係が介在していたのであるが、自由と平等を標榜する近代市民社会では、全面的に自由で対等な存在である独立した市民（私人）が同様の独立した他者との間での取引行為を媒介として実現されることになったのである。自由で自律した私人は、もはや他人から一方的に強制されることはなく、もっぱら自らの意思によって自己を規律し拘束される。したがって、他人との財産取引関係は、「契約」によることになる。契約が適切に行われ、円滑に実現されるためには、あらかじめ一定のルールが用意されていることが必要である。ルールの設定により、当事者相互の関係を権利義務関係として把握し、権利の実現（裏返すと、義務の履行の強制）に対する公的な保証を付与する社会的な仕組み（しばしば、契約は「制度」であるといわれる）が整っていて、当事者は安心して契約を結ぶことができる（一定の法律効果の発生を求める場合にその効果を生じさせるための行為を総称して「法律行為」と呼んでいるが、契約はその典型である。）。

他人との権利義務関係は契約による場合のほかにも生じる。その代表例が事故の場合である。事故により被害者と加害者という関係が形成され、発生した損害をめぐって賠償が問題となる。この場面を「不法行為」と呼んでいる。不法行為が成立すると、被害者には加害者に対する損害賠償請求権という法的効果が認められることになる。

契約および不法行為に関するもっとも基本的なルールを定めているのが、民法である。民法は、私人相互間の権利義務について規律する一般法としての位置を占め、われわれの日常生活に密着した重要な法律である。以下では、財産法の二大分野を構成する契約と不法行為について概説する。

第1章　契　　約

1　総　　説

(1)　近代財産法の基本原則

人びとのうちに、さまざまの必要を満たすため物品・サービスに対する需要が生まれ、これを充足するため、それらの供給が行われる。このような需要者・供給者間の存在により、「市場」が形成される。われわれは、市場を通じてその必要の充足を図っているわけである。

近代社会の経済体制は、市場システムを基盤とする資本主義である。初期資本主義は、楽観主義的な自由市場経済によっていた。経済主体間の自由な取引により、――神の見えざる手に導かれて――自ずから調和的に市場が運行され、国家は市場（経済）に介入すべきではないと考えられたのである(自由放任主義〔レッセ・フェール〕)。法の側面においても、個人の自由・平等の理念を背景として、法律関係の形成にあたって、個人の意思を最大限に重視しその自己責任に委ねられるべきであるとされた（私的自治の原則）。

この結果、近代法は、第一に、契約の自由を保障し、市場における当事者間の自由な取引を擁護した。すなわち、契約を締結するしない（締約の自由)、締結するとして、誰と（相手方選択の自由)、どのような内容の契約を(内容の自由)、どのような方式で行うのか（方式の自由）について当事者の任意に委ねられているのである（契約自由の原則〔民法 521・522 条〕)。第二に、市場における商品交換の前提として、経済主体の私所有（私有財産制度）を認め、封建的身分関係にもとづく錯綜する権利関係を一掃して、所有権を確立した（所有権絶対の原則)。さらに、自由な活動の結果については、当人が責任を負わなければならない。このように自由と自己責任は表裏の関係に立っているが、つねに結果責任を問うということになると、自由な活動が萎縮を余儀なくされることにもなりかねない。そこで、第三に、この自己責任の消極的側面として、少なくとも過失がなければ、法律上責任を負うことはないとされたのである（過失責任主義）。

(2)　現代における修正

しかし、とりわけ産業革命期以降、大多数の貧しく劣悪な労働を強いられる人びとを生み、富の偏在が顕著となり社会矛盾が露呈した。全く対等な者同士が、市場において自由な取引を行ったのであれば、確かにその結果を当事者は引き受けねばならないといえよう。しかしながら、使用者と労働者とでは、その経済的実力において大きな力の違いがある。労働者は雇ってもらうことができなければ，収入の途が閉ざされ飢える自由しかないのである。このような者の間で、自由に契約を結ばせたならば、弱い立場にある労働者に必然的に不利に働く。このことからも知られるように、市場は、必ずしも公正なプロセスや結果を保証するものではない（公正な契約関係を形成するためには、実質的な自由と平等を享受した法主体の確立が不可欠な条件であるというべきであろう。法主体性を確立するために、ひとつには、組織化による対等性の確保（その例として、労働組合の結成）が有効であり、もうひとつには、契約における主体的な判断を行うための十分な情報の提供・説明が要求される。今日、消費者への説明責任、医療におけるインフォームド・コンセントが強調されているのも、このためである。）。現代に至り、個人の実質的な自由・平等を実現するため、近代法の基本原則には、さまざまの修正が加えられている。

とくに、現在、契約自由の原則に対する法律による規制は数多い。これには、やや異なる２つの方向がある。ひとつは、社会的・経済的弱者の保護を図るためのものであり、もうひとつは、公正な市場の確保を目指すものである。「労働基準法」や「最低賃金法」などの一連の労働者保護立法、「特定商取引法」や「消費者契約法」などの消費者保護立法、「借地借家法」などの制定は前者の現れであり、「独占禁止法」は後者の例である。

所有権絶対の原則についても、公共性の見地にもとづく規制が強調されるに至っている〔憲法29条2項、民法1条1項参照〕。また、現代社会は、高度な技術に支えられている反面、危険も増大している。こうした状況を背景に、被害者の救済の促進という点に配慮し、厳格な過失責任主義の緩和傾向が認められる（後述第2章5参照）。

2　法律行為の主体

(1)　権利の主体

[i]　権利能力の意義

近代社会は、自由・平等を理念として、それまでの身分制秩序社会を打破した。すべて人は、ひとりの個人として自由の主体であり、平等の存在である、というのが近代法の出発点である。権利の主体となることのできる資格を権利能力というが、近代法は、すべての人に平等にこれを認め制限を置かない。民法が「私権の享有は、出生に始まる。」〔民法3条1項〕といっているのは、このことを示すものである。

[ii]　自　然　人

われわれ人間のことを指して、講学上「自然人」と呼んでいる。自然人の権利能力は、上述のように「出生」によって取得され、生存中は消滅することがなく、死亡時まで認められる（したがって、前述した失踪宣告（A 第4章2）が行われた場合であっても、生存している限り、権利能力は失われない。）。

出生前の**胎児**には、原則として権利能力は認められないが、その例外として、相続〔同886条〕、遺贈〔同965条〕および損害賠償請求権〔同721条〕については既に生まれたものとみなされる。また、胎児は認知を受けることができる〔同783条1項〕。

[iii]　法　　人

権利の主体としての「人」には、このほか法人も含まれる。法人は、法律によって成立が認められ、法令の規定にしたがって定款等の基本約款（法人の根本規則のことをいう）で定められた目的の範囲内で、権利・義務を有する〔同33条・34条〕。

法人にもいくつかの種類が認められる。形態を基準にすると、人の集合体である**社団**と、財産の集合体である**財団**とに分けられる（一般の社団・財団を規律するものとして、「一般社団法人及び一般財団法人に関する法律」が制定されている。）。また、目的を基準にすれば、公益を目的とするものと、営利（利潤を追求し、その利益を構成員で分配すること）を目的とするものとに大別される。**公益法人**は、行政庁の認定を受ける〔「公益社団法人及び公益財団法人の認定等に関する法律」4条〕。**営利法人**とは、すなわち**会社**のことである。会社には、株式、合名、合資および合同の種類があり、「会社法」が規律している。

今日、環境や福祉の分野などにおいて、市民による自主的な社会に貢献する団体活動も活発化し、その社会的意義も高まっており、このような団体に法主体性（法人格）を付与するため、「特定非営利活動促進法」（いわゆるNPO法）も制定されている。

(2) 法律行為の能力（行為能力）

権利の主体であれば、誰でも契約をはじめとする法律行為を行うことができるであろうか。認知症が進行した資産家の老人、祖父から遺贈を受けた5歳の子供、これらの者が取引を行うとすると、彼らの判断力の乏しさに付け入られ、折角のその財産が不当に消失しかねない。そこで、法律は、単独で完全に有効な法律行為を行える者とそうでない者とを区別し（この能力のことを、行為能力という。）、後者に保護者を関与させて取引させることにした。後者に該当する者を、**制限能力者**という。

(3) 制限能力者の保護

制限能力者の保護制度は、未成年者の場合と成年者の場合とに大別される。

[i] 未成年者

これまで、満20歳を成年年齢と定めていたが、2018年の改正によって、満18歳に引き下げられた〔民法4条〕(2022年施行)。これにともない、満18歳未満の者が未成年者であり、一律に制限能力者として取り扱われる。未成年者の法律行為については、法定代理人（親権者または未成年後見人）を関与させ、原則としてその**同意**による補完が求められる〔同5条1項〕。同意を得ない法律行為は、**取消**の対象となる〔同条2項〕。

[ii] 成年の制限能力者

成年の制限能力者に関する制度には、法律で定めている後見の仕組み（**法定後見制度**）と当事者の契約にもとづいた後見の仕組み（**任意後見制度**）とが存在する。

① 法定後見制度

成年の法定後見制度では、理解判断能力（事理弁識能力）の程度に応じて、a後見人が付される被後見人、b保佐人が付される被保佐人、c補助人が付される被補助人という類型が設けられている。家庭裁判所は、関係者の申立てにもとづいて、事理弁識能力を欠く常況にある者を対象としてa〔同7条〕、それが著しく不十分である者を対象としてb〔同11条〕、そしてそれが不十分である者を対象としてc〔同15条〕とし、後見・保佐・補助の開始審判を行う。それぞれの能力に応じて、保護者の権限も類型的に区別されている〔同859条、13条、17条参照〕。

【制限能力者の制度】

種類	対象者	保護者	保護者の権限
未成年者	満18歳未満	親権者 （未成年後見人）	代理権・同意権 財産管理権
被後見人	判断力のない常況にある者	後見人	代表権・財産管理権 取消権
被保佐人	判断力が著しく不十分な者	保佐人	重要な法律行為に対する 同意権（取消権）など
被補助人	判断力が不十分な者	補助人	特定の法律行為に対する 同意権（取消権）など

② 任意後見制度

正常な理解判断能力を有しているときに、予め将来それを喪失した場合に、後見を行ってもらう人との間で契約を結んでおくこともできる。これを、任意後見契約という。この契約は、能力喪失時に発効するが、委任者は既に能力を失っており、受任者である後見人が契約にもとづいて適切な後見を行っているかどうかチェックすることはできない。そこで、「任意後見契約に関する法律」が制定され、公正証書による後見契約が発効した場合、任意後見人の後見活動をチェックするために、家庭裁判所が任意後見監督人を選任して監督させる制度を用意した。

3　意思表示

(1)　意思能力

契約は、当事者間の合意によって成立する。厳密にいえば、意思表示の合致ということになる。

意思は、法律上、権利変動の要因であるとともに、その者を法的に義務づける根拠の基礎を提供している。このゆえに、法律上の「意思」は、権利義務の内容を理解し判断できる知的能力を前提とする（これを、意思能力という)。したがって、およそ意思能力を欠くときは、かりに外形上意思が存在したとしても、法的には意味がなくつねに無効である〔民3条の2〕。

(2)　意思と表示との不一致

さて、通例、取引においては内心の意思と外部に表された表示とは一致しており、とくに問題はない。しかし、もし内心の意思と外部の表示との間に齟齬がある場合、その意思表示の取り扱いが問題となる。民法は、従来、表示に対応する内心の意思の不存在（意思の欠缺）の場合と意思自体は存在するものの、自由な意思決定が阻害された場合（瑕疵ある意思表示）とに整理し、基本的に前者の場合には無効、後者の場合には取消という効果を認めてきた。前者の類型には心裡留保〔同93条〕、通謀虚偽表示〔同94条〕が、後者の類型には詐欺および強迫による意思表示〔同96条〕が属する。これまで、錯誤にもとづく意思表示は前者に位置づけられ、無効という効果が定められていたが、平成29年の改正で取消という効果に変更された。判例の解釈との整合性を図り、誰でも主張できる無効という取扱いではなく、誤解した者だけが主張できるように取消に改められた。意思表示の取扱いは、第三者に影響を及ぼすことになるので、取引の安全という観点から、第三者の保護との調整も必要となる。

【意思と表示との不一致の類型とその効果】

種類	意義	効果
心裡留保	自ら真意でないことを知りながらする意思表示（冗談など）	原則として有効
通謀虚偽表示	相手方と通じて行う虚偽の意思表示	当事者間では無効、但し、善意の第三者に対抗しえず
錯誤	①表示に対応する意思を欠く場合 ②動機の錯誤で法律行為の基礎として表示されている場合	取消可。（表意者の重過失によるときは取消不可） 善意かつ無過失な第三者に対抗しえず
詐欺による意思表示	欺罔により錯誤に陥ってする意思表示	原則として取消可、但し、善意かつ無過失の第三者に対抗しえず
強迫による意思表示	害悪の告知により畏怖心を生じてする意思表示	取消可

※「善意」……その事実を知らないこと。（↔「悪意」……その事実を知っていること）

4　契約の成立

(1)　契約自由の限界

既述したように、法律によるさまざまな規制を受けるに至っているとはいえ、今日でも、基本的には**契約自由の原則**が維持されている。当事者は、自由に契約を結び合えるわけである。しかし、これには2つの限界がある。一つは、法律が当事者の意思にかかわらず強行的な効力をもたせている規定（これを、**強行法規**という。これに対して，当事者の意思によって排除できる規定もあり、これは**任意法規**と呼ばれる。）に違反してはならないということである。契約に対する規制について挙げた法律の諸規定は、まさに強行法規である。もう一つの限界は、「公の秩序・善良の風俗」（公序良俗と略称）に違反してはならないというものである〔民法90条〕。たとえば、賭けをして負けたら金銭を支払うという約束（契約）などは、公序良俗違反の例である。強行法規または公序良俗に違反する契約は、法律上無効である。

(2) 契約の成立と債務不履行

[i] 契約の効果

契約が有効に成立すると、当事者間に契約（合意）の内容にしたがった権利義務が発生する。これを、**債権債務**と呼ぶ。商品の売買を例にとると、売主は、買主に対し商品引渡債務を負う一方、代金支払い請求権をもつ。他方、買主は、売主に対して商品引渡し請求権を有するとともに、代金支払い債務を負う。このように、契約の有効な成立にともなって、当事者は、契約の内容に則した債権を有し債務を負うことになり、法的に拘束されるのである。

[ii] 債務不履行

日常の取引の多くはスムーズに行われており、当事者は契約の内容に則ってそれぞれきちんと自己の債務を履行している。しかし、当事者の一方が、もしその債務の履行を怠った場合（債務不履行）、他方の当事者である債権者は、どのようなことが行えるのであろうか。

① 成立要件

まず、債務不履行と認められるためには、客観的に不履行の事実が存在することと、その事実につき「債務者の責めに帰す」べき事由（帰責事由）があることを要する〔同415条1項但書〕（したがって、たとえば、自然災害などの不可抗力によって、目的物を引き渡し得なくなった場合は、債務不履行ではなく、危険負担の問題となる〔同536条参照〕。）。

② 類　型

債務不履行の類型としては、〔a〕**履行遅滞**（履行期限内に、債務が履行されない状態)、〔b〕**履行不能**（目的物の滅失などにより履行できなくなる状態)、〔c〕**不完全履行**（一応履行は行われたものの、その方法や内容が不完全である状態）に分類できる。まず、〔a〕の場合には履行を請求し、〔c〕の場合にも完全な履行を請求する。そのうえで、なお契約にしたがった履行が果されないときは、〔b〕の場合も含めて、債権者には、**契約の解除権**が認められる〔同541条・542条〕。解除により、契約関係から解放され、債権者の側ももはや法的に拘束されなくなる（つまり、自己の債務の履行を免れる)。そして、もし債務不履行によって損害を蒙った場合には、債権者は、債務者に対してその**損害の賠償を請求**することができる〔同415条〕。

③ 損害賠償の範囲

債務不履行に対する損害賠償の範囲は、通常生ずべき損害および当事者が予見すべきであった（特別な）損害についてである〔同416条〕。

5 物 権

(1) 総 説―債権と物権―

売買契約の成立によって、既述したように、売主は代金の支払いを請求することができ、買主は商品の引渡しを請求することができる。このように、相手方に対して、代金を支払えとか、商品を引き渡せなどといった人の行為を内容とする権利のことを**債権**と呼んだが、債権は、特定の債務者に対して一定の行為を要求できる権利である。これに対して、**物権**とは、物に対する直接の支配を内容とする権利のことをいう。したがって、物権は、すべての人に対して主張できる権利である（絶対性）。一方、債権は、特定人に対するもので、相対性を有するにとどまる。また、物権は、何人の妨害に対してもその排除を求めることができる（不可侵性）。さらに、同一物に同一内容の物権が成立することはない（排他性・一物一権主義）。

物権は、法律によって創設される（物権法定主義〔民法175条〕）。

(2) 物 の 意 義

「物」とは、**有体物**を指す〔同85条〕。つまり、空間の一部を占めるものである。電気、熱、光などは無体物であり、これには該当しない。物は、不動産と動産に区別される。**不動産**とは、土地およびその定着物である〔同86条1項〕。不動産以外のものは、すべて**動産**である〔同条2項〕。

(3) 物権の種類

［i］ 所有権

物に対する直接支配の内容として、物の使用・収益・処分権能が認められる。これらすべての権能をもつ物の全面的な支配権が、「所有権」である〔同206条〕。

[ii]　制限物権

全面的な支配権のうち、その一部の権能を分離させたものを、制限物権という。制限物権は、使用収益権能を内容とする用益物権と、交換価値に着眼して担保の機能を営む担保物権とに分類される。

①　用益物権

これには、「地上権」〔同265条以下〕、「永小作権」〔同270条以下〕、「地役権」〔同280条以下〕の種類がある。

②　担保物権

これには、「留置権」〔同295条以下〕、「先取特権」〔同303条以下〕、「質権」〔同342条以下〕、「抵当権」〔同369条以下〕の4種類がある。

[iii]　占有権

以上は、占有を裏付ける法律上の原因（権原）となる本権であるのに対し、占有権は、物の直接支配という事実状態に保護を与える権利である。

(4)　所有権の効力

所有権は、物に対する直接的な全面支配を内容としており、これを侵害された場合に、物権にもとづき、その侵害態様に応じて、①返還請求権、②妨害排除請求権、③妨害予防請求権が認められる。これらを総称して、物権的請求権と呼ぶ。その要件として、相手の故意・過失は不要である。

(5)　物権変動と対抗要件

債権関係は、おもに当事者の間だけの特定の行為を問題とするのにとどまるが、直接物の支配を内容としている物権は，すべての人に対して、その物に対する自己の権利を主張できるのでなければ意味がない（上述したように、債権が相対的な権利であるのに対し、物権は絶対的な権利であるといわれる。）。

日本の民法は、物権変動の原因を「当事者の意思表示」によると定める（意思主義〔同176条〕）。そうすると、物の売買を例に考えると、当事者が売買の合意をした（これには、目的物の所有権を移転するという意思が当然包含されているので）時点で、その物の所有権が、売主から買主に移転することになる。しかし、当事者以外の第三者には、とくに売主がなおその物を占有している状態であれば、物権が移転していることは分からない。そこで、民法は、権利者が、当事者ばかりでなくすべての人びとに対して、自己の物権を主張できるために必要な要件を定め、これを満たした場合に、すべての人に対して物権を主張（対抗）できることとした。この要件を、**対抗要件**という。不動産については「登記」、動産については「引渡」が必要である〔同177条・178条〕（ただし、船舶、航空機、自動車などについては、登録制度が存在し、不動産に準じた取扱いがなされている。）。

対抗要件の実益を、もう少し具体的に見てみよう。ある物につき、売主XがAと売買契約を結び、その後、さらにBとも売買契約を結んだという、いわゆる二重売買を例にとると、買主であるA・Bはいずれも売買の相手方当事者であるXに対して各自の所有権を主張できるけれども、AがBに、あるいは逆にBがAに、自己の所有権を主張しようとすれば、対抗要件を具える必要があるということである。つまり、この場合、先に対抗要件を具えた者が、法律上、誰に対しても権利を主張し得る正当な所有権者と認められる（もっとも、判例は、**背信的悪意者**に対しては、登記なしに対抗できることを認めている〔最高裁判所昭和43年8月2日判決民集22巻8号1571頁〕。）。

(6)　動産の即時取得

[i]　動産の即時取得制度

日常の取引において、売主が真に権利者であるのかどうかを確認することは、実は必ずしも容易ではない。そして、権利の存否を確認したうえでなければ安心して取引することができないとすると、煩雑極まりない。このため、動産に限っては、権利の存在を信じて取引した場合、取引者の信頼を保護して**取引の安全**を図る観点（公信の原則）から、この者に、その動産に対する即時の権利の取得が認められている〔同192条〕。これを、即時取得あるいは善意取得という。

[ii]　要　　件

取引行為によって、平穏に公然と動産の占有を始めた者で、善意であり、過失のない場合に、即時取得が認められる。なお、占有者は所有の意思で、善意・平穏・公然に占有するものと推定されている。

[iii]　盗品・遺失物の特則

即時取得により、もとの真の権利者は権利を失うことになる。この制度は、公信原則を優先させた結果として、真実の権利者に不利益を蒙らせる。そこで、盗品・遺失物については、被害者・遺失主の権利を、即時取得により直ちに喪失させることも酷なので、それらの者には2年間に限り**回復請求**が認められている〔同193条・194条〕。

6　知的財産権

(1)　総　　説

債権や物権と並んで、今日、財産権として重要な位置を占めているのが、知的財産権である。発明や技術、様々のソフトプログラム、デザイン、映像や著作等は、経済取引上、重要な財産的価値を担っている。とりわけ、世界をリードする高度な技術立国である日本にとって、グローバルな競争力を維持し、一層の産業の発展を図るために、こうした知的財産権を保護強化することは、国家の経済戦略上も重要な課題である。

知的財産とは、「発明、考案、植物の新品種、意匠、著作物その他人間の創造的活動により生み出されるもの（発見又は解明がされた自然法則又は現象であって、産業上の利用可能性があるものを含む。）、商標、商号その他事業活動に用いられる商品又は役務を表示するもの及び営業秘密その他の事業活動に有用な技術上又は営業上の情報」をいう〔知的財産基本法2条1項〕。

こうした無形である知的財産について、発明者や創作者、あるいは事業者等に、独占的な排他的利用の権能を認め、それらの保護を図る私権を総称して、知的財産権という〔同2条2項参照〕。

(2)　種　　類

知的財産の性質によって、ここでは、発明やデザイン等という産業上の保護に関連する分野、商業・営業上に関連する分野、著作物等の保護に関連する分野に分類して、知的財産権の具体的な権利を整理しておこう。

[i]　産業上の保護

①　特　許　権

一定の「発明」を権利として保護するのが、特許権である。発明とは、「自然法則を利用した技術的思想の創作のうち高度のもの」をいう〔特許法2条1項〕。特許を取得するためには、新規性、進歩性および産業上の利用可能性が必要である。発明者は、特許を受ける権利にもとづいて特許庁に出願し、特許権の設定登録が行われることによって、特許権を生じる。これにより、権利者には、当該特許発明に関して排他的利用・独占権が認められ、第三者による無断利用を排除したり、第三者へのライセンスや移転による利益の享受が保障される。なお、同一内容の特許につき、先に発明した者ではなく、先に出願した者に特許権が認められる（先願主義）。

②　実用新案権

物品の形状、構造または組合せを対象とした考案を保護の対象とする権利である〔実用新案法1条参照〕。

③　意　匠　権

意匠、つまりデザインを保護の対象とする権利である。「意匠」とは、「物品の形状、模様若しくは色彩又はこれらの結合で、視覚を通じて美観を起こさせるもの」をいう〔意匠法2条1項〕。登録要件として、工業上の利用性、新規性、創作性が必要である。意匠登録出願にもとづく特許庁の意匠登録によって、意匠権が発生する。

これらのほか、農林水産植物の新品種の保護を図る「育成者権」〔種苗法〕、半導体レイアウトに関する「集積回路配置利用権」〔半導体集積回路の回路配置に関する法律〕もある。

[ii]　商業・営業上の保護

①　商　標　権

商品や役務（サービス）のマークを対象として保護する権利である〔商標法2条〕。出願にもとづく特許庁の商標登録によって、商標権が発生する。

②　商　号　権

企業等の商号を保護する権利である〔会社法6-9条、商法11-14条〕。

上記のほか、商品等表示の類似使用や商品形態の模倣等は、「不正競争」として差止請求や損害賠償の対象とされ、また営業秘密も保護されている〔不正競争防止法2条参照〕。

[iii] 著作物の保護

① 著作者の権利

「思想又は感情を創作的に表現したものであって、文芸、学術、美術又は音楽の範囲に属する」著作物を対象として〔著作権法2条1項1号〕、その創作者に著作権法にもとづき著作者の権利が認められる。著作者の権利は、著作者が著作物について有する人格的利益を保護する**著作者人格権**と、その経済的利益を保護する**著作権**とに分別される。

著作者人格権は、人格権の一種であり一身専属的な性格を帯びるものであるから、譲渡することはできない。この具体的な内容として、公表権、氏名表示権、同一性保持権が認められる〔同18-20条〕。

著作権は、著作者の経済的利益の保護を図るため、著作物に対する排他的独占権を認める財産権である。創作時に発生する権利であり、その存続期間は、原則として、創作時から著作者の死後の翌年から起算して50年が経過するまでと定められている〔同50条〕。著作者に認められる排他的独占利用の個々の権利内容（支分権と呼ばれる）として、次のものがある〔同21-28条〕。a複製権、b上演権および演奏権、c上映権、d公衆送信権および受信伝達権、e口述権、f展示権、g頒布権、h譲渡権、i貸与権、j翻訳・翻案権、k二次的著作物利用権

② 著作隣接権

著作物の流布に貢献した者に認められる権利である〔同89条以下〕。著作物にもとづいて演ずる実演家には、録音・録画権、放送・有線放送権、送信可能化権、二次使用料請求権、譲渡権、貸与権などが認められている。レコード製作者（音を最初に固定した原盤の製作者）についても、複製権、送信可能化権、二次使用料請求権、譲渡権、貸与権などが認められる。さらに、放送事業者・有線放送事業者は、複製権、再放送・有線放送権、送信可能化権、テレビジョン放送の伝達権が保障されている。

(3)　紛争処理

特許権などをめぐる裁判については、専門特殊性および迅速処理の必要性などの観点から、原則として第1審が東京および大阪の地方裁判所に集約されている〔民事訴訟法6条、6条の2〕。さらに、控訴審は東京高等裁判所の特別支部として設置された知的財産高等裁判所と定められている〔知的財産高等裁判所設置法2条〕。

Progress　パブリシティの権利

芸能人グループの実演写真が、無断でカレンダーに使用された事件で、東京高等裁判所は、芸能人の氏名や肖像が有している顧客誘引力を認めて、これは当該芸能人において獲得した社会的評価や知名度から生じた独立した経済的利益であるとして、当該芸能人にこうした顧客誘引力のもつ経済的・財産的利益につき排他的に支配する財産上の権利が帰属すると説き、無断使用による権利侵害を認めた（おニャン子クラブ事件・東京高裁平成3年9月26日判決判時1400号3頁）。

このように、有名人の氏名や肖像は、顧客獲得の有力な手段となり得る。この顧客誘引力の経済的価値に着目して、有名人の財産的利益を保護するために、その者自身に排他的な権利として認められるに至ったものが、パブリシティ（publicity）の権利である。

最高裁判所も、2012年、ピンク・レディーの写真の無断使用を巡る裁判において、著名人の氏名や肖像は、顧客を引きつけて商品の販売を促進する場合があり、これを独占的に利用できる権利として、パブリシティの権利を定義づけ、写真など肖像そのものを商品化した場合、商品を差別化する肖像などを商品に添付して利用した場合、肖像などを商品広告に使用した場合に権利侵害となるとする初の判断を示した（最高裁平成24年2月2日判決民集66巻2号89頁）。

第2章　不法行為

1　事故と法的責任の諸形態

残念ながら、日常においても、事故の発生と無縁ではありえない。事故にともなって、いくつかの法律関係が生じ得る。自動車交通事故を例に人が受傷した場合について検討してみよう。第1に、**刑事責任**が問題となる。刑罰権は国家によって独占されているから、刑事責任の問題は、国家と犯罪行為者との間の法律関係である。運転行為者に、過失が認められるときは、過失運転致死傷罪〔自動車運転死傷処罰法5条〕が成立し（場合によっては、危険運転致死傷罪〔同法2条、3条〕の可能性もある。）、同人の刑事責任が追及されることになる。第2に、法律にもとづき行政機関が所定の制裁・処分を行うことがある。上記の事例では、運転行為者に、道路交通法上の違反事実にもとづいて、公安委員会により免許の停止・取消などの処分が行われよう。そして、第3に、**民事上の責任**である。すなわち、事故によって生じる加害者と被害者との法律関係で、加害者の被害者に対する損害賠償責任の問題である。この場合、加害者に「不法行為」の成立が認められると、その効果として加害者は被害者に対して損害賠償義務を負うことになる。これによって、被害者が蒙った損害を加害者に填補させ、両者間の衡平を回復する。ここでは、第3の不法行為責任について説明する。

2　不法行為制度の目的

権利をはじめ、法の保護に値する利益が侵害された場合、被害者の蒙った損害を填補するため、加害者に損害賠償責任を負担させる制度が、不法行為である。不法行為制度の主たる目的は、損害を填補して被害者の救済を図ることである。付随的には、将来の不法行為の抑止という機能も営んでいる。英米法では、懲罰的な損害賠償も認められている。日本でも、近年、この側面に対する関心が高まっている（大村・新基本民法6　10-11頁）。

3 一般不法行為責任

不法行為の成立によって、損害賠償義務（責任）が生じる。その要件につき、民法は、「故意又は過失によって他人の権利又は法律上保護される利益を侵害した者は、これによって生じた損害を賠償する責任を負う。」と定める〔民法709条〕。

(1) 積極的要件

損害賠償を請求する被害者の側で立証しなければならないのは、次の要件である。

[i] 故意・過失

まず、故意または過失の存在が必要である。故意とは、結果の発生を認識（予見）しながらこれを容認して行うという心理状態を指す。

これに対して、今日では、過失とは、主観的な心理状態としてではなく、客観的な注意義務違反として把握されている。注意義務は、一般的に予見可能性を前提に成立し、客観的な結果回避義務をその中心的な内容とする。こうした客観的な義務違反が認められれば、過失の要件が満たされる。

[ii] 権利・法益の侵害

法律上の損害賠償責任は、法によって保護されるべき権利・利益の侵害の場合に限られる。今日では、公害や生活妨害による被害も、受忍限度を超えるものであれば、損害賠償責任が認められる。生活環境をめぐっては、人格権や日照権・環境権の問題として争われることが多い。

[iii] 因果関係

加害行為と損害結果との間における、（事実的な）因果関係の存在が必要である。

(2) 消極的要件

加害者の側で次の要件を立証すれば（抗弁事由）、不法行為責任を免れることができる（不法行為責任阻却事由）。

[i] 責任無能力

「自己の行為の責任を弁識するに足りる知能を備え」ない未成年者〔同712条〕および「精神上の障害により自己の行為の責任を弁識する能力を欠く」

場合〔同 713 条本文〕には、賠償責任がない。

判例は、責任を弁識できる知能として、11、2 歳程度の者を基準としているといわれている。したがって、高校生などの未成年者は、十分責任能力が認められる。

責任弁識能力を欠く状態での加害行為について、原則として賠償責任を免れるが、故意または過失によってそのような状態を招いた場合には、——原因設定時には責任能力が存在し、そのような状態を招いた責任は否定されないから——免責されない〔同 713 条但書〕。

[ii]　違法性阻却事由（正当化事由）

①　正 当 防 衛

他人の不法行為に対し、自己又は第三者の法益を防衛するため、やむを得ず行った加害行為は、正当防衛として免責される〔同 720 条 1 項本文〕。正当防衛行為によって被害を蒙った第三者は、正当防衛行為者に損害の賠償を請求することはできないが、不法行為を行った者に請求することができる〔同条項但書〕。

②　緊 急 避 難

他人の物から生じた急迫の危難を避けるため、その物を損傷した場合にも、免責される〔同条 2 項〕。(なお、刑法上の緊急避難とは異なっていることに注意。C 第 3 章 4 (2)〔ii〕参照)

③　そ　の　他

法令にもとづく行為および**正当（業務）行為**〔刑法 35 条参照〕、**被害者の有効な承諾**にもとづく行為も、違法性を阻却する事由である。このほか、自力救済（自救行為）についても、厳格な要件の下で違法性が阻却される場合が認められる（C 第 3 章 4 (2)〔i〕参照)。

4　特殊不法行為責任

第 709 条の場合以外にも、損害賠償責任を負う場合について規定されている。これらを総称して、特殊不法行為責任という。

(1)　監督義務者の責任

責任無能力者が責任を負わない場合、それを監督する法定の義務者に、損害賠償責任が認められる〔民法714条1項本文〕。責任無能力の未成年者による損害については、**親権者**（または未成年後見人）が、被後見人による場合には**後見人**が賠償義務を負う。ただし、監督義務を十分に尽くしたことを立証すれば、免責される〔同条項但書〕。従来、免責されるケースはほとんどなかったが、最近に至り、小学校の校庭で、当時11歳の少年がサッカーボールで遊んでいたところ、たまたまボールが校庭外に飛び出し、通行中のオートバイを運転していた高齢の男性が横転した事故に関して、最高裁は親権者の監督責任を否定する判断（最高裁平成27年4月9日判決民集69巻3号455頁）を示し、注目を集めている（さらに、最高裁平成28年3月1日判決民集70巻3号681頁）。

なお、判例は、責任能力を備える未成年者の不法行為につき、その親に「監督義務者の義務違反と当該未成年者の不法行為によって生じた結果との間に相当因果関係を認めうる」場合には、民法第709条を援用しつつ、損害賠償責任を認めている（最高裁昭和49年3月22日判決民集28巻2号347頁）。

(2)　使用者責任

ある事業のために他人を使用する者は、被用者がその事業の執行について第三者に加えた損害につき、賠償責任を負う〔同715条1項本文〕。使用者に賠償責任が認められる根拠としては、**危険責任**や**報償責任**が挙げられる。たとえば、運送事業においては、つねに交通事故の危険がつきまとう。従業者による事故は、事業の遂行それ自体に内在するリスクの現実化にほかならない。そして、こうした事業の遂行による利益は、事業主自身に帰属しているのである。このような点に着眼して、使用者自身に賠償義務が課されたものといえよう。こうした処理の背景には、一般に賠償能力において使用者の方が高く、被害者の確実な早期救済を図るという考慮が働いている。

被害者は、法律上使用者である会社および当該従業員、またはいずれか一方に対して損害の賠償を請求することができる。実際的には、賠償能力において使用者の方がはるかに高いといって良いから、使用者に請求すれば足りよう。使用者が、相当な注意を払ったことを立証すれば免責される場合もある〔同条項但書〕。使用者が賠償を行った場合、被用者に対する求償も妨げられない〔同条3項〕。（なお、公務員による職務における加害については、国家賠償法第1条参照。詳細は、I D第4章1 (2)〔i〕）

(3)　土地工作物責任

土地の工作物の設置または保存に瑕疵があることによって、他人に損害を生じたときは、工作物の占有者に賠償責任が認められる。占有者が損害発生防止に必要な注意を行っていたときには、所有者が賠償責任を負う〔同717条1項〕。所有者の賠償責任は無過失責任である。（なお、公の営造物に関する国・公共団体の損害賠償責任につき、国家賠償法第2条参照。詳細は、I D第4章1 (2)〔ii〕）

(4)　動物占有者の責任

動物の占有者は、動物が他人に加えた損害を賠償しなければならない。相当の注意もって管理していた場合には、免責される〔同718条1項〕。

(5)　共同不法行為責任

①Xから財布を奪おうとした二人組のうち、AがXを殴って負傷させた間に、Bが財布を取った場合、②C・Dが一緒にYに対して投石した結果、石が当たってYは負傷したものの、いずれの投石によるものなのか特定できなかった場合、を例に取り上げてみよう。

民法第709条にしたがって検討すると、①のケースでは、Aはケガの点について、Bは財布を盗んだ点についてそれぞれ賠償すれば足りるようにも考えられる。②のケースは、Cの投石と負傷との、またDの投石と負傷との因果関係が証明することができず、両名に対する不法行為の成立は認められないということになろう。しかし、いずれの結論も妥当ではない。なぜなら、ともに両名の共同行為によって生じた損害と見られるもので、全体の損害について両者に負担させるのが相当であると考えられるからである。

そこで、民法は、「数人が共同の不法行為によって他人に損害を加えたときは、各自が連帯してその損害を賠償する責任を負う。共同行為者のうちいずれの者がその損害を加えたかを知ることができないときも、同様とする。」

と定めて、**共同行為者の連帯責任**を認めているのである〔同719条1項〕。設例の①は、本条項前段によって、②は後段により、各自が全体の損害に対して賠償責任を負うことになる。なお、判例は、交通事故による被害とその後の医療過誤による被害とが一体となっている場合にも、共同不法行為の責任を認めている（たとえば、最高裁平成13年3月13日判決民集55巻2号328頁など）。

5　立証責任

被害者が加害者に対して損害の賠償を請求する場合、加害者における不法行為の事実を立証しなければならないのは、原則として請求を申し立てている被害者である。しかし、被害者個人で、これを立証することが困難な場合も少なくない。立証し得ない限り、つねに被害者への賠償が行われないとすると、被害者の救済が図られないままに終わり、被害者に過分の犠牲を強いる結果となりかねない。そこで、たとえば、自動車交通事故に関しては、加害者の側で過失のないことを立証しなければ免責されないことになっており〔自動車損害賠償保障法3条〕、立証責任が転換されている。

また、製造物責任法（いわゆるPL法）は、製造物の欠陥により被害が発生した場合、被害者が当該製造物の欠陥さえ立証すれば、製造者などから賠償を受けられる旨規定する〔製造物責任法3条〕。これは、被害者（消費者）の救済を優先させる趣旨で、近代法が原則としている過失責任主義を修正する立法例である。このほか、鉱害、原子力災害、大気汚染、水質汚濁に関して、それらの事業者に対する無過失賠償責任が定められている〔鉱業法109条、原子力損害賠償法3条、大気汚染防止法25条、水質汚濁防止法19条〕。

【参考文献】

内田　貴『民法Ⅰ　総則・物権総論　第4版』（東京大学出版会・2008年）
内田　貴『民法Ⅱ　債権各論　第3版』（東京大学出版会・2011年）
内田　貴『民法Ⅲ　債権総論・担保物権　第4版』（東京大学出版会・2020年）
大村敦志『新基本民法1　総則編　第2版』（有斐閣・2019年）
大村敦志『新基本民法2　物権編　第3版』（有斐閣・2022年）

大村敦志『新基本民法 3　担保編　第 2 版』（有斐閣・2021 年）
大村敦志『新基本民法 4　債権編　第 2 版』（有斐閣・2019 年）
大村敦志『新基本民法 5　契約編　第 2 版』（有斐閣・2020 年）
大村敦志『新基本民法 6　不法行為編　第 2 版』（有斐閣・2020 年）

C　犯罪と法

第1章　刑罰制度

1　社会統制手段としての制裁

人間の社会では、何らかの規範・ルールに人びとを服させるために、しばしば制裁（罰）が用いられる。規範逸脱行動に対して制裁が準備されることにより、逸脱を防ぐ予防策となる。制裁は、人びとの行動をコントロールするうえで、極めて有効な手段である。支配者も、その支配を確立するために、反逆者に厳しい制裁を加えた。近代に至るまで、権力者は恣意的に人びとに制裁を行使してきたといってよい。しかし、この罰は、自由や財産を剥奪し、ときには生命さえも奪う峻厳なものであり、利用する者にとっては効果的な手段であるが、その対象となる人びとにとっては甚だ過酷なものである（近世におけるその苛烈さを、ベッカリーアの『犯罪と刑罰』の中に見ることができる。）。

2　法による刑罰権の規制

社会契約論によれば、各人は、自己の自由と安全を守るためにお互いに社会契約を結び、国家を作った。各自の制裁の発動は差し控え、国家に託したのである。したがって、刑罰権は、国家に帰属する。こうして、近代国家において、刑罰は一元的に管理されることとなった。そして、法の支配ないし法治国家の思想にもとづいて、刑罰権の行使は法律に拠ることが求められた。既に、フランス人権宣言において、「何人も、法律が定めた場合で、かつ、法律が定めた形式によらなければ、訴追され、逮捕され、または拘禁されない。」〔仏人権宣言7条〕、「法律は、厳格かつ明白に必要な刑罰でなければ定めてはならない。何人も、犯行に先立って設定され、公布され、かつ、適法に適用された法律によらなければ処罰されない。」〔同8条〕と宣言されている。

3　刑罰の種類

刑罰の種類は、法律で定められている。日本では、主刑として、「死刑」「拘禁刑」「罰金」「拘留」「科料」があり、付加刑として「没収」が定められている〔刑法9条〕。拘禁刑、拘留が自由を奪う刑罰（自由刑）であり、拘留は1日以上30日未満の拘置をいう〔同16条〕。罰金および科料が財産を剥奪する財産刑であり、科料は1千円以上1万円未満の財産刑を内容とする〔同17条〕（一定の法令違反に対して秩序罰として、「過料」が科されることがある。これは刑罰ではない。過料を科する手続に関する一般的な定めとして、非訟事件手続法第161条以下がある。地方自治体において条例中に過料が定められている場合には、その手続についても条例で規定されている。）。

4　刑罰の目的

刑罰は、社会的害悪を惹き起こした者に応報として科される。この意味で、本質的に応報刑という性格を帯びる。他方、社会の人びとは、その私的制裁を差し控える代わりに、公刑罰制度に自己の安全の保障を期待する。刑罰の最も基本的な機能は、社会の秩序を維持し、安全を確保することである。すなわち、人びとの安全を脅かす犯罪行為に対して、刑罰をもって対処すると定めて、一般的な犯罪の抑止を図るとともに（一般予防）、実際に犯罪を行った者に刑罰を用いて、反省を促し矯正を図り、将来の再犯の危険性を除去するという効果も期待される（特別予防）。

5　抑制的な刑罰の活用

確かに社会秩序を維持するために、刑罰手段を活用することには一定の効果が認められる。しかし、他面において刑罰は、生命や自由を強制的に奪う峻厳な内容をもっており、それ自体が害悪であることも否定できない。したがって、安易に刑罰に依存することは妥当でない。必ずしも刑罰に拠る必要がなく、当事者間の不法行為として損害賠償などの手段で足りる場合や、刑罰以外に十分抑止できる効果的な手段が存在する場合には、その手段に拠るべきである。人びとの生命、自由および財産の安全を図る社会秩序を維持するために、必要やむを得ない場合に限って、最後の手段として刑罰が用いられるべきである。このように刑罰の活用は限定的な範囲で、抑制的に行うべきであるとする思想を、**謙抑主義**という。

6　責任主義

また、刑罰は、伝統的に、自律的な人間を前提として――つまり、人間の自由意思の存在を認めたうえで（**非決定論**）――、害悪の惹起に至った意思形成（故意または過失）に対する責任非難として刑罰が科されてきた（**責任なければ刑罰なし**）。したがって、およそこうした意思形成を行なうことができない者には、刑罰は無意味である。是非善悪を弁別し、これにしたがって行動する能力（責任能力）が、刑罰という効果をともなう刑事責任の前提となる。日本の刑法は、責任無能力者として、**心神喪失者**〔刑法39条1項〕を定めている。また、**満14歳未満の者**〔同41条〕を刑事未成年と規定している。いずれも、刑罰法規に触れる事象が惹き起こされても刑罰が科されることはない。前者の場合には、「心神喪失等の状態で重大な他害行為を行った者の医療及び観察等に関する法律」による入院などの処遇が行われる。後者の場合には、「少年法」「児童福祉法」にもとづいて、都道府県知事による児童自立支援施設への入所〔児童福祉法27条1項3号〕などの措置が採られる（Ⅲ D 第4章参照）。

Progress　死刑制度について

日本では、憲法第36条が禁止する残虐な刑罰にあたるとして死刑が違憲であるという主張もあるが、他方で第31条は法律の手続によって生命を奪うことを許容しており、実際に死刑の判決が言い渡され、刑法で定められた方法で（絞首刑）執行されている。

これに対して、世界的には、死刑を廃止する動きが主流を占めている。1989年、国連総会は、「市民的及び政治的権利に関する国際規約」（B規約）の第2選択議定書に死刑の廃止を盛り込み採択した。アムネスティ・インターナショナルの調べでは、2016年現在、全面的に死刑を廃止する国は104、さらに、事実上の死刑廃止国を含めると141に上る。これに対し、同年に死刑を執行した国は23であり、中国、アメリカ合衆国（なお、州によって廃止しているところもある。）それに日本も含まれる。

刑罰制度の存在目的の主要な一つは、犯罪の一般的な予防であるが、死刑を置くことによる犯罪抑止の実際的な効果については、実証的なデータは得られておらず、犯罪への誘惑を打ち消す誘因としての重要性に疑問も投げかけられている。

日本の世論調査の結果では、死刑の存続を支持する意見の方が依然として多数を占めている。とりわけ、残忍で凶悪な事件が発生する度に、極刑を求める声が一段と高まる。かけがえのない肉親の生命が不条理に奪われた被害者の遺族の心情に、共感を覚えない者も存在しないであろう。社会、被害者、遺族の報復感情が死刑を支える大きな力となっている事実も否定できない。しかし、果たして国家の刑罰制度は、遺族の代理人として加害者に復讐するシステムなのであろうか。また、人間の行う裁判の限界という事実にも目を向けなければならない。日本でも、死刑判決が確定していながら、再審、一転無罪となる冤罪事件（免田、財田川、松山、島田事件）が認められるのである。

死刑の肯定は、論理的に人間の生命の中に、棄滅されて然るべきものとそうでないものとがあることを承認する前提の下で成立する。人類が生命の選別を行った一つの歴史的帰結が、ナチスによる精神障害者、そしてユダヤ人に対する大量虐殺であった。生命そのものは人間が作り出したものではない。そこに生命の尊さの根源を求めるのであれば、その尊い生命を蔑ろに奪った者であったとしても、人間がその加害者の生命を抹殺することはやはり越権と言わざるを得ない。人間がこの社会の中で最大限正当に出来ることは、加害者の意思によって惹き起こされたもはや取り返しのつかない事態に対して、加害者の一生を賭して償ってもらうほかにないのではないか。

第2章　犯罪と法

1　総　　説

犯罪と刑罰に関して規定した法の総体を、**刑法**という。刑罰は個人の自由、場合によっては生命さえ公権力によって強制的に奪うものであり、その濫用は人権侵害に直結する。国家権力による刑罰権の濫用を防ぐため、近代法は、犯罪と刑罰の内容を民主的に制定された議会の法律によって定めることとし（**罪刑法定主義**）、刑罰権の行使に対する法的統制を図っている。したがって、刑罰の対象となる行為は予め法律で明示されており、それ以外には刑罰権が発動されることはない。この意味で、近代刑法は、処罰範囲を絶対的に画して、人びとの自由を保障する機能（**自由保障機能**）を果たしている。また、人びとの生命、自由および財産の安全を図るために刑罰が定められているのであり、刑法は法で保護されるべき人びとの利益を守り、社会秩序の形成・維持のための役割を果たしている（**法益保護機能・社会秩序維持機能**）。

2　罪刑法定主義

(1)　序　　説

フランス人権宣言第8条に見られるように、近代社会は、刑罰について法律によって定めることとした。刑罰権の濫用を防ぎ、自由を守るためである。フォイエルバッハの言葉を借りれば、「法律なければ、犯罪なく、刑罰なし。」ということである。これが、罪刑法定主義である。

(2)　内　　容

[i]　法律主義

罪刑法定主義は、犯罪および刑罰の法定を要請する原則である。日本国憲法第31条も、この原則を含む趣旨と解されるから、同条は罪刑法定主義の根拠規定である（Ⅰ B 第3章4 (2)〔ii〕参照）。その最も基本的な内容は、**法律主義**である。

「法律」とは、国家の議会制定法（狭義の法律）を意味する。民主的に制定された法律によって、刑罰の対象、範囲、程度が定められる。ただし、法律の授権があれば、その限りで罰則を設けることが許される。その一つが、法律の委任にもとづく命令（行政機関の定立する法）中の罰則である（たとえば、憲法第73条第6号但書参照。）。その二は、法律で認めた自治権にもとづく自治体の条例中の罰則である〔地方自治法14条3項〕。

しかし、白紙委任することは、法律主義の精神を没却するものであり、認められない。また、刑罰の定め方として、自由刑の上限も下限も定めない絶対的不定期刑を定めることも許されない。

法律主義は、制定法による処罰を要求するから、慣習刑法にもとづく処罰は認められない（慣習刑法の禁止）。

[ii]　遡及処罰の禁止（事後法の禁止）

私法の分野では、法規の遡及適用を認める場合もある（たとえば、借地借家法附則4条など）が、自由保障の観点から、刑罰法規の遡及適用は禁止されている〔憲法39条〕。

[iii]　類推解釈の禁止

私法の領域では、当事者の紛争事実について直接規定する法規が存在しない場合（これを、法の欠缺という。）、類似する事項について定めている法規を利用し、これを適用して解決する（たとえば、不法行為については、損害賠償の範囲に関する規定が存在しないので、債務不履行の場合の規定を用いる、といった場合である。）。このような解釈方法を、**類推解釈**という。しかし、類推解釈は、法規が存在しない場合の、解釈による穴埋めであるから、立法と同じ機能を果たす。もし刑罰法規の類推解釈を許すと、法律にもとづかない、解釈操作による処罰を認めることに帰する。このため、類推解釈による処罰は、法律主義に背反することになるので、許されない。これに対して、拡張解釈は、法規の存在を前提としているから、法律主義に反せず、認められる。もっとも、拡張と類推の違いは、実際には必ずしも明らかではない。

[iv]　刑罰法規の明確性

刑罰法規は、刑罰の対象とされる犯罪の輪郭を画するものであり、可罰的な行為とそうでないものを峻別するものである。この限界が曖昧であると、国民は処罰対象を的確に把握することができなくなる。したがって、刑罰法規の定立にあたって、明確性が要求される。アメリカの判例上、曖昧不明確の故に違憲無効の理論が展開され、日本の判例の中にも、明確性が争点とされたものがある（最高裁大法廷昭和50年9月10日判決刑集29巻8号489頁、同昭和60年10月23日判決刑集39巻6号413頁など）。

[v]　実体的デュー・プロセス

さらに、刑罰法規が処罰に値しない行為をも包摂する程に広汎なものであるときも、アメリカの判例上、違憲無効とされている（広汎性の故に無効の理論）。刑罰に値しない行為も取り込み、実体的な適正・合理性を欠いているからである。刑罰を科す以上、それに相応する違法な実質をともなった行為に限られるべきである。刑罰法規の定立にあたって、その内容の適正・合理性も要請されていると解すべきである。

第3章　犯罪の一般的成立要件

1　総　　説

社会の安全を脅かす害悪として、刑罰をもって禁圧すべき活動が犯罪であると捉えることも可能である。これは、犯罪とは何かという問いに対する実質的な理解を示すものといえよう。これに対して、法律（学）の観点からは、この問いに対して、日本では、「**構成要件に該当する違法かつ有責な行為**」と理解されている。この（形式的）犯罪概念は、ドイツの刑法学に由来するもので、犯罪の一般的な成立要件を示すものである。この定義について、各要件ごとに以下で説明する。

2　行　　為

犯罪は、「行為」でなければならない。「思想は罰せられず」という法格言に示されるように、行為として外部に客観化されたものだけが処罰の対象となり得る。人の行為といえるためには、意思の存在が不可欠であると一般に理解されている。すなわち、**行為**とは、意思にもとづく人の活動を指す。

行為には、人の積極的な動作（作為）のほかに、消極的な態度（不作為）も含まれる。刑罰法規によっては犯罪行為の内容として不作為を規定している場合がある（たとえば、住居侵入罪における「退去しなかった」〔刑法130条〕や、保護責任者遺棄罪の「生存に必要な保護をしなかった」〔同218条〕など。これを真正不作為犯という。）。このほか、人を「殺した」というように規定されている場合でも、法的作為義務を負う者が法益の危険を回避すべく積極的な措置を講ずべき立場にありながら、敢えてこれを取らず、この不作為が作為の場合と同視しうるときには、不作為による犯罪の成立が肯定される場合がある（これを、不真正不作為犯と呼ぶ）。たとえば、溺れている幼児を死んでもかまわないという意思の下に、容易に救助し得たのにそのまま放置して溺死させた親には、不作為による殺人罪の成立が認められると解されている。

3　構成要件該当性

犯罪成立の最初の要件として、罪刑法定主義の要請にもとづいて、まず処罰する刑罰法規が存在し、行為がこれに該当するか否かという判断が求められる。刑罰の対象として特定の行為を記述している法律規定の要件部分を「構成要件」と呼ぶ。行為が構成要件に該当していることが、犯罪成立の第一要件である。これを構成要件該当性という。構成要件には、行為の態様のほかに、行為の対象ならびに結果、行為の主体などの客観的要素および故意・過失、目的などの主観的要素が記述され、処罰される犯罪行為類型の特定が図られている。

4　違　法　性

構成要件は、もともと法益を侵害したり危険にさらす行為を類型化したものであるから、構成要件に該当する行為の多くは、違法性を帯びるといってよい。しかしながら、――スポーツとして行われるボクシングなどを考えれば分かるように――、構成要件に該当する行為であっても、一定の場合には違法と認められない場合がある。この一定の場合の事情を、違法性阻却事由または正当化事由という。これには、次のようなものが挙げられる。

(1)　一般的正当化事由

[i]　法令行為〔刑法第35条前段〕

法令にもとづく行為であれば、法自体によって許容されているのであり、違法ではない。たとえば、医師による堕胎行為について、業務上堕胎罪の構成要件に該当するが、母体保護法第14条にもとづく人工妊娠中絶であれば正当化される。

[ii]　正 当 行 為

刑法第35条後段は、「正当な業務による行為は、罰しない。」と定めている。「業務」とは、社会生活上、反覆・継続される場合を指す。社会的に正当な業務行為以外にも、正当行為と認められる場合には、本条を根拠として違法性が阻却される。したがって、スポーツとして行われる行為や医師による治療行為をはじめ、被害者の有効な承諾にもとづく行為なども正当化される。

(2)　緊急的正当化事由

法治国家である以上、自己の正当な権利であっても、これを自ら実力で実現することは、原則として許されない。しかし、「緊急は法をもたない」という法格言が示すように、権利が危殆に晒されている緊急状況のもとでは、一定の実力行使を許容することも必要でやむを得ない。刑法は、不正に対する場合とそうでない場合とに区別して、緊急状況の場合の正当化要件を定めている。

[i]　正当防衛〔刑法第36条〕

「急迫不正の侵害に対して、自己又は他人の権利を防衛するため、やむを得ずにした行為」は罰せられない。不正の侵害が現在し、法益を守る必要性が認められる場合に相当な行為であれば、正当防衛として正当化される。

不正行為が現在することが、正当防衛が認められる要件である。したがって、過去の不正な侵害行為に対して、自己の権利回復のために実力を行使すること（自力救済）は、原則として許されない。ただし、法的手続を取る時間的余裕がなく、権利回復が著しく困難となる場合に、例外的に許容される余地のあることは一般に承認されている。

[ii]　緊急避難〔同第 37 条〕

「自己又は他人の生命、身体、自由又は財産に対する現在の危難を避けるため、やむを得ずにした行為」について、実際に「生じた害が避けようと害の程度を超えなかった場合に限り」罰せられない。危難が現在し、法益を守る必要性が認められ、その手段を取る以外に方法がない場合（**補充性**）に、**法益の権衡**を条件として、違法性が阻却される。正当防衛と異なり、緊急避難行為によって法益を害される第三者に犠牲を強いることになるので、他に危難を回避する手段方法があればそれによるべきであり、やむを得ず第三者の法益を犠牲にしなければならない場合には、守られる価値と犠牲にされる価値とのバランスが求められる。なお、民法上の緊急避難はもっぱら物から生じた危難に限られており、刑法の緊急避難と異なる点に注意すべきである（B 第 2 章 3 (2)〔iii〕参照)。

5　有　責　性

(1)　刑事責任能力

刑事責任を問う前提として、責任能力が存在することが必要である。既述したように（第 1 章 6 参照)、**心神喪失者**は、責任無能力者として罰せられない〔刑法 41 条、39 条 1 項〕。責任能力が著しく低い者（限定責任能力者）は、**心神耗弱者**として刑の必要的減軽が定められている〔同 39 条 2 項〕。14 歳未満の者は、刑事未成年である。

責任能力は、行為時に存在していなければならない。麻薬常習者が、麻薬の使用によって被害妄想を生じて暴れだすことを十分予想しながら、敢えてこれを使用し、実際に妄想により人を殺傷した場合に、行為当時の心神喪失を理由に不処罰となるのであろうか。麻薬を使用する時点においては、正常な判断能力が認められ、かつ使用によって惹き起こされる事態についても予見していたにもかかわらず、自由意思にもとづいて麻薬使用を選択したのであるから、原因設定時の判断能力にもとづく死傷の結果に対する刑事責任を問うことは可能であるというべきであろう。これを、刑法学上、「**原因において自由な行為**」という（この点について、民法には明文の規定が置かれている〔民法713条但書〕。)。

(2) 責任形式

責任の形式として、「故意」と「過失」がある。

[i] 故　意

故意とは、結果の発生を認識している場合である。確定的に認識している場合に限られず、結果発生を認容するものであれば足りる（未必の故意）。

[ii] 過　失

結果発生に認識・予見を欠く場合が過失である。過失犯が成立するためには、結果に対する予見可能性が存在することが必要である。これを前提として、**注意義務**を怠ったこと、すなわち結果予見義務ならびに結果回避義務の違反が認められることにより、過失犯が成立する。

Progress　犯罪被害者等への支援

従来、刑罰はあくまで公権力の行使として国家が科すものであり、刑事手続の当事者も検察官と被告人であって、犯罪の被害者が関与する余地はなかった。しかし、国民の生命、自由、財産を犯罪から守ることは国家の基本任務であり、現実に犯罪の被害等にあった関係者を擁護することも国家の責務に含まれるというべきである。近年、とくに犯罪被害者の権利利益を擁護する動きが活発となり、2004年に「犯罪被害者等基本法」も制定されるなど、法整備が図られつつある。

犯罪被害者等の被害救済に関する支援制度として、①犯罪被害者給付制度に加え、②被害回復給付金制度があり、さらに③損害賠償命令制度が創設されることになった。①は「犯罪被害者等給付金の支給等に関する法律」にもとづき、人の生命・身体を害する犯罪行為により死亡、重傷病、障害が残った場合、被害について加害者から賠償が得られないときに、犯罪被害者等に国が一定の給付を行う制度である。②は、「組織的な犯罪の処罰及び犯罪収益の規制等に関する法律」および「犯罪被害財産等による被害回復給付金の支給に関する法律」にもとづく制度で、財産犯などの被害者は、刑事裁判の犯人から剥奪された犯罪被害財産から、検察官の定める手続により給付を受けることができる。③は「犯罪被害者等の権利利益の保護を図るための刑事手続に付随する措置に関する法律」(2007年）によりあらたに創設されるもので、刑事裁判を利用して被害者の損害賠償請求も実現しようとする制度で、フランスなどの附帯私訴と類似する。一定の重罪事件の被害者は、刑事事件が係属する第1審の地方裁判所に損害賠償命令の申立てを行うことによって、有罪の言渡しがあった場合、4回以内の審理により決定で損害賠償命令を得られる。

また、刑事手続への参加についても、一定の条件の下で、犯罪被害者等に被告人への質問や最終意見陳述が認められることになった。

Progress　家庭内暴力（ドメスティック・バイオレンス）

欧米では、既に1980年代に問題とされたドメスティック・バイオレンスやチャイルド・アビュース（児童虐待）等、家庭内暴力に対し、日本では、親密な家族間における問題として、従来他者の介入は控えるべきと一般に考えられ、警察等の公的機関の対応も極めて消極的であった。しかし、家族、とりわけ弱い立場にある妻や、抵抗できない幼児、さらには高齢者に対して暴力を振るい、虐待するなど、断じて許される行為ではない。人権を侵害し、犯罪性を帯びる振る舞いである。

近年、日本でも、夫による妻および子への暴力、虐待の実態が明らかになり、やっと被害家族の権利擁護と救済について、法的な手当てが行われるようになった。配偶者間の暴力に関しては、2001年に「配偶者からの暴力の防止及び被害者の保護に関する法律」（DV防止法）が制定され、相談・支援の窓口を設ける（都道府県が設置する機関で、配偶者暴力相談支援センターの機能を果たす）とともに、地方裁判所において保護命令（接近禁止、退去、子への接近禁止）の決定を行う権限を与えて、被害者の保護・救済を図っている。子に対する暴力・虐待については、「児童虐待の防止に関する法律」（2000年制定）によって、児童相談所の機能強化や警察の関与、学校、病院等関係機関との連携などが推進されている。高齢者については、2005年に「高齢者虐待の防止、高齢者の養護者の支援等に関する法律」が制定されている。

【参考文献】

井田　良『基礎から学ぶ刑事法　第6版補訂版』（有斐閣・2022年）
木村光江『刑事法入門　第2版』（東京大学出版会・2013年）
太田茂・上野幸彦『刑事法入門　第2版』（成文堂・2023年）

III

法と裁判

A　法とは何か

第1章　序　　説

1　法と社会

「社会あるところ法あり」と言われるように、複数の人びとが相互に交わり、社会関係を形成し、ある社会を構築している場合に、そこには必然的に何らかのルールが存在する。このような社会的なルールによって他者との関係が規律づけられていて、人びとがこれに同調している場合に、人びとの相互関係が安定し、その社会の秩序が保たれている状態を維持することができるのである。人びとが社会に共通するルールとして受け入れ、その遵守を要求されており、従うべきであるという規範意識が定着することにより、社会的な相互関係が円滑に規整づけられる。社会的なルール（規範）には慣習や道徳など各種のものがあるが、法はとりわけ社会の中で中核的で重要な機能を担っているのである。

法が社会において果たしている（あるいは果たすべき）機能として、まず挙げられるのは社会の秩序化を図ることである（秩序維持機能・社会統制機能）。法が存在しない社会を想像すると、多くの人は無秩序で混乱した社会状態を思い浮かべるだろう。人びと相互の社会関係を規整することを通じて、このような状態を回避し、安定した社会の秩序を形成し維持することこそ、法の基本的な目的であり、存在根拠でもある。これと並んで、歴史的、伝統的に法の機能として重要なものは紛争の解決である（紛争解決機能　後述B参照）。また、近代以降の市民社会においては、法が市民の自由を尊重し、その活動を支え、保障するという機能（活動促進機能）も強調されるようになった。さらに、現代における行政国家現象をうけて、国家が一定の政策に基づいて各種の資源の分配に積極的に関与するようになっている。これに関する立法が増大している状況を背景に、今日では法の**資源配分機能**も指摘されるようになっている。

2　法の規範面における特徴

さて、法は、ルールないし規範として存在し、何らかの指図を行っている。「〜せよ」、「〜してはならない」という人に対する行為の指図（行為規範）という点で、法と慣習・道徳などとは共通している。しかし、社会における作用の仕方やその適用の場面に着目して考察すると、法の特徴が明らかになってくる。たとえば、H. L. A. ハートは、行為規範（原初的な責務のルール〔第1次的ルール〕）しかもたない社会には、何がルールであるのかを確認することができないという不確定性、変化する状況に対して意識的にルールを適応させる手段がないという静態的性質、ルールの侵犯に関する争いが生じた場合、最終的で権威的な権能を与えられた機関がなければ、争いがたえまなく続くことになるという非効率性という欠陥があり、これらの欠陥を是正するために、それぞれ認定のルール、変更のルール、裁決のルールが必要となると指摘したうえ、法ルールの概念的特徴をこれらの第2次的ルールと先の第1次的ルールのコンビネーションという点に求めているのである（H. L. A. ハート・155‐166頁）。

法規範には、行為規範ばかりでなく、裁判規範や組織規範が含まれることは広く認識されており、しばしば道徳などとの相違点として指摘されている（後述2（4）参照）。法が第2次的ルールや組織規範、裁判規範をともなっているのは、人びとに対する指図が社会の中で実現されることを前提に、適用する上で欠かせない要素だからであろう。法の社会的機能とも関連させつつ、社会（の構成員）をコントロールする一つの社会システムとして法を位置づけるとすれば、人びと（構成員）や各種の機関等に指示を与える言わばソフトウエアとして法（ルール・規範）を理解することができるのであり、その指示は単一ではなく、複合的なものとして把握される。このような構造的な理解によって、法の規範的次元における特徴をより適切に説明することができるだろう。

社会と法との必然的な結びつきは、社会関係における法の必要性による。換言すれば、法は、社会の基盤環境を支えるシステム（装置）として、社会を基本的に構築し、持続的に維持する機能を担っているのである。

第2章　法と道徳

1　総　　説

人間の行動はその欲求や衝動に突き動かされたり、それらに強く影響を受ける。しかし、他方で、人間は、**「当為」**の次元を享有する存在でもある。為すべきことや為してはならないことを弁える能力にもとづいて当為の法則を理解することができ、当為法則の命じる行為規範に従うのか、それとも従わないのかという選択判断を迫られているのである。そして、自由な意思によって選択判断した結果としての**行為**について、人は責任を問われる。責任は、当為法則としての規範世界において各人の自由を前提に成立している。

社会における**行為規範**には、慣習や習俗あるいは宗教や道徳に由来するものなど様々の形がある。歴史的には、宗教、道徳、伝統、習俗等が渾然一体として社会の規範を形成し、その集団内の人びとを強く拘束していた。社会規範の中でも、とくに法と道徳との関連については議論が盛んである。たとえば、刑法上の殺人罪の規定は、「人を殺してはならない。」という行為規範を前提として含んでいるが、これは道徳の命ずるところでもある。このように刑法典上の規定に含まれる行為規範の内容は道徳とも重なっているが、一方で道徳には反する行為ではあっても、法律で処罰されない場合も少なくない。これに着目して両者を集合論として説明すれば、**「法は道徳の最小限度」**（イェリネック）といえるかもかもしれない。一方、道徳・倫理が法に取り込まれることによって、その効力は最大化される。この側面に着目して、**「法は倫理の最大限度」**（シュモラー）と呼ばれることもある（団藤・18－19頁）。法と道徳における行為規範の指図内容には共通するものが少なくないし、密接な関連性が認められる。

2 法と道徳との区別

道徳と法との区別がとくに強調されるようになったのは、近代に至ってのことである。ヨーロッパの中世は、永らくローマ・カトリックが君臨したが、ルネッサンスおよび宗教改革を経て大きく動揺し、啓蒙思想の登場とこれを指導理念とする一連の市民革命によって、近代社会に取って代わられた。そこで、あらたな近代国家が成立すると、それまでの宗教的権威を排除した近代的な合理的精神にもとづく国家の存在根拠が探求されたのである。こうした背景の下で、道徳と法との区別も活発に議論されることになったのである。

(1) 法の外面性・道徳の内面性

しばしば、法は人の外面的な行為に関する規範であるのに対して、道徳は人の内面に関する規範であると説かれる。この区別を少し整理すると、①評価の対象という意味での区別、②義務づけの仕方による違いという意味での区別、③他律的であるか、自律的であるかという意味での区別等に分析できる。

まず、①について見てみよう。道徳は、善き人格の完成を目指す規範であるから、必然的に内心の在り方を取り扱っている。この意味で、道徳の対象は確かに人の内面であるということができる。しかし、単に善行を内心で思うばかりでなく、実践した場合の方が道徳的にも高い評価を与えられるであろう。そうだとすると、必ずしも道徳の対象が内面に限られるというわけではない。また法においても、たとえば、刑法では「故意」と「過失」とを区別しているし、民法上も「善意」と「悪意」とを分けて異なる法律効果を認めている。したがって、対象を基準とする区別は正確とはいえない。もっとも、「関心方向の違い」という意味でならば、この区別を維持することも可能であるとする見解も示されている（ラートブルフ・9頁）。

②は、カントによる「合法性」と「道徳性」との対比にもとづく区別であり、法は規範に合致する行為が行われれば満足するのに対して、道徳は意志ないし義務感情によることを求められるというものである。この見方は、③の見解とも関連する。だが、義務は人格に対して課されるものであり、その

理性や意思に働きかけるのであって、この点では法も道徳も異ならない。また、社会道徳の中には、その逸脱に対して社会的な圧力が働く場面も見られ、他律的な要素も認められる。したがって、他律的・自律的という区別も相対的な問題に過ぎない（星野・69‐70頁）。

(2)　権利と義務との対応関係

法においては、一般に義務に対応する権利というものを考えることができる。売買契約を結んだ売主には買主に対して目的物を引き渡す義務があるのに対応し、買主には引き渡し請求権が認められる。このように法は、ある権利に対応して義務を課すことによって権利の実現を図っているのである。これに対し、道徳は義務のみによって成立しており、片面的であると説かれる。もっとも、たとえば、憲法第27条第1項が定めている勤労の義務のように、対応する権利が必ずしも定かでない場合もある（伊藤＝加藤編・16頁）。

(3)　強　　　制

法と道徳における顕著な違いとして、しばしば強制の点が指摘されている。たとえば、イェーリングは、強制をともなわない法を「燃えない火」に喩えて、自己矛盾であると説いている。しかし、拘束力という意味では、道徳の場合にも当該規範の遵守を要求する一定の社会的な圧力が存在し、何らかの強制が働いていると理解することもできる（星野・70頁参照）。そうすると、規範の逸脱に対する他律的な圧力の作用による強制力という側面に関する限り、法に固有の識別基準であるということはできない。しかし、強制の在り方や方式については、法は道徳には見られない明確な特徴を具えている。すなわち、法においては、社会における一般的な共通の規準として規範違反の効果や制裁、その方法が明確に公示されており、かつ最終的には公権力の発動が予定されているのである。この意味で、法とは、権力を基礎に置く強制手段に裏づけられた行為規範である理解することができるだろう（伊藤＝加藤編・17頁、20‐21頁）。

(4)　法規範の重層性

道徳は人の在るべき行為を指図する行為規範群のみによって成立している。これに対して、法には、行為規範ばかりでなく、裁判の際に裁判官が準拠すべき規準（**裁判規範**）や国会や内閣等の組織および権限を定める規定（**組織規範**）も見られる。このことは、法がすぐれて社会的に制度化されたシステムとしての構造を具えていることを示している。道徳にも他律的に遵守させる拘束力がともなっているけれども、最終的に従うかどうかは各人の良心ないし義務感情に委ねられている。これに対し、法は、社会の秩序化を目指しており、単に人びとに対して行為規範を示して各人が自主的に従うことを促すだけではなく、より強力に遵守を確保するために公権力による強制と結合し、一つのシステムとして存在し、機能している。こうした法の構造にもとづいて、行為規範は裁判規範と結合するとともに、組織規範群も存在しており、法はこれらの多様な規範群によって**重層的な規範システム**を構成しているのである。

3　法と道徳との関連

(1)　悪法も法か

道徳的に許容され得ない内容であっても、法といえるのか。このテーマは、古くから議論を呼んできた。たとえば、ソポクレスはギリシャの三大悲劇『アンティゴネ』の中で、道徳と国法との矛盾ないし葛藤を描いている。現代においても、ナチスにおけるユダヤ人に対する立法などはその例である（これをめぐる論争について、六本・209頁以下参照）。そのような非人道的でおよそ道徳上も許されないものであったとしても、「法律」として成立している以上、これに従うべきであるとする見解がある一方、悪法はもはや法ではないとか、法としての効力を認めることができないといった見解も主張されている。実定法だけが法であると考える立場（**法実証主義**）では、前者の見解に赴くであろう。一方、実定法を超えた在るべき（正しい）法の存在を認める立場（**自然法論**）によれば、後者の結論が支持されよう。この問題は、支配者の圧政に対する抵抗権の是非や、確信犯（法律に違反することを知りながら、良心に従って善と信じて敢えて犯行を行う場合）をめぐって、具体的に表れる（星野・76-78頁参照）。もっとも、たとえば特定の信条にもとづいて実行されるテロについていえば、まったく無関係な一般市民を犠牲にするものであって、単に個人として信じている主観的な正義を振りかざして他人の尊い生命を奪っているに過ぎず、道徳的にも決して許される行為ではなく、到底社会的公正と相容れない。

(2)　法による道徳の強制

現代において価値観も多様化しており、これを反映して、社会の人びとの道徳内容に対する理解も必ずしも一様ではない。そこで、特定の道徳にもとづいてルールを設け、これを法によって強制することの正当性ないし妥当性が問題となる。道徳それ自体にもとづく法的な強制や処罰も許されるとする立場を、**法的モラリズム**という。これに対し、自由主義的な功利主義の見地から、他人に対する危害を防止する場合にのみ強制を正当化することができると説く立場もある。この見解は、J.S. ミルによるもので、その著『自由論』の中で展開されたものである（こうした考えは、**他者危害原理**と呼ばれる。）。

両者がとくに対立するのは、いわゆる「**被害者のない犯罪**」といわれる、賭博やわいせつ規制などをめぐってである。法的モラリズムの立場では、これらを犯罪として処罰することも擁護されるが、他者危害原理にもとづく限り、処罰を正当化することは困難であり、**非犯罪化**すべきであるとする主張に傾く。しかし、これらの規制の中には、青少年の保護を目的とするものも存在する。他者危害原理による正当化が困難であるとしても、自律的な判断能力が未熟であったり不十分な者に対する保護の必要性にもとづき、**パターナリズム**の援用による正当化の主張も行われている。

第3章　法 の 理 念

1　序　　説

各々の法律にはそれぞれ個別の目的があり、その目的を達成するために種々のルールが規定されている。ここで考察するのは、このような個々の法律の目的ではなく、全体としての法が追求したり、実現すべき価値ないし理念である。

2 正　　義

(1) 法と正義

学問は真理を探究し、道徳は善を、そして芸術は美を目指す。西欧では、ギリシャ以来、法の理念は、正義にあると考えられてきた。法を意味するRecht（独)、droit（仏）といった言葉は、同時に正しさを表すものであり、英語で権利を意味するrightも、正しいという意味を含んでいる。このことからも示唆されるように、法は正義観念と密接に結びついており、両者には分かち難い関連性が認められる。

(2) 正義とは何か

[i] 形式的正義

アリストテレスは、正義について、「等しきものは等しく、等しからざるものは等しからざるように扱え。」という定式を示しているが、今日に至るまでおそらくもっとも幅広く受容されている考えといえるだろう。前段は**平均的（交換的）正義**を、後段は配分的正義を指すものと理解されている。たとえば、私人相互間における給付と反対給付の均衡や、損害に対する賠償等において平均的正義が支配し、租税負担の能力に応じた税率の設定（累進課税制度）等は、**配分的正義**の表れと見ることができる（伊藤＝加藤編・24頁、星野・95頁)。

しかし、等しいものと等しくないものとの区別や、等しくないものをどのように取り扱うべきなのかという点については、明らかにされていないのである（伊藤＝加藤編・24頁、星野・96頁)。このため、上記の定式化は不完全で意味に乏しいともいわれるが、その形式性ゆえに、普遍妥当性をもった一般的に通用し得る定式として、今日でも援用されているとも理解することができるだろう（田中・97-98頁)。

[ii] 実質的正義論

そこで、実質的な正義についても探求されなければならない。この問題について、何を最上の価値・原理とするかは、価値観によって変わり得るのであって、いずれを客観的に妥当すべき価値と認めるのかは、究極において各人の決断に委ねるほかなく、学問的に判定することは不可能であるとする見解も主張されている。この立場を**価値相対主義**という。

これに対して、とくに英米では、ベンサムが提示した「正邪を計る尺度は、最大多数の最大幸福である。」という定式が大きな影響力をもっている。これは、人びとの幸福や快楽等と不幸や苦痛等を計算し、効用の最大化が得られる場合を正しいとする立場であり、**功利主義**と呼ばれる（田中・105－107頁参照）。しかし、この見解に対しては、いったいどのように計算するのか不明確であるとする批判や、結果的に多数者の利益のために少数者が犠牲となることを正当化してしまうという帰結に対する問題が提起されている。

このような状況の中で、1970年代、アメリカで正義論を復権し、今日の活発な議論を導いたのがロールズである。彼は、各人は、①他者の同様な自由と相容れる最も広範な自由に対する権利を平等にもつ、②社会的・経済的に不平等な扱いは、(a) 最も不利な状況にある人びとの利益を最大化し、かつ (b) 全員に開かれている地位や職に結び付いていなければならないと主張した。①は平等な自由原理、②は格差原理と呼ばれるもので、こうした二つの正義原理にもとづいて、**公正としての正義**を提唱した（六本・213－214頁、田中・107－108頁）。

[iii]　手続的正義

以上の実質的正義論は、正義内容の判断に関する基準をめぐるものであるが、法的正義の特徴を決定のプロセスに着眼して論証する見方も注目されている。これは、手続的正義論と呼ばれている。もともと法の世界において、当事者に対して拘束力をもって妥当する裁判結果の正当性を巡って、英米ではとくに適正手続（due process）の観念を基礎に展開されてきたのであるが、この側面に注目した一つの正義論であるといえよう。現在では、手続的正義を支える内容として、①当事者の対等化と公正な機会の保障（手続的公正）、②判断を行う第三者の公平性・中立性、③合理的な議論（手続的合理性）を基軸に理解されている（田中・101頁）。

3　法的安定性

(1)　序　　説

正義と並んで、法の重要な理念として法的安定性が挙げられている。法的安定性の意味も多義的であるが、法は社会秩序の維持・形成をその重要な機能としており、この意味での法による社会の安定化という側面と、法そのものの安定性という側面とを一応区別して、整理しておこう。

(2)　法による安定性

法が社会秩序を維持する機能を果たしていることは疑い得ない。さて、社会秩序とは何か。六本によれば、「一定の人間集団においてその構成員の行為が相互に調整され、予測可能になっており、その間に争いが生じても闇雲の闘争状態にはならず、何らかの既定の型に沿った収拾がなされるようになっている状態」を指す（同・28-29頁）。このような状態を支えるためには、強制手段、すなわち実力の行使も必要不可欠である。しかし、赤裸々な実力行使は、暴力と変わらない。法はその**規範的機能**を通じて、社会秩序の維持や社会の安定化に資しているのである。この規範的機能として、2つの側面が重要である。一つは、人びとに対して一般的な公的規準を示して、相互の行為調整を指示することによって、円滑な社会関係の促進を図っている点である。もう一つは、公権力による物理的な強制手段を規範的にコントロールすると同時に、その発動に対する規範的正当化の根拠を提供している点である。

(3)　法の安定性

上述した規範的機能を果たすためには、まず法の内容が人びとにとって明確に認識される必要がある。したがって、法は明確な形で公示されなければならない。法令が権限ある機関によって所定の手続を経て制定されるだけでなく、それが**「公布」**されることを要するのは、このためである。また、朝令暮改であっては、人びとの予測可能性が奪われる結果となり、法に対する信頼を損なう。このため、法は制定・公布後の出来事に対して適用されることを原則（**法律不遡及の原則**）とし、遡及効は一般的に認められない。とりわけ、刑罰法規に関しては、事後法による**遡及処罰**は絶対に許されない〔憲法第39条参照〕。

法的安定性は法の一般性も要請する。個別の事件に対する判決では具体的な妥当性が重視されるけれども、法規範は一般的な目的合理性を指向しているのである。

第4章　法の分類

1　自然法と実定法

人間によって作り出されたり採用されて、現実に社会において実効的に働き存在している法を、**実定法**という。これに対置される法観念として、**自然法**がある。自然法は、ギリシャ・ローマの時代から、中世キリスト教のヨーロッパおよび近代に至るまで、人為の法に対し、自然の本性にもとづく法として、あるいは理性によって認識することのできる普遍性を帯びた法として、連綿と説かれてきた。そこで主張される自然法の具体的な内容は多様であるが、実際に在る法を超越するより上位の「在るべき法」として、常に実定法を評価したり、批判する基準としての機能を果たしている。実定法だけを法と認め、自然法の存在を否定する見解も主張されている（この立場を、**法実証主義**という。）。

2　国内法と国際法

(1)　国際社会の特徴

法の妥当領域を基準として、国家内に妥当する法を国内法、国際間に妥当する法を国際法という。法は、そもそもその地域の人びとを規律するルールとして生まれ、政治権力による社会の支配・組織化とともに発達してきた。近代に至り、統一的な政治権力によって国民国家が成立し、憲法を頂点とする近代的な国家法の体系が整えられることとなった。これと同時に、主権を担う国家が、他国との間で権利、義務などを定める国際法が生成した。

国内社会においては、統一的な公権力を担う団体（機構）として国家が存在し、その統治権にもとづいて国民を統治している。これに対して、国際社会は、基本的に主権国家が並存する分権的な社会であり――組織化も進んでいるが――、国内の場合とは異なって、統一的な権力機構が存在するわけではない。これによって、法の形成プロセスなどが、国内法とは異なっている。

もっとも、国際社会の組織化も進展しており、一般的な国際機構として国際連合（ＵＮ）が存在し、国際条約の形成に大きな役割を果している。また、ＥＵのような、国家の統合化という現象も見られる。ここでは、もはや従来の国家主権の枠組みが崩れている。このように国際社会の組織化が進行すれば、国際社会の分権の境界を画してきた主権の壁が徐々に低くなり、組織化された地域内の流動性が高まれば、自ずから域内の共通の法としての国際法が妥当力を増し、その結果、相対的に国内法の地位が低下することになるだろう。

(2)　国際法の法源

国内法の主要なものは、通常立法権限を有する機関（たとえば、議会）によって制定されるが、国際社会には統一的にそのような権限をもつ国際機構は存在しない。そこで、国際法の法源として、第一に、主権国家相互間の合意である**条約**が挙げられる。第二に、国際慣行が法として意識されるに至った**国際慣習法**がある。さらに、**法の一般原則**、**条理**が認められるほか、**学説**も法源として援用されることがある。

3　公法・私法・社会法

(1)　公法と私法

両者を分ける基準について、必ずしも学説が一致しているわけではないが、一応、規律の対象にもとづいた分類として整理しておこう。これによれば、私人と私人との間の法律関係を規整するものが**私法**、国家と個人との間を規律する法が**公法**である。私法の代表例が、民法であり、商法である。他方、憲法、刑法、民事訴訟法、刑事訴訟法などは、公法に属する。

このような分類は、とくに近代に展開されたものである。近代社会は、私的自治を尊重し、国家による干渉を排除して、市場を中心とする私人の自由な経済活動を保障した。そこでは、対等な私人による相互の自由な活動を前提にして、その法律関係が規律された。これに対して、国家は公権力の主体として、個人と法律関係を形成する。こうして、自由で平等な存在である私人相互の関係を規律する私法と、公権力を媒介とする国家と個人との法律関係を規律する公法という二元的な法律関係が強調されることになったのである。

(2) 社 会 法

ところが、20世紀に入ると、資本主義の進展にともなって著しい富の偏在が招来されたのを受けて、労働者をはじめとするさまざまの弱者保護の立法が行われ、国家が私人間の関係に積極的に関与することになった。こうして、夜警（消極）国家から福祉（積極）国家へと変貌を遂げた結果、国民の社会福祉を実現するために国家が関与する法分野を生じるに至った。これを、**社会法**という。社会法と総称される中には、「労働基準法」「労働組合法」など一連の労働関係立法をはじめ、「身体障害者福祉法」「老人福祉法」「国民健康保険法」などの社会福祉・社会保障関係立法、「独占禁止法」「不正競争防止法」などの経済法、さらに「環境基本法」などの環境関連立法が属する。

【参考文献】

H. L. A. ハート／長谷部恭男訳『法の概念　第3版』（筑摩書房・2014年）
ラートブルフ／碧海純一訳『法学入門』（東京大学出版会・1961年）
伊藤正己＝加藤一郎編『現代法学入門　第4版』（有斐閣・2005年）
星野英一『法学入門』（有斐閣・2010年）
団藤重光『法学の基礎　第2版』（有斐閣・2007年）
五十嵐清『法学入門　第4版新装版』（日本評論社・2017年）
六本佳平『法の世界』（放送大学教育振興会・2004年）
田中成明『法学入門　新版』（有斐閣・2016年）

B　裁判と法

第1章　序　　説

1　紛争の解決

利害関係などが錯綜する社会において、紛争の発生は不可避である。とりわけ、諸個人の自由な活動を許容する社会にあっては、絶え間なく紛争を生じる。紛争は、一面において、社会の現状に対する問題を顕在化させる契機となり、場合によっては大きな変革の誘引ともなり得る。しかし、他面において、紛争が放置されたままの状態に置かれたのでは、当事者が実力を行使してこれに決着を付けることにもなりかねず、社会の安定を維持することはできない。このため、紛争の処理を図る社会システムが不可欠となる。

利害が相対立する当事者間において、予め一定のルールにしたがってトラブルが処理されるということを相互に認識しているのであれば、お互いに他の行動を予測し、見通しをもって自己の行動を選択することができる。したがって、このようなルールを予め公に設定しておくことは、紛争の回避、予防にとって効果的であり、有益である。

2　裁判の特質

それでも、現実に紛争が顕在化した場合には、当事者の努力による解決が図られるが、当事者だけの自主的な調整によって解決し得ない場合には、第三者を交えた解決が模索されざるを得ない。この紛争解決の方式には、今日多様なものが見られ、各々に特徴をもっているが、その中核的位置を占めているのが、裁判制度である。他の紛争処理方式（Alternative Dispute Resolution：ADR）と比較して、裁判は、当事者の任意に依存しない強行性を帯び、社会的に当該紛争に終止符を打つという最終的な解決であり、国家権力作用として行われる公権的な制度であるという特質を備えている。

3　公正な裁判

法の支配ないし法治国家思想は、権力者による恣意的な裁判を排除し、**法にもとづく裁判**を要請する。したがって、民主的に制定された法を中心として、これにしたがって判断されるということが、裁判の公正を支える第一の要素である。また、裁判は紛争解決を目的とするものであるから、当事者において納得のゆく結論が得られることがベストである。そうでなくとも客観的に見て合意可能で受け入れ可能な結論であることが望ましく、このためには法的な根拠にもとづきつつ議論を行い、相互の主張を尽くすことが重要である。つまり法にもとづいた合理的な議論状況の確保という**手続的保障**が、結論を――かりに意に反するものであったとしても――正当に保障された手続の下で下された判断であるとして、当事者に受け入れさせるための必須の要件である。つまり、当事者において共通に妥当すべきルール（すなわち法）にもとづいて〔判断の基準〕、当事者とは等距離を保つ中立的な審判者によって〔判断の主体〕、当事者の攻撃・防御が保障された手続〔結論に至るプロセス〕の下で導かれた裁判結果（判断）であるがゆえに、当事者に受け入れを要求ないし強制する正当性を有する（つまり当事者が受け入れるべき根拠）と理解するのが妥当であろう。

そして、実際に公正な裁判が行われているか否かを検証可能とするために、**裁判の公開**が不可欠である。憲法も、このような公正な裁判を受ける権利〔憲法32条、37条〕を国民に保障していると解されるし、裁判の公開原則を定めている〔同82条〕。さらに、徒に裁判が長期化したのでは、折角の権利も劣化してしまうし、当事者に不必要な犠牲を強いる結果となる。紛争を早期に終結させ、権利の保全とその実現を図る必要性も高い。したがって、**迅速な裁判**の実現も要請される（なお、刑事事件につき、憲法37条参照）。この要請に応えるため、2003年に「裁判の迅速化に関する法律」が制定された。

4　裁判手続の種類

法的な紛争は、法律関係の違いによって、私人間の権利義務関係を中心とする紛争を取り扱う民事事件、国家の刑罰権の発動に関連する刑事事件、行政作用を中心とする紛争を取り扱う行政事件に区別される。C 以下で、それぞれについて説明する。

第2章　裁判と法

1　総　　説

歴史的に法と裁判は、密接に関連して生成し発展を遂げてきた（三ケ月・18 頁参照）。社会が存在する限り、紛争と無縁ではあり得ず、権力者がその紛争を裁定し、解決を与えてきた。こうした権力的な裁定の堆積が、次第に社会的なルールとして規範性を帯び、他の社会規範とは分化して法が形成されてきたといってよい。

上述したように、人びとにとっては、予め定立されたルールが公示されていた方が、他者との関係を形成し合ううえで都合が良い。近代社会は、**私的自治**の下で、自由（自律性）と自己責任が重視されたので、当事者にとって――とくに法的な責任範囲について――将来の見通しをつけておくことが重要である。**予測（予見）可能性**をもって行動を選択する合理的な人間観にもとづく近代社会は、法の明確さとその公示を必要としたのである。この要請に応じて、従来の慣習的な法の形成によるのではなく、意識的な立法が行われることとなり、法の整備が図られた。

2　裁判の規準（法源）

(1)　法源の意義

「法の支配」ないし「法治国家」の体制の下では、国家の活動は法にもとづいて行われなければならない。司法作用である裁判についても、いうまでもなくこのことが妥当する。すなわち、裁判するに当たって、裁判官は法にしたがって判断しなければならないのである。この際に規準となる法のことを、法源という。法源には、裁判官において制度的に準拠すべきものと定められているものと、裁判官が事実上従っているものとを区別することができる。制度的法源の典型例は、法令などの制定法規である。事実上の法源としては、条理や先例を挙げることができる。

(2) 制　定　法

法源の存在形式を基準とすると、一定の手続を経て成立し、成文の形式で存在するものと、そうでないものとに分けられる。前者を成文法あるいは制定法といい、後者を不文法という。日本では、原則として成文法に優位性が認められている（**制定法優位主義**）。

[i] 制定法の種類

国家の制定法にも、いろいろな種類があり、その間に効力上の優劣が認められる。

① **憲　法**……主権者が制定した国家の基本法

② **法　律**……議会（国会）が制定する法（「狭義の法律」ともいう。上記の憲法を含めて「広義の法律」と呼ばれることもある。）

③ **命　令**……行政機関が定立する法（法律および命令を総称して、**法令**という。）

命令は、定立する行政機関の種類によって名称が異なり、内閣が定めるものを「**政令**」、内閣総理大臣が定めるものを「**府令**」、各省大臣が定めるものを「**省令**」と呼ぶ。このほか、外局の長や各種委員会等が定めるものは、「**規則**」とか「**規程**」といわれる。なお、上級庁が下級庁や職員に対して発する「通達・訓令」は、あくまでも行政機関内部の指示に過ぎず、直接国民・住民を拘束するものではないので、法源には該当しない。

日本国憲法では、国会を国の唯一の立法機関として定めているが、三権分立の観点から、立法府および司法府の内部規律や手続等に関してそれぞれ独自に規律する権能を認めており、これにもとづいて衆議院および参議院ならびに最高裁判所に、**規則制定権**が付与されている〔憲法58条2項、77条〕。

④ **地方自治法規**……地方自治権にもとづいて自治体が制定する法

上述した国家法のほかに、日本国憲法により地方自治権が保障されており、この自治権にもとづいて地方公共団体は法を制定することが認められている〔憲法 94 条〕。地方自治法規には、地方公共団体の議会が制定する**条例**〔地方自治法 14 条 1 項、283 条 1 項〕と、その長（都道府県知事および市区町村長）が制定する**規則**〔同 15 条 1 項、283 条 1 項〕とがある。

⑤　**条　約**……主権国家相互間の合意にもとづく法

国内制定法ばかりでなく、国際法も国内で発効している限り法源となる。条約に関して、その締結権は内閣にあり、承認権は国会の権限に属する〔憲法 73 条 3 号〕。日本国憲法では、国際協調を重視して、条約および確立された国際法規の誠実な遵守が定められている〔同 98 条 2 項〕。

[ii]　制定法相互間の形式的効力

国家法は一国の統一的で体系的な法秩序として成立しており、制定法規相互間には階層的な効力上の優劣が存在している（法の段階的構造）。国家法体系の最上位に位置づけられるのは憲法である。憲法は、主権者である国民自身が直接制定した法であって、主権国家における法体系の頂点を成す。日本国憲法第 98 条はこのことをはっきりと示し、憲法を「国の最高法規」とし、その条規に反する法令等の効力を否認している。下位法の効力ないし妥当力はもっぱら憲法に依拠しているのである。

憲法に次いで強い形式的効力を認められているのは、国の唯一の立法機関である国会が制定する法律である。命令は、形式的効力において法律よりも劣る。日本国憲法上、行政機関が独自に立法作用を営むことは許されない。すなわち、大日本帝国憲法の下で、主権者であった天皇には法律の根拠に依ることなく独自に命令（勅令）を発することができたのであるが、このような独立命令は禁止される。したがって、命令は、現行法上、法律の委任がある場合と法律を執行するために必要な場合に限って定立される。前者を**委任命令**、後者を**執行命令**という。命令によって、独自に国民に義務を課したり、罰則を科すことは、原則として許されない。しかし、「法律の委任」があれば許容される〔憲法 73 条 6 号但書、内閣法 11 条、内閣府設置法 7 条 4 項、国家行政組織法 12 条 3 項参照〕。

条例は、「法律の範囲内で」〔憲法 94 条〕、「法令に違反しない限り」〔地方自治法14条・15条〕で制定されるものであるから、法の形式的効力上は、国の法律や命令よりも劣る。環境基準など国の基準よりも厳しい内容を定めること（いわゆる上乗せ条例）は、―国が設定する基準は必要最低限の基準と解されるから―国の法令の趣旨に反するものではなく、法令に違反しない（ＩＣ第5章3参照)。地方自治法は、条例中にその違反に対して一定の罰則(2年以下の懲役・禁錮、100万円以下の罰金、拘留、科料、没収の刑罰または5万円以下の過料〔同14条3項〕。規則違反については5万円以下の過料〔同15条2項〕）を設けることも認められている。憲法第31条は法律による処罰を要求しており、条例にもとづく処罰については問題も生じる。しかし、条例は民主的な公選の代表者によって構成される議会により制定され、当該地域においては法律に準じた性格を具備しているのであって、憲法第31条が定める法律主義の精神に背反するものではないと解される（判例・通説)。

条約の形式的効力に関して、とくに憲法との優劣については争いがあり、**憲法優位説**と**条約優位説**とが対立している。国内社会は統一権力によって秩序づけられているが、国際社会は分権的な社会であり、義務を受け入れるか否かは主権国家に委ねられており、他国ないし国際団体によって強制されるという状況にはない。これを前提とすると、国家の憲法が定める手続にしたがって締結された条約に法的効力が付与されるのであるから、憲法優位説が妥当であろう（通説)。

[iii]　制定法相互間の適用上のルール

同一の形式的効力を有する制定法規の相互間において抵触を生じる場合には、一定のルールに従っていずれかの法規の適用を図ったり、適用の優先順序が定まっている。

①**特別法は一般法に優先する**……抵触する法規間を比較して、人や対象、事項等がより限定的に定められている法規を優先して適用するのが原則である。より限定的な法規を**特別法**と呼び、そうでない方を**一般法**と呼んでいる。たとえば、民法は法律行為一般に関する定めを規定しているが、このうち商行為については商法等で規律されている。そこで、商取引に関しては、まず商法等が適用され、それらに特段の定めがない場合に民法が適用される

のである。したがって、両法に関していえば、商法が特別法、民法が一般法である。しかし、特定商取引法と商法とを比較すると、後者は商行為一般に関する定めを置いているのに対し、前者はその中の一部を対象として規制しており、特定商取引法が特別法、商法は一般法であるということになる。

②新法は旧法に優先する……制定法規が新たに設けられたり、改正されると、通常はそれらとの整合性を維持するために、それまでの法規が見直され、改められたり、廃止・削除される。しかし、もし旧法も効力を有している場合には、新法を優先して適用する。

[iv]　制定法の「公布」と「施行」

所定の制定手続を経て成立すると、一般に公示される。これを**「公布」**という。憲法第7条は、「憲法改正、法律、政令及び条約」につき、天皇の国事行為と定めている〔同条1号〕。公布の方法について、とくに明文の定めがあるわけではないが、官報への掲載によっている。制定法の効力発生日について、附則に定めが置かれることが多いが、もし特段の定めがない場合には、公布の日から起算して20日を経過した日から施行されることになっている〔法の適用に関する通則法2条〕。

(3)　不　文　法

制定法という形式で存在しているわけではないが、裁判の規準として援用されるものもある。これを、不文法という。

①　**慣習法**　　不文法のもっとも代表的なものが慣習法である。**慣行の事実**が存在し、かつ人びとによって拘束力をともなう規範として意識される状態（**法的確信**）に至れば、一種の法として認められる。前述したように、日本は制定法を中心とする法制度を採用しているが、慣習法にも補充的法源性が認められている。すなわち、公序良俗に反しない慣習について、制定法が認めた場合および制定法がない場合に「法律と同一の効力」を付与されているのである〔法の適用に関する通則法3条〕。もっとも、これに対する特則も見られる。たとえば、商事に関しては、商法に規定がない場合、商慣習法を制定法である民法よりも優先して適用することが定められているし〔商法1条2項〕、また、民法では、公序に関しない規定（任意規定）については、当事

者がこれと異なる慣習に依っているときは「その慣習に従う」と定められている〔民法92条〕。

② 条　理　一般的に妥当するものごとの筋道とか理（ことわり）も、裁判の規準となり得る。西欧でも、たとえば「この法律に規定がないときは、裁判官は慣習法に従い、慣習法もないときは、自己が立法者ならば法規として定めるであろうと考えるところに従って裁判すべきである」という規定〔スイス民法1条〕が見られ、一般に条理によるべきことを指示しているものと理解されている（伊藤＝加藤編・65頁参照）。日本においても、明治の近代当初、太政官布告「裁判事務心得」（明治8年）の中で、「民事ノ裁判ニ成文ノ法律ナキモノハ習慣ニ依リ習慣ナキモノハ条理ヲ推考シテ裁判スヘシ」〔同3条〕と定められていた。

③ 判　例　英米法では、コモン・ローと呼ばれる**判例法**が重要な法源となっている。これに対して、ローマ法の影響を受けて法典の編纂が進んだヨーロッパ大陸、そしてこれを継受した日本では、裁判所の判例に制度的な法源性は認められていない。しかしながら、同種の事案について同様の判決が繰り返し示され、そしてそれが最上級の裁判所（大審院や最高裁判所）で行われたものであれば、かりにこれと異なる判断を下したとしても、上訴により覆される蓋然性が高いので、結局先例に沿った判決が行われるようになるだろう。この意味で、確立された判例は、事実上の法源性を帯び、実際の裁判では大きな影響をもっている。

3　法の適用と解釈

(1)　法の適用過程

制定法規定の多くは、要件とその効果を内容として定めている。法の構想は、人びとの相互関係を権利義務関係として構成したうえで、公正な関係の構築を目指して、社会の安定や秩序を図る点にある。要件・効果という規定形式となっているのは、権利義務の配分とその明確性の確保という要請にもとづく。

そこで、法規を具体的事件に適用する場合に、法規を大前提としたうえ、要件事実の確認を小前提に、法規が定める効果を認めるという結論が導き出される。つまり、判決は**三段論法**によっている。法にもとづく裁判といえるためには、確かにこのような形式的な三段論法の体裁を整えていることが必要であると考えられる。しかし、実際の裁判においては、このように法規から結論が自動的に引き出されるというようなプロセスを辿るわけではなく、多様な価値判断や評価をともなう考慮が働いていることも看過されてはならない。

裁判における法適用にあたって、要件事実の確定という**事実認定**と、法規の意味を明らかにする**法解釈**の作業が必要である。

(2)　法解釈の一般的技法

制定法は一般に法典化されており、各規定は体系的に配置され条文という形になっている。法的な紛争をともなう事案は、多かれ少なかれ複雑な事実によって構成されており、適用すべき法規が判然としないような場合も少なくない。そこで、あらかじめ条文の規範的意味を明確にし、適用の有無を明らかにしておくことも重要であり、これを解明するのが法解釈学の目的である。

法典解釈の方法として、歴史的には中世における聖書解釈の技術を頼りにした。法解釈の主な方法としては、次のようなものがある。

[i]　文理解釈　　法規の文字や文章の意味を国語や文法にしたがって明らかにする解釈技法であり、法解釈におけるもっとも基本的な方法である。

[ii]　論理解釈　　体系的な整合性を考慮して、法や法規間の関係を論理的に考察して、その意味を求める解釈方法を指す。論理解釈は一般に文理解釈を前提にしながら、その可能な語義の中で、通常よりも拡大して適用を図ったり、これとは逆に限定的な適用を行う場合に利用される。前者を**拡張解釈**といい、後者を**縮小解釈**という。器物損壊罪〔刑法 261 条〕に関して、通常の用語の意味として「損壊」というのは物理的な破壊を指して使われているけれども、感情上使用不能にしたときも損壊に含まれるとする解釈（店の食器に放尿したケース）は、拡張解釈といえるだろう。一方、民法では不動産取引に関して登記が対抗要件とされており、登記なしには「第三者」に対

抗できないことになっている〔民法177条〕が、ここにいう第三者には背信的悪意者を含まないとするのは縮小解釈の例である。

[iii]　目的論的解釈　　法規の目的を考慮しながら、適用の当否を合目的的に判断して行われる解釈方法であり、法解釈においてとくに重要視されている。上に挙げた拡張・縮小解釈の例でも、実はそれぞれ法規の目的や機能を考慮しつつ、個別・具体の事案に即した妥当な解決を図るために、拡張したり、縮小する解釈操作が行われているのであって、目的論的解釈の結果として拡張ないし縮小解釈を生じたといってよい。

[iv]　歴史的解釈　　法規の制定経緯や立法者の意図などを参考にして行う解釈方法である。

(3)　法の欠缺とその補充のための解釈

ヨーロッパ大陸では、近代法整備の過程でローマ法の影響を受けて、精緻な法典が編纂された。こうした背景の下で、法典の条文によってあらゆる事象に対して演繹的に法的結論を得られるかのごとき法典の完全性ないし万能主義の強調も見られた。このような法の見方は、**概念法学**として揶揄された。時代の推移や社会状況の変化にともなって法もまた対応を迫られる。この事情からも理解されるように、法典が常に完全無欠であるとは限らない。むしろ、人間が作ったものである以上、欠陥のあることは避けがたい。この事実を直視すれば、生起した事実を規律し得る法規が存在しないという法の欠缺という事態は当然に生じる。これをカバーするための解釈操作として、次のような方法がある。

[i]　類推解釈　　直接規律する法規がない場合に、それと類似した性質を有している法規を援用することによって穴埋めする解釈方法をいう。たとえば、民法は、債務不履行の場合については損害賠償の範囲について明文の規定〔民法416条〕を設けているが、不法行為に関しては特に規定を置いていない。そこで、その規定を不法行為にも適用する場合の解釈操作が、類推解釈である。類推解釈は、法規の欠缺を穴埋める解釈操作であるから、罪刑法定主義が支配している刑罰法規に関しては許されない。

[ii]　反対解釈と勿論解釈　　Xという事実を規律する法規Aが存在して

いるとき、Y という事実に関してとくに法規がない場合に、法規 A が定める法律効果と反対の結果を導く解釈のことを**反対解釈**といい、逆に法規 A の効果を導くための解釈操作を**勿論（当然）解釈**という。たとえば、皇室典範には摂政が在任中訴追されない〔同 21 条〕と定められているが、天皇に関してはこの点に関して規定がない。この場合に、摂政が訴追されないのであるから、天皇も当然訴追されることはないと解釈する場合が勿論解釈であり、一般的にこのように解されている。これに対して、もし天皇について摂政に認められる効果を否認して訴追されるという結果を導き出すのであれば、それは皇室典範第 21 条の反対解釈ということになる。

【参考文献】

三ケ月章『法学入門』(弘文堂・1982 年)
伊藤正己＝加藤一郎編『現代法学入門　第 4 版』(有斐閣・2005 年)
田中成明『法学入門　新版』(有斐閣・2016 年)

C　民事手続

第1章　民事紛争解決の諸方式

1　総　　説

私的自治の観点から、紛争を生じた場合、まず当事者による自主的な紛争解決に向けた努力が尊重されよう。民事紛争を解決する方式として、裁判以外の多様なADRが用意されていることは、当事者にとって当該紛争における最もメリットのある方式を選択することができるという意味で、有効であろう。この観点から、最近、国も「裁判外紛争解決手続の利用に関する法律」(2004年) を制定し、ADRの積極的活用を促す政策を採っている。

2　裁判外の紛争処理の諸方式

当事者だけの協議によっては解決が図られない場合には、第三者の協力を求めることになる。

まず、当事者として第三者に相談し、当該紛争解決に関する適切な情報やアドバイスの提供を受けて、紛争解決の糸口を探る。最終的には法律にしたがって解決されるわけだから、紛争処理に役立つ法律情報が得られれば、当事者においてある程度結論を予測することができ、合意に達する可能性も極めて高くなるし、解決の具体的な手がかりとなる。したがって、紛争解決への第一歩として、第三者への相談は有益である。日常の消費生活に関する問題については、各地の消費生活センターなどを利用することができる。また、弁護士や司法書士といった法律専門家に相談したり、「総合法律支援法」にもとづく日本司法支援センター（略称「法テラス」下記 **Progress** 参照）といった機関を利用して、有用な情報を求めることができる。

しかし、これだけでは合意に至らない場合には、実際に当事者間に第三者が関与する解決の枠組みを必要とする。当事者間に第三者の関与を受け入れる合意が存在することを前提に、この関与の在り方として、3つのタイプが認められる。第1は、当事者の話し合いの仲立ちをする場合であり、**斡旋**と呼ばれる。労使紛争における労働委員会の役割がこれに該当する。第2は、積極的に解決案を示して合意の形成を図る場合で、**調停**という。簡易裁判所および家庭裁判所における調停委員会の活動がこの代表例で、裁判所が関与するという点で公平性に優れ、その示す解決案とあって当事者の互譲を促し易い利点もあって、日本ではもっとも広く活用されている。第3は、当事者が特定の第三者の判断に服することを合意して、決着させる場合で、**仲裁**と呼ばれる。2003年には、「仲裁法」が制定され、裁判所が仲裁をサポートする仕組みも整備された。民間の仲裁機関として、弁護士会仲裁センター、知的財産権仲裁センター、日本スポーツ仲裁機構などが設けられている（これらのADRにつき、酒巻・山本76頁以下に詳しい。）。

Progress　法テラス（日本司法支援センター）

「総合法律支援法」にもとづいて、2006年に政府等が出資し、設立された法人である。紛争の解決にあたって、ますます法にもとづいた公正な解決が求められる今日、国民により身近に法サーヴィスを提供することなどを目的として、政府（法務省）をはじめ、最高裁、日弁連等法曹関係者が関与して運営が行われている。

主な業務は、①法情報の提供サーヴィス（法律相談等）、②民事に関する法律扶助（経済的資力に乏しいため、権利を実現することが困難な人びとに対するサポート）、③国選弁護（付添）人等の選任業務、④犯罪被害者に対する支援、⑤法律専門職がいない地域（いわゆる司法過疎）における法律支援である。全国の都道府県所在地をはじめ、事務所が置かれている。窓口での相談のほか、電話やインターネットを通じたメールでの問い合わせにも応じている。法的な紛争トラブルに遭遇した場合、自己の権利義務の内容を明らかにして、公正な解決を図ってゆくために、一般の人びとが日常的に気軽に利用できる場として、今後多いに活用されることを期待して止まない。

第2章 民事訴訟

1 手続の原則

私法上の権利については、私的自治の原則の下で、広く当事者の意思が尊重される。民事裁判手続においても、裁判所は、あくまでも中立公平な裁定者の立場に立ち、訴訟の主導権は当事者に認められる（**当事者主義**）。したがって、訴訟の開始および終了、訴訟の対象・範囲などは、当事者に委ねられる（**当事者処分権主義**）。主張責任は各当事者が負い、事実に関する証拠の収集も当事者によって行われる（**弁論主義**）。このように当事者がお互いに法廷で展開する弁論活動にもとづいて、裁判所は審理を行い判断を下すのである。

【民事訴訟の流れ】

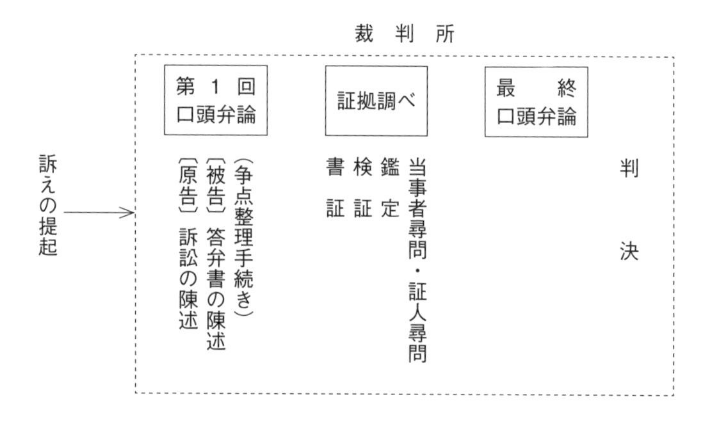

2 手続の概要

(1) 訴えの提起

民事訴訟は、「訴えの提起」によって始まる。訴えを提起する者が「**原告**」、訴えられた者が「**被告**」である。訴えの提起は、**訴状**を裁判所に提出して行う。訴えは、被告の所在地を管轄する裁判所の管轄である〔民事訴訟法4条1項〕。財産権上の訴えは義務履行地を、また不法行為に関する訴えは不法行為のあった地を管轄する裁判所に提起することができる〔同5条1号、9号〕。第1審は、地方裁判所または簡易裁判所である。簡易裁判所は、訴訟の目的価額が140万円以下の請求事件について裁判権を有する〔裁判所法33条1項1号〕。

訴状には、当事者および法定代理人のほか、「請求の趣旨」および「請求の原因」を記載しなければならない。請求の趣旨とは、原告がその訴訟で求めている結論のことをいう（たとえば、「金50万円を払え」とか「家屋を明け渡せ」など。）。請求の原因とは、原告が主張する権利関係の発生原因となる具体的な事実関係のことである。

訴状は、裁判手数料を添えて管轄裁判所に提出する。訴状が受理されると、裁判所内部で担当に配付される。適式な訴状であれば、被告に送達される。これと同時に、第1回の口頭弁論期日が指定され、原告、被告双方が法廷に呼び出される。

(2) 審　理

[i] 口頭弁論

第1回の口頭弁論期日には、通常、原告の訴状および被告の答弁書の陳述が行われる（もし、被告が答弁書も提出せず欠席したとすれば、原告の主張をすべて認めたものと取り扱われ〔「擬制自白」〕、直ちに原告の請求を認容する判決が言い渡される。）。

[ii] 証拠調べ

法を適用するにあたって、権利義務という効果を発生させる要件事実の存否を確定しなければならない。これが、**事実認定**である。前述したように、事実に関する資料の収集は当事者に委ねられており、裁判所は、原則として当事者が提出した証拠のみにもとづいて事実の認定を行う。

裁判官が五官の作用によって事実認定のための資料として取り調べることのできる有形物を、証拠方法という。証拠方法には、物証（文書・検証物）と人証（証人・鑑定人・当事者本人）とがある。

証拠方法の選択や証拠の証明力に関する評価については、裁判官の自由な判断に委ねられている（**自由心証主義**）。もちろん、裁判官による恣意的な判断を認めるものではないから、経験則に反するような事実の認定は許されない。

要件事実の存否について、原則として権利の発生を主張する者が**立証（挙証）責任**を負う。立証責任を負う者（通常は、請求を主張する原告）が提出証拠によって要件事実を証明することができなければ、請求は棄却される。

[ii]　判　　決

証拠調べ手続が終わり、裁判所が裁判をするのに熟したと判断すると、口頭弁論は終結され、審理を完結する終局判決の段階に至る。原告の訴えに理由があると認められると、請求認容の判決が言い渡される。他方、原告の訴えに理由がないと認められるときは、請求棄却の判決が下される。

次に述べる上訴を提起し得なくなると、言い渡された判決が確定することになる。判決が確定するとその効果として、もはや争うことができず（既判力）、判決の内容を強制執行によって実現することができるようになり（執行力）、判決の内容通りの法律関係が形成される（形成力）。

(3)　上　　訴

第 1 審の終局判決に不服がある場合には、当事者は上級裁判所に上訴することができる。これを**控訴**という。第 1 審が簡易裁判所であるときは地方裁判所、地方裁判所が第 1 審であるときは高等裁判所が、それぞれ控訴審となる。

控訴審の判決に不服がある場合には、さらに上訴が認められる。これを**上告**という。ただし、原則として憲法に違反することを理由とする場合に限られる〔民事訴訟法 312 条〕。したがって、上告審では、憲法解釈などの法律判断について審理が行われ、基本的に事実認定の問題は取り扱わない（**法律審**）。地方裁判所が控訴審のときは高等裁判所に、控訴審が高等裁判所であるときは最高裁判所に、上告する。

(4)　少 額 訴 訟

裁判実務上、口頭弁論期日が通常 1 カ月に 1 回のペースで指定されるので、判決まで少なくとも数カ月を要する。しかし、訴訟の目的価額が 60 万円以下の支払請求事件については、簡易裁判所において 1 回の口頭弁論で審理を完了し、判決の言渡しを行うことも特則として認められている〔同 368 条以下〕。

Progress　消費者団体訴訟制度

悪質な業者による不当な勧誘・契約の被害は跡を絶たない。これまでは、被害を蒙った個人が裁判で被害の救済を求めるしかなく、業者の悪質商法による被害の拡大防止にまでは至らなかったが、2007 年から国が認定した適格消費者団体に裁判所に対する差止請求権が認められることとなった〔消費者契約法 12 条〕。

適格消費者団体の差し止め請求の対象となる行為は、消費者契約法上の不当な勧誘行為（不実告知、断定的判断の提供、不利益事実の不告知、不退去、監禁〔同 4 条 1 項から 3 項〕）および不当契約条項（事業者の損害賠償免除、消費者が支払う損害賠償額の予定、消費者の利益を一方的に害する条項〔同 8 条から 10 条〕）の場合である。

これによって、被害の拡大を防止することが可能となったものの、消費者被害相談件数の多い特定商取引法や景品表示法上の被害については対象とされておらず、また被害者に対する損害賠償制度の仕組みも盛り込まれていないため、欧米に比べて未だ不十分な制度で、より一層の充実が望まれる。

第3章　家 庭 事 件

1　総　　説

家庭に関する事件は、取引などをめぐる紛争とは異なり、家族関係という特別な人的要素を基盤とする紛争案件であるから、その特殊性に配慮して、特別な手続きが採用されている。家庭事件は、まず家庭裁判所で取り扱われる。

2　家庭に関する事件の種類

家族にかかわる紛争事件としては、婚姻関係や親子関係というその身分に関するものや、相続に関するものなどがもっとも典型である。手続を基準に整理すると、身分関係に係る人事訴訟、家事審判、家事調停に区別される。

(1)　人事訴訟事件

離婚の訴えなどの婚姻関係に関する訴えおよび嫡出否認の訴え、認知の訴えなどの親子関係に関する訴えに係る訴訟が人事訴訟であり、民事訴訟法の特則を定めた「人事訴訟法」が適用される〔人事訴訟法2条〕。

これらの訴えについては、家庭裁判所の管轄に属する〔同4条〕。なお、これらの事件については、訴訟の提起に先立って、手続上、調停を経なければならない（調停前置主義）。

(2)　家 事 事 件

家庭に関する事件は、一般に家事事件と呼ばれる。家事事件の手続には、家事審判と家事調停とがあり、家事事件手続法に規定されている。家事事件の手続は、原則として非公開である〔家事事件手続法33条〕。

家事審判は、家庭裁判所が行う裁判である。家庭裁判所は、職権で事実の調査をし、証拠調べを行う〔同56条〕（なお、事実の調査は、家庭裁判所調査官にさせることができる。）。

家事調停は家庭裁判所の管轄〔同245条〕に属し、調停委員会が調停を行う〔同247・248条〕。調停事項は、人事訴訟事件その他家庭に関する事件である〔同 244 条〕。家事調停の対象となっている事件に関しては、訴えを提起する前に調停を申し立てなければならない（調停前置主義〔同 257 条〕）。合意が成立し、これを記載した調停調書には、確定判決と同一の効力が認められる〔同 268 条〕。

【参考文献】

青山善充・井上正仁『法と裁判　新訂』（放送大学教育振興会・2000 年）
市川正人・酒巻匡・山本和彦『現代の裁判　第 8 版』（有斐閣・2022 年）
酒巻匡・山本和彦『裁判の法と手続　改訂版』（放送大学教育振興会・2008 年）

D　刑事手続

第1章　刑事訴訟の基本構造

1　総　　説

国民の生命、自由、財産を保護し、その安全を守ることは、国家の最も基本的な任務である。この目的を達する強力な手段の一つとして、刑罰が用いられる。社会契約論の思想によれば、個人は私的な制裁を放棄し、刑罰権を国家に託したのである。したがって、刑罰権は国家に帰属する。この国家刑罰権の具体的な実現プロセスを刑事手続といい、「**刑事訴訟法**」や最高裁判所が制定した「**刑事訴訟規則**」などで定められている。

2　刑事訴訟の構造

犯罪は社会悪であり、歴史的には権力（支配）者が、犯人を捜し出して、一方的に処罰してきた。つまり、捜査・訴追機関と裁判機関が一体となって真相の究明にあたり、処罰が行われたのである。捜査・訴追機関と裁判機関に一体性が認められ、処罰する者と処罰される者という二面関係の下で、手続的にも捜査・訴追と裁判との間に密接な連続性を保つ刑事訴訟の構造を指して、**糾問主義**という。糾問主義の下では、裁判機関も真相の究明に積極的に関与し（**職権主義**）、裁判といっても、犯人を追及し処罰する一連の流れの仕上げに過ぎない。これでは、裁判にかけられる者にとって、到底公平・公正な裁判を期待することはできない。犯罪の嫌疑によって裁判に付された者の権利を保障するためには、捜査・訴追機関とは完全に分離され、独立した中立的な裁判機関による裁判でなければならない。このように、訴追者、被訴追者そして中立公平なジャッジという三面で構成される訴訟構造を、弾劾主義という。

日本国憲法も、被告人の権利を保障する観点から、弾劾主義を採用する〔憲法37条1項参照〕。そのうえで、現行の刑事訴訟は、訴追者と被訴追者がお互いに攻撃・防禦を展開し、これにもとづいて裁判機関の判断が下されるという**当事者主義**に立脚している。したがって、被訴追者は、訴訟当事者の一方として公平に取り扱われる立場にあるから、有罪判決が確定するまで**無罪の推定**を受ける。

第2章　刑事手続の諸原則

1　デュー・プロセスの保障

刑罰は、ときに生命をも奪う峻厳な制裁である。近代法は、恣意的な刑罰の濫用から人びとの自由を守るために、法の支配、法治国家思想にもとづいて、刑罰権の発動を厳格に法律によって規律することとした。日本国憲法も、憲法第31条で法定手続の保障を定め、**デュー・プロセス**の原則を受け継いでいる（ⅠB第3章4 (2)〔ii〕参照）。国民は、民主的に制定された法律によるのでなければ処罰されない自由を保障されている。「法律の定める手続に」よるとは、犯罪の要件ならびに効果（刑罰）および刑罰権の実現（発動）手続について法定されていなければならないという意味であり、実体・手続両面の法定が要請されている。さらに、形式的に法律で定めるばかりでなく、その内容も適正で合理的なものでなければならないと解される（これを、**実体的デュー・プロセス**という）。デュー・プロセスの精神は、刑事手続のあらゆる過程に妥当する。

2　捜査活動に対する規制

犯罪の疑いのある事件が発生すると、捜査機関によって捜査が開始される。捜査とは、証拠の収集、保全を図り、行為者を特定し、場合によっては、その身柄を確保するなどの公訴の提起に向けた一連の準備的な活動である。捜査の方法は、関係者の任意の協力にもとづいて進められる場合もあるが、強制処分を必要とする場合もある。この強制捜査については、刑事訴訟法に「特別の定のある場合」に限って許される。これを、強制処分法定主義〔刑事訴訟法197条1項但書〕という（なお、1999年に、通信の傍受についても規定されることになり〔同222条の2〕、これにもとづいて「犯罪捜査のための通信傍受に関する法律」が制定された。）。そして、対人的強制処分である「逮捕」や対物的強制処分である「捜索」「押収」などにつき、憲法上、裁判官の令状によることが定められ〔憲法33条、35条〕、事前の司法的チェックによる強制処分の濫用防止が図られている（I B第3章4（3）参照）。これが、**令状主義**である。

捜査段階における被疑者の取調べは、捜査機関の手中で行われる。このため、取調べの適正を検証することができず、しばしば冤罪の温床ともなってきた。欧米では、弁護人の立会いが認められたり、録音・録画が制度化されている。取調べの適正を図るうえで、その透明性を確保すること（可視化）が重要であり、日本でも、裁判員制度対象事件等につき、原則として取調べの全過程の録音・録画を行うことが法制化され、その運用が開始されている。

3　無罪の推定

近代刑事裁判では、被告人は無罪の推定を受ける。起訴されても、裁判上は予断を排除して審理を尽くさなければならない。検察官は、こうした推定を覆すに足りる立証責任を負っており、「合理的な疑いを超える」程度の証明責任を要求される。したがって、被告人の犯行である可能性は存在するとしても、証拠上なお合理的な疑い容れる余地が残る場合には、**「疑わしきは被告人の利益に」**という原則に従って、裁判官は無罪を言い渡さなければならない。

第3章　刑事手続の概要

1　捜　　査

(1)　捜査の開始

犯罪の可能性のある事実が発生し、捜査機関がその事実を覚知することによって、捜査活動が開始される。捜査機関は、第1次的には警察である。警察が事件情報を得るきっかけ（これを、捜査の端緒という。）には、通報や、被害届など様々の場合がある。

(2)　捜査の方法

任意捜査を基本とするが、強制処分をともなう強制捜査も、上述したように法律にもとづいて認められる。

(3)　逮　　捕

将来の公判に備え、逃亡や証拠隠滅を防ぐために被疑者の身柄を強制的に拘束する必要もある。自由を奪う身柄の拘束は、原則として逮捕状によって行われる。逮捕状は、逮捕の必要性と罪を犯したことを疑うに足りる相当な理由が認められる場合に、裁判官によって発せられる〔刑事訴訟法199条〕。**現行犯**は、令状主義の例外として認められている〔憲法33条、刑事訴訟法213条〕。また、一定の重罪について急速を要し、令状を求めることができない場合には、罪を犯したことを疑うに足りる充分な理由があることを条件に、令状なしの**緊急逮捕**が認められている〔刑事訴訟法210条〕。この場合には、逮捕後直ちに裁判官に令状を求めなければならない。

逮捕後、被疑者に、犯罪事実の要旨と弁護人を選任できる旨を告知し、弁解の機会が与えられる。警察官が逮捕した場合には、48時間以内に検察官に身柄を送致しなければならない。その後検察官は24時間以内（逮捕時から通算72時間以内）に、釈放するか、または裁判官への勾留請求を行い身柄の留置を継続するか決めなければならない。

被疑者には、弁護人を依頼する権利が保障されている。身柄の拘束を受け外部と遮断された被疑者にとって、弁護人の支えと助力は不可欠といってもよい。「総合法律支援法」等の成立により、**国選弁護制度**が被疑者段階にまで拡充されることとなり、現在ではその対象事件が「死刑又は無期若しくは長期3年を超える拘禁刑」に当たる事件にまで拡げられている〔刑事訴訟法37条の2〕。被疑者には、弁護人との接見交通権が認められている〔同39条1項〕。

2　公訴の提起

(1)　検察官の事件処理

検察官は、被疑者に対する刑罰請求を行うか否か、その処分を決定する。刑罰請求を行わないとする処分が、不起訴処分である。これには、証拠が不十分である場合、十分な証拠は揃っているが刑罰を行使するまでもないと判断された場合が含まれる。不当な不起訴処分については、申立てにもとづいて検察審査会による審査が行われる。

(2)　起　　訴

刑罰を科すことを求めるときは、公訴を提起する（**起訴処分**）。訴追の権限は、原則として検察官に認められる〔刑事訴訟法247条〕。そして、訴追するかしないかの判断も、原則として検察官の裁量に委ねられている（**起訴便宜主義**〔同248条〕）。しかし、告訴・告発した者が、特定の被疑事件（刑法193－196条、破壊活動防止法45条、無差別大量殺人行為を行った団体の規制に関する法律42・43条）につき、検察官の不起訴処分に不服があるときは、地方裁判所に審判に付することを請求することができる（付審判請求〔刑事訴訟法262条〕）。また、刑事裁判員制度の導入と並行して、より国民の意思を刑事司法に反映させるために、**検察審査会**の権限が強化され、検察官の不起訴処分について、2度にわたって起訴相当と認められ起訴議決が行われた場合には、**強制起訴**されることになった〔検察審査会法41条の6、41条の7、41条の9－41条の12〕。

公訴の提起は、起訴状によって行う。起訴状には、被告人の氏名、具体的な事実（公訴事実）および罪名を記載しなければならない〔同256条2項〕。

起訴には、公判請求と略式命令請求とがある。前者は公開法廷での審理を求める場合であり、後者は被疑者の同意にもとづいて、公判を開かずに簡易裁判所での書面審理のみでの刑の言い渡しを求めるもので、100万円以下の罰金または科料の場合に限って許されている〔同461条、461条の2〕。

裁判所に事件に対する予断を抱かせないために、裁判所への起訴は、起訴状のみを提出する（これを、起訴状一本主義という〔同256条6項〕。当事者主義の表れである。）。

3 公判手続

事件の審理から判決に至るプロセスが公判手続である。公判審理の迅速化を図るため、公判前の整理手続が採られることがある。公判は、冒頭手続から始まり、証拠調べ手続、弁論手続へと進み、判決の宣告に至る。

(1) 冒頭手続

第1回公判期日には、人定質問、検察官の起訴状朗読、被告人に対する黙秘権などの権利の告知、被告人・弁護人の事件に対する陳述（罪状認否）が行われる。

(2) 証拠調手続

事実の認定は、証拠による（**証拠裁判主義**〔同317条〕）。裁判所は、当事者の請求によりまたは職権で証拠調を行う。証拠調の方式は、証拠の種類に応じて法定されている。

証拠の取り扱いについて、一定の場合に証拠能力を否定され、証拠として利用することが認められない。第1は、任意性に疑いのある自白である（**自白排除法則**〔憲法38条2項、刑事訴訟法319条1項〕）。第2に、**伝聞証拠**である〔刑事訴訟法320条1項〕。捜査段階の供述調書や他の者の供述を内容とする供述などは、原則として証拠とすることができない（これを、**伝聞法則**という）。供述者本人を問い質す機会が与えられず、内容の信用性を確認できないからである。第3に、違法に収集された証拠である。判例は、令状主義の精神を没却するような重大な違法があり、その違法捜査によって収集された証拠物について、違法捜査の抑止という観点から証拠とすることが相当でない場合に、その証拠能力を否定している（**違法収集証拠排除法則**）。

証拠の証明力は、裁判官の自由な判断に委ねられる（**自由心証主義**〔同 318 条〕）。

(3)　弁 論 手 続

証拠調手続が終わった後、検察官は、事実と法律の適用について意見を陳述し、被告人および弁護人も意見を陳述する〔同 293 条〕。これで審理が終了する。

(4)　判決の宣告

判決は、公判廷で宣告される〔同 342 条〕。原告官として、検察官に犯罪事実の**立証責任**があり、かつ合理的な疑いを超える程度の立証が求められる。これにより、「**疑わしきは、被告人の利益に**」という標語で示される近代刑事裁判の原則にしたがって、裁判所が、なお「合理的な疑い」が残るという心証を形成した場合には、無罪が言い渡されることになる〔同第 336 条後段参照〕。

4　上　　訴

第 1 審の判決に不服があるときは、高等裁判所に上訴することができる。これを、**控訴**という。控訴審の判決に不服がある場合、最高裁判所に上訴することができるが（これを、**上告**という。）、上告できる理由は、①憲法違反があることまたは憲法の解釈に誤りがある場合　②最高裁判所の判例と相反する判断をした場合などに限られる〔同 405 条〕。被告人が上訴した場合には、原判決よりも重い刑を言い渡すことはできない（**不利益変更の禁止**〔同 402 条〕）。

5　非常救済手続

有罪判決が訴訟法上確定したとしても、真実にもとづいた判断とは限らない。ときに無実の者を有罪として刑に服させることも生じる。これを放置することは、到底正義に適うものではない。そこで、無辜の救済を目的として、有罪判決が確定した後においても、無罪とすべき明白な証拠が新たに発見された場合などに、裁判のやり直しが認められている。これが、**再審**であ

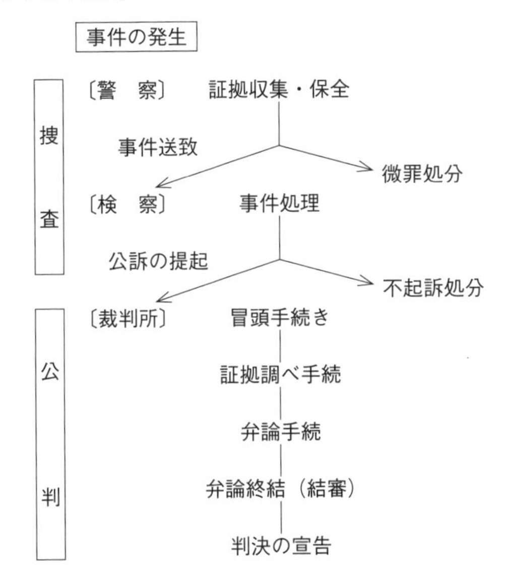

る（再審理由につき、同435条参照）。

長い間、再審の扉は「開かずの門」とまで呼ばれていたが、1975年に最高裁が画期的な判断を示し（いわゆる白鳥決定〔最高裁昭和50年5月20日決定刑集29巻5号177頁〕）、再審のハードルが引き下げられると、再審開始の決定が相次ぎ、それによって多く無罪が言い渡された（財田川事件、免田事件、松山事件など、いずれも死刑判決から一転して無罪となったケースである。）。

Progress　刑事裁判員制度

2009年春から、一定の刑事事件に、裁判官（3名）とともに一般市民（6名）が審理に参加して裁判を行う裁判員制度が発足した（「裁判員の参加する刑事裁判に関する法律」参照）。

刑事司法における市民の参加は、欧米で広く見られるが、大別すると、二つのタイプがある。その一つは、アメリカに見られる陪審制である。これは、有罪・無罪の評決を市民から成る陪審員が行い、裁判官は有罪の場合に量刑を言い渡すというものである。これに対して、ヨーロッパに見られるのが参審制で、職業裁判官とともに一般市民が審理に参加するタイプである。日本では、後者のタイプが採用された。

実は、日本でも戦前の一時期に陪審制度が実際に行われたことがあったが、定着せずに停止状態となっていた。民主主義社会である以上、市民自ら司法の一翼を担うことはむしろ当然のことである。とりわけ、社会にとって見逃すことの出来ない犯罪の認定に立ち会うことは、社会の一員として重要な責務というべきである。この意味で、刑事裁判員制度の導入は一つの成果である。

陪審制の下では、市民と職業裁判官の役割が明確に分けられ、陪審全員一致の評決に裁判官が介入する余地はない。これに対して、参審制の場合、素人の市民がプロの裁判官と実際にどこまで対等な議論を行えるのかという点について、課題が残されている。

しかし、市民が実際の司法に携わる経験をもつということ自体は、社会の一員である責任と自覚を促し、また各人が主権者の一人として司法制度の当否を判断するうえでも有益である。裁判員制度を形骸化させないために、裁判員が一市民として刑事司法判断を十分に行えるよう、当事者である検察官および弁護人には分かり易い証拠の提示と弁論が求められる。職業裁判官にも裁判員の意見を尊重し、これに配慮する姿勢が要請される。また、長期的には、基本的な法律の理解を図るため、学校教育の課程における基礎的な法学教育の実施なども重要な課題といえよう。

第4章 少年事件

1 総 説

20歳未満の者（以下、少年と呼ぶ）の犯罪事件などについて、成年の場合とは異なる処遇が行われている。少年の未熟さとその可塑性に鑑み、必ずしも刑事処分によって刑罰を科すのではなく、健全な育成という観点から、矯正・更正を重視した処遇による方を優先させるためである。少年に対する処遇および手続は、「**少年法**」で定められている。

2 少年法の対象

少年法の適用対象は、満20歳未満の者である。審判に付されるのは、①**犯罪少年**（罪を犯した少年） ②**触法少年**（14歳未満の者で刑罰法令に触れる行為をした少年を指す。刑法は、刑事責任年齢を14歳以上と定めているので、14歳未満の者には責任能力が認められず、刑法上の犯罪が成立しない。このため、14歳未満の者の場合について、少年法では「刑罰法令に触れる」という表現になっている。） ③**虞犯少年**（保護者の正当な監督に服さない性癖などがあり、将来罪を犯し、または刑罰法令に触れる虞のある少年をいう。）である〔少年法3条〕。

3 少年犯罪の手続

(1) 家庭裁判所への送致

少年の刑事事件については、警察などによる捜査後、警察または検察官を通じて、すべて家庭裁判所に送致される（全件送致主義〔同41条、42条〕)。

(2) 家庭裁判所の調査

事件の送致を受けた家庭裁判所は、調査を開始する。この調査を担当するのが、家庭裁判所調査官である。必要があれば、観護措置の決定により少年を少年鑑別所に収容することもできる（収容期間は、通常4週間以内であるが、特別の場合にはさらに4週間延長することもできる〔同17条3項および4項〕。)。

調査の結果、死刑、拘禁刑以上の刑に当たる事件について、刑事処分相当と認められる場合には、家庭裁判所は検察官に送致する（逆送と呼ばれる。)。16 歳以上の少年が故意の犯罪により人を死亡させた事件は、原則として検察官に送致する〔同 20 条〕（18・19 歳の少年につき、後記 **Progress** 参照）。

(3)　少 年 審 判

調査の結果、審判開始を相当とする場合、開始の決定が行われ、少年審判手続に入る。審判では、非行事実の認定と処遇内容の判断が行われる。審判は、**非公開**である〔同 22 条 2 項〕。

この審判には、少年本人と保護者が出席する。これらの者は**付添人**（弁護士など）を選任することができ〔同 10 条〕、付添人も出席する。一定以上の事件で非行事実の認定に必要であれば、検察官の出席も認められる〔同 22 条の 2〕。

(4)　処分の決定

審判にもとづいて**保護処分**が決定される。保護処分の種類には、①保護観察　②児童自立支援施設または児童養護施設への送致　③少年院への送致がある〔同 24 条 1 項〕。

Progress　少年法の改正について

近年、少年による凶悪な事件が起きるたびに、厳罰化の方向で少年法が改正されてきた。公職選挙法の選挙権年齢や民法の成年年齢が 18 歳となったことをうけて、少年法の適用対象年齢についても 20 歳未満から 18 歳未満に引き下げる意見も有力に主張されるようになったが、2021 年の改正（2022 年 4 月施行）では、引き続き 20 歳未満とすることが維持された。しかし、満 18 歳および 19 歳の少年については、特定少年として満 17 歳以下の少年と区別して取り扱うことが定められた〔少年法 62 条〜67 条〕。まず、原則逆送となる対象事件の拡大である。これまで、16 歳以上の少年の場合について、故意の犯罪により被害者を死亡させた事件が逆送対象であったが、特定少年の場合は、死刑、無期または法定刑の下限が 1 年以上の拘禁刑に当たる罪の事件まで拡大された。また、少年法では、少年のときに犯した事件につき、実名や写真等の報道が禁止されているが、特定少年については、逆送後に起訴された場合にはこの禁止が解除され、実名報道等が可能となった。

【参考文献】

田宮　裕『刑事訴訟法　新版』(有斐閣・1996 年)
青山善充・井上正仁『法と裁判　新訂』(放送大学教育振興会・2000 年)
市川正人・酒巻匡・山本和彦『現代の裁判　第 8 版』(有斐閣・2022 年)
酒巻匡・山本和彦『裁判の法と手続　改訂版』(放送大学教育振興会・2008 年)

E　行政訴訟

第1章　行政訴訟の基本構造

1　行政事件の裁判と行政事件訴訟法

(1)　行政事件の裁判とその形態

行政法規の適用に関する訴訟事件を行政事件といい、この行政事件を対象とする裁判を行政訴訟という（南博方『条解行政事件訴訟法』）。英米法における裁判制度が「法の支配」の原理にもとづき、一元的な法の下に行政事件も通常の司法裁判所によって裁断されるのに対して、大陸法においては、行政事件について特別の裁判所を設け、また裁判手続についても、特別の手続が用意されるのが一般的である。わが国でも、明治期にドイツ法の影響を受け、行政事件を司法事件（民事事件・刑事事件）から区別して裁判する大陸型の行政裁判制度が採用された。しかし、行政裁判として訴えることができる事件に極めて強い限定を有し（「行政庁ノ違法処分ニ関スル行政裁判ノ件」（明治23年）にもとづく列記主義）、また、行政裁判所も全国に一カ所で一審かつ終審とされるなど、権利救済機関としてはほとんど機能することはなかった。

そこで戦後、日本国憲法の制定にともなって、行政事件も通常の司法裁判所が裁判する英米型の司法制度が採用されることになり、行政部内の特別裁判所であった行政裁判所も廃止されることになった〔憲法76条参照〕。また訴訟手続についても、「日本国憲法の施行に伴う民事訴訟法の応急的措置に関する法律」が、一部の訴えについて出訴期間の制限（6カ月）を設けたほかは、行政事件についても民事訴訟法が適用されるものとされた。しかし、1948年に生じた平野事件（公職追放決定により、自己の地位保全を求める仮処分申請が求められた）をきっかけに、行政事件についても特別の手続法を定める必要が認識されるようになり、1948 年 7 月から「行政事件訴訟特例法」が施行されることになった。この法律を修正して、1962 年から施行されている現行法が、「行政事件訴訟法」である。

(2)　行政事件訴訟法の制定と大改正

行政事件訴訟法第 1 条は、「行政事件訴訟については、他の法律に特別の定めがある場合を除くほか、この法律の定めるところによる」として、行政事件に関する一般法の位置づけを明らかにするとともに、第 7 条において、「行政事件訴訟に関し、この法律に定めがない事項については、民事訴訟の例による」として、訴訟手続一般に関して、間接的に民事訴訟法が準用されることを規定している。また、自己の権利利益の救済を求めるための訴え（主観訴訟）については、裁判所法第 3 条第 1 項の定める「法律上の争訟」に該当する限り、広くこれを受け入れる立場をとっており、また、法規運用の客観的適正を確保することを目的として、自己の法律上の利益にかかわらない資格で提起することができる客観訴訟についても、法律に特別の定めがある場合に限定しながらも認められることになり、司法審査の対象のいっそうの拡大が図られることになった。しかし、典型的な訴訟類型である抗告訴訟の取消訴訟について、訴えを提起できる対象および資格に極めて強い限定を有し（処分性および原告適格の問題）、また、裁判を提起することができる期間も短期間で（出訴期間の問題）、争うことができる訴訟類型がそもそも限られていたことなどが影響して、当初より、他の事件と比べて訴訟提起数自体が極めて少なく、また、提起されたとしても、原告である国民の請求が認められる場合はごく少数の事件に限られていた。

そこで、2004 年に制定以来 42 年ぶりとなる大改正を受けることになり、権利救済制度として実効性を確保するいくつかの措置が盛り込まれたほか、利便性の向上にもいっそうの改善が図られることになった。その改正の一例として、取消訴訟における原告適格の拡大と出訴期間の延長、訴えの相手方（被告適格）の明確化と教示制度、訴訟形態としての義務付け訴訟・差止訴訟の新設などを挙げることができる。

2　行政事件の訴訟類型

行政事件訴訟法第2条は、行政事件訴訟の類型として、抗告訴訟、当事者訴訟、民衆訴訟および機関訴訟の四つを定めている。このうち、抗告訴訟と当事者訴訟は、個人の権利利益の救済を目的とする点において主観訴訟に分類され、民衆訴訟と機関訴訟は、個人の権利利益とは無関係に、行政法規の適用の客観的適正を確保するために、特別な場合に限って提起することができる客観訴訟に該当する。したがって、前述した裁判所法第3条第1項による「法律上の争訟」には該当せず、同項の「その他法律において特に定める権限」にもとづいて行われる裁判にあたることになる。

(1)　抗告訴訟の類型

行政事件の訴訟類型のうち、最も典型的なものは抗告訴訟である。行政事件訴訟法第3条は、抗告訴訟を「行政庁の公権力の行使に関する不服の訴訟」として、「取消しの訴え」(処分の取消しの訴え、裁決の取消しの訴え)〔2・3項〕、「無効等確認の訴え」〔4項〕、「不作為の違法確認の訴え」〔5項〕、「義務付けの訴え」〔6項〕、「差止めの訴え」〔7項〕の5類型を定めている。しかし、行政事件訴訟法は抗告訴訟の類型として、これらの法定抗告訴訟以外の訴訟形態を禁じるものではなく、義務付け訴訟と差止訴訟が新設された後もなお、法律に定めのない無名抗告訴訟を許容していると解する学説が有力である。

[i]　取消訴訟

これらの抗告訴訟のうち、最も頻繁に利用される訴訟が取消訴訟(取消しの訴え)である。取消訴訟は、前述したように、処分の取消しの訴えと裁決の取消しの訴えからなっている。ここで裁決とは、審査請求その他の不服申立てに対する行政庁の裁決、決定その他の行為をいう〔3条3項〕。以前の行政事件訴訟特例法第2条では、行政庁の違法な処分の取消しまたは変更を求める訴えは、法令により行政庁に対する不服の申立てが可能な場合には、その裁決等を受けた後でなければ提起することができなかったのに対し(訴願前置主義)、現行法では、行政不服審査を行うか直接行政事件訴訟に訴えるかは原告の自由に任されている(選択主義)。しかしながら、裁決の取消しの訴えでは、裁決固有の問題（瑕疵）のみしか争うことが許されず、原処分の違法を主張する場合には、処分の取消しの訴えを提起しなければならない（原処分主義）〔行政事件訴訟法 10 条 2 項〕。

[ii] 無効等確認訴訟

行政処分は、たとえ違法な部分があっても、権限のある行政機関によって取り消されない限り、その有効性を推定させる特別な効力である「公定力」が認められるため、その効力を失わせるためには、これに不服のある国民により、一定の期間内（出訴期間）に取消訴訟が提起されなければならない（取消訴訟の排他的管轄）。これに対して、行政処分に重大かつ明白な瑕疵があるため、誰もが無効であると判断できる場合には、はじめから法的効力が生じないため、これを無視しても何の問題も生じることはない。しかし、当該処分または裁決に続く処分により損害を受けるおそれのある場合や、当該処分または裁決の無効などを求めるにつき法律上の利益を有する場合には、行政事件訴訟法第 36 条により、補充的に無効等確認の訴えを提起できることが認められている。この訴訟は、取消訴訟のような出訴期間の制限には服しないものの、当該処分もしくは裁決の存否、または、その効力の有無を前提とする現在の法律関係に関する訴えによって目的を達することができない場合に限り、提起することが許される。

[iii] 不作為の違法確認訴訟

これに対して、不作為の違法確認の訴えは、法令にもとづく申請に対して行政庁が何らかの処分または裁決をすべきにもかかわらず、相当の期間内に行われないことの違法確認を求める訴訟をいう〔3 条 5 項〕。したがって、同じく確認訴訟に属するのではあるが、国民による一定の作為を前提としている点において、無効等確認の訴えとは異なる訴訟類型に属する。ただし、権利救済の実効性という観点からは、直接に行政庁に対して当該申請に対応する処分を行わせた方が有効であるという考えも成り立つ。そのために、1993 年に成立した行政手続法第 6 条において、申請に対する処分の標準処理期間が法定されるようになったのに加えて、行政事件訴訟法上も、2004 年の法改正によって、新たに行政庁に対する義務付け訴訟が認められることになった。

3　義務付け訴訟・差止訴訟

(1)　義務付け訴訟・差止訴訟の新設

裁判所が行政庁に一定の作為を命じることになる義務付け訴訟、あるいは、事前に一定の不作為を命じることになる差止訴訟は、法律によって認められた行政庁に対する第一次判断権の行使を脅かすものであり、権力分立の均衡を保つうえから認められるものではないとする学説が有力であった。しかしながら、法律によって行政庁がなすべき処分または裁決が明確に定められているにもかかわらず、これがなされない場合、あるいは、法律上なすべきでないことが明白な処分、または、裁決がなされようとしている場合には、行政庁の判断に代えて裁判所が作為または不作為の必要を認めたとしても、それは法律の厳格な適用による反射的な効果に過ぎないことになり、必ずしも権力分立の原則には反しないことになる。この点、新たな行政事件訴訟法は、その第3条第6項において、「行政庁が一定の処分をすべきであるにかかわらずこれがされないとき」〔同1号〕、「行政庁に対し一定の処分又は裁決を求める旨の法令に基づく申請又は審査請求がされた場合において、当該行政庁がその処分又は裁決をすべきであるにかかわらずこれがされないとき」〔同2号〕に、行政庁にその処分または裁決をなすべきことを命じる義務付け訴訟を規定することになった。さらに、第3条第7項では、「行政庁が一定の処分又は裁決をすべきでないにかかわらずこれがされようとしている場合において、行政庁がその処分又は裁決をしてはならない旨を命ずる」、差止訴訟を規定している。

(2)　義務付け訴訟・差止訴訟の要件

しかしながら、訴えにあたって、申請や審査請求を前提としない第3条第6項第1号の義務付け訴訟、および、差止訴訟においては、処分がなされないこと、あるいは、処分や裁決がなされることにより、①重大な損害を生じるおそれがあり、②その損害を避けるため他に適当な方法がないことが要件とされている〔37条の2第1項、37条の4第1項〕。重大な損害が生じるか否かは、損害の性質や程度、処分の内容や性質を考慮して、損害の回復が困難かどうかという観点から判断されなければならない〔37条の2第2項、37条の4第2項〕。また、申請や審査請求にもとづく処分または裁決を求める義務付け訴訟においては、あわせて、その処分または裁決の不作為の違法確認の訴えを、さらに、申請や審査請求を却下または棄却する処分・裁決の取り消しや、それらの無効・不存在を前提とする訴訟においては、当該処分や裁決に関する取消訴訟、または、無効等確認の訴えをあわせて提起しなければならない〔37条の3第3項1・2号〕。義務付け訴訟や差止訴訟に代えて、これらによる判決の可能性があることを考慮した規定である。また、いずれの訴訟においても、訴えに理由があり、義務付けや差止めを命じる裁判所の判決がなされるためには、そうすべき（すべきでない）ことが、根拠となる法令の規定から明らかであるか、裁量権の範囲を超え、もしくは、その濫用にあたると認められる場合であることが必要とされている〔37条の2第5項、37条の3第5項、37条の4第5項〕。

なお、申請や審査請求を前提としない（行政事件訴訟法3条6項1号による）義務付け訴訟および差止訴訟を提起できるのは、いずれも、その請求を行うについて、取消訴訟において要求されると同様の「法律上の利益」を有する者に限られている〔37条の2第3･4項、37条の4第3･4項〕。

第2章 取消訴訟の提起

1 取消訴訟の訴訟要件

(1) 訴訟要件とその改正

行政事件訴訟法は、抗告訴訟の取消訴訟について一連の条文を定めたうえで、それ以外の訴訟類型に、取消訴訟に関する規定を適宜準用する構造を採用している（取消訴訟中心主義）。そこで、取消訴訟を適法に提起するための訴訟要件として、行政事件訴訟法は、①訴えの対象として、行政庁による公権力の行使があるかどうか、②訴えをなし得る法的利益を有するか、すなわち、訴訟提起のための法的資格である原告適格を有するかどうか、そして、

③請求が認められた場合に、回復し得る現実の利益を有するかどうかという観点から、その適格性の判断をなすことにしている。そのほかにも、訴えの提起にあたって、審査請求の前置が要件とされている場合にはこれを経由するとともに、法定の出訴期間内に、被告適格を有するものに対して訴えが提起されなければならない。なお、この出訴期間は、原告による訴訟提起の便宜を考慮して、処分または裁決があったことを知った日から6カ月に延長されており〔14条1項〕、また被告適格についても、これまでの処分または裁決をなした行政庁から、原告が被告を特定する負担を軽減するために、処分または裁決をなした行政庁の所属する国または公共団体に変更がなされている〔11条1項〕。

ただし出訴期間は、正当な理由がない限り、処分または裁決の日から1年を上限として認められており〔14条2項〕、被告適格についても、処分または裁決をした行政庁が国または地方公共団体に属しない場合には、従来通り、当該行政庁を被告として取消訴訟は提起されなければならない〔11条2項〕。なお、6カ月の出訴期間については、正当な理由があればその延長も認められること〔14条1項但書〕、取消訴訟を提起すべき管轄裁判所は、従来までの行政庁を管轄する裁判所のみから、被告適格の主体が変更されたことに対応して、被告の所在地と処分庁・裁決庁の所在地の両方が管轄とされたこと〔12条1項〕などが、2004年の法改正による変更点である。したがって、国が被告となる場合は、行政事件訴訟において国を代表する法務省のある東京地方裁判所にも提訴できることになり、同裁判所には行政事件に関する専門部も置かれているため、より専門性を有する裁判官による審理を受けられる利点も生じることになった。また従来通り、不動産または特定の場所にかかわる処分、および、下級行政機関が事案の処理にあたった処分については、それらの所在地の裁判所にも取消訴訟を提起することができる〔12条2・3項〕。

(2)　教示制度の新設

このように、取消訴訟の提起のためには複雑な要件が課せられており、国民の中にはその利用を躊躇する者も出てくることが大いに予想される。そのために、2004年の法改正により取消訴訟の提起に関する教示制度が創設され、取消訴訟を提起できる処分または裁決をする行政庁は、当該処分または裁決の相手方に対し、①取消訴訟の被告、②出訴期間、③審査請求前置が定められている場合はその旨を、書面で教示しなければならない〔46条〕。ただし、処分が口頭で行われる場合はこの限りではなく、そもそも処分または裁決の相手方以外の第三者、もしくは相手方がいない場合には、教示それ自体がなされるものではない。しかし、行政活動の社会的影響力の広範性にもとづいて、その処分以外の第三者が訴えの提起を必要とする場合もある。またそもそも、事案が取消訴訟の対象となり得るか、その処分性の判断をめぐって、原告には未だに過大な要件が課せられているということができるのであって、これらの解決の必要性が、依然として残されているといえる。

2　処 分 性

取消訴訟の訴訟要件のうち、最も慎重な判断を必要とし、また議論も多いのが、①取消訴訟の対象（処分性）、②原告適格、③狭義の訴えの利益、の三点である。

(1)　処分性の判定基準

まず、行政事件訴訟法第3条第2項は、取消訴訟の対象を「行政庁の処分その他公権力の行使に当たる行為」としている。この取消訴訟の対象となる行政庁の処分に関して、最高裁は、「東京都ごみ処理場訴訟」において、かつての特例法第1条にいう行政庁の処分を挙げて、「行政庁の法令に基づく行為のすべてを意味するものではなく、公権力の主体たる国または公共団体が行う行為のうち、その行為によって、直接国民の権利義務を形成しまたはその範囲を確定することが法律上認められているもの」としている（最高裁昭和39年10月29日判決民集18巻8号1809頁）。したがって、この説明によれば、処分性は主に、公権力性と国民の権利義務に対する直接具体的な法的効果の発生という、2点から判断されることになる。そこで、さまざまな行政活動のうち、従来から講学上「行政行為」と呼ばれてきた、法律関係を一方的に変動させることができ、しかも、その仮の有効性を推定させる公定力を有する行為が、まずその対象になる。

［i］　私法上の行為

したがって、行政契約など民法上の契約を通じてなされる行為は、権力性の観点から処分性が否定されることになる。それとともに、行政機関の内部的な行為（下級行政機関に対してなされた通達など）や、行政機関相互の行為についても、国民との間で直接具体的な法的効果を生じない点で、同様に処分性が否定される。この点に関して最高裁は、消防法にもとづいて消防長が知事に対してなした建築許可に際しての同意（最高裁昭和34年1月29日判決民集13巻1項32頁）や、全国新幹線鉄道整備法にもとづいて、運輸大臣が鉄道建設公団に対してなした工事実施計画の認可（成田新幹線訴訟：最高裁昭和53年12月8日判決民集32巻9号1617頁）について、処分性を否定している。また、前述したごみ処理場の建設に代表される公共施設の建設についても、処分性が否定される傾向にあり、最高裁も当該事件において、ごみ処理場建設に至る一連の行為を分解したうえで、それぞれに公権力性がないことを理由に、処分性を否定している。ただし、下級審の中には、歩道橋の設置行為を一体的にとらえて、処分性を導き出した判決もある（東京地裁昭和45年10月14日判決行集21巻10号1187頁）。

［ii］　規範定立行為・一般処分・中間段階の行為

そもそも、行政立法（とりわけ法規命令）の定立や条例の制定などの規範定立行為は、一般的かつ抽象的に権利関係に影響をもたらすに過ぎず、未だに直接具体的な法的効果を生ぜしめるには至っていない。そのため、一般に処分性が否定される傾向にあるが、具体的な執行行為を待たずに直接に権利義務に影響をもたらし、またその影響の範囲も限定されている場合には、処分性が認められる場合がある（水道料金を改定する条例の制定行為について、最高裁平成18年7月14日判決民集60巻6号2369頁）。特定の名宛人を有しない行政庁の行為（一般処分）についても、特定人に具体的な法的効果を発生させるか否かを基準にして、処分性が判定されている（保安林の指定解除について、長沼ナイキ基地訴訟：最高裁昭和57年9月9日判決民集36巻9号1679頁）。また、一連の段階を経て行政過程が進行する場合の中間段階にあたる行為についても、争いの成熟性という観点から、処分性が認められるかどうか、最高裁の判断は分かれている。すなわち、行政計画の策定はその中間的行為にあたるのであるが、土地区画整理法上の土地区画整理事業計画（最高裁昭和41年2月23日判決民集20巻2号271頁）、および、都市計画法上の用途地域指定（最高裁昭和57年4月22日判決民集36巻4号705頁）については、処分性が否定されている。一方で、土地改良事業計画（最高裁昭和61年2月13日判決民集40巻1号1頁）や、都市再開発事業計画決定（最高裁平成4年11月26日判決民集46巻8号2658頁）には処分性が認められている。

[iii] 事実行為と処分性の拡大

また、事実行為は法的効果をもたないため、これまで処分性が認められておらず、行政指導も、事実行為として取消訴訟の対象になることはなかった。しかし、行政指導に続く処分によって不利益を受ける蓋然性が高く、また、その程度も重大であることが予測される場合には、行政指導の段階で処分性を認めることにより、救済を図ろうとする判決も登場してきた。たとえば、知事が改正前の医療法第30条の7にもとづいてなした病院の新規開設に対する中止勧告を、行政指導であると認定したうえで、これに、取消訴訟の対象となる処分性を認めた判決がそれである。最高裁は、勧告を無視して病院を開設すると、保険医療機関の指定が受けられなくなり、病院としての経営がもはや成り立たなくなるため、勧告に処分に準ずる法的効果を認めることにした（最高裁平成17年7月15日判決民集59巻6号1661頁）。同様に、病床数削減の勧告にも処分性が認められている（最高裁平成17年10月25日判決判時1920号32頁）。したがって、先の東京都ごみ処理場判決において宣言された最高裁による処分性の定義にも、何らかの修正を迫る判決であるということができる。そこで、処分性の判断にあたっては、個々の事例に即応して、権利救済の必要性も考慮した適切な対応がなされるべきであるということになる。

3　原告適格

(1)　法律上の利益をめぐる学説

[i]　法律上保護された利益説

次に、取消訴訟を提起することができる法的資格である原告適格について、行政事件訴訟法第9条第1項は、「当該処分又は裁決の取消しを求めるにつき法律上の利益を有する者」を挙げている。したがって、行政処分を受けた直接の相手方に訴えの利益が認められることはいうまでもない。問題は、それ以外の第三者や関係者らに処分の社会的な影響力が及ぶ場合である。行政事件訴訟法は、これらの者の法的利益まで救済の対象に含めているか、あるいは含めるべきかをめぐって、判例といくつかの学説との間で対立がある。すなわち、判例および通説は、第9条第1項にいう「法律上の利益」を、当該処分の根拠法規が保護している利益と理解する。したがって、当該処分により自己の権利や法律上保護された利益が侵害され、あるいは必然的に侵害されるおそれのある者は、原告適格を有することになる。そのため、根拠法規によって保護されている利害関係の外にある者、あるいは、当該法規が個別具体的な利益から切り離された、社会公共的な利益の実現のために規制を行っている場合には、行政庁の行為によって何らかの不利益を受けたとしても、それは事実上の不利益に過ぎないか、あるいは、法律が規制を行っている結果もたらされた反射的な利益の侵害に過ぎないとして、訴えを提起できる法的な利益が認められないことがある。

[ii]　保護に値する利益説との相対化

これは、いわゆる「法律上保護された利益説」といわれる解釈論であり、最高裁もこの立場に立って、原告適格の判定の指針を次のように述べている。「取消訴訟の原告適格について規定する行政事件訴訟法第9条にいう当該処分の取消しを求めるにつき『法律上の利益を有する者』とは、当該処分により自己の権利若しくは法律上保護された利益を侵害され又は必然的に侵害されるおそれのある者をいうのであるが、当該処分を定めた行政法規が、不特定多数者の具体的利益をもっぱら一般的公益の中に吸収解消させるにとどめず、それが帰属する個々人の個別的利益としてもこれを保護すべきものとする趣旨を含むと解される場合には、かかる利益も右にいう法律上保護された利益に当たり、当該処分によりこれを侵害され又は必然的に侵害されるおそれのある者は、当該処分の取消訴訟における原告適格を有するということができる」（最高裁平成元年2月17日判決民集43巻2号56頁：後出の新潟空港訴訟判決）。

ただし原告適格の認定が、処分の根拠法規の趣旨・目的の解釈に依存する結果になってしまうため、むしろ、処分により現実に受けることになる不利益の程度や性質を考慮して、裁判上の保護に値するかどうかによって原告適格を判断されるべきであるとする「法律上保護に値する利益説」が対立してきた。しかし現在では、判例も現実に受ける被害の性質を考慮して、処分の根拠法規の趣旨を判断すべきであるとその判断を修正しており、また、行政事件訴訟法第9条第2項の新設によって、両説の違いも次第に相対化しつつあるため、あえて両説を区別する必要もなくなりつつあるということができる。

(2) 法律上の利益をめぐる判例

[i] 競業者・利益集団の原告適格

ただし当初の最高裁判決は、処分法規の規制目的が個人の個別利益を保護することにあるのか、公共利益を実現することにあるのかを厳格に区別したうえで、原告適格を認定する傾向にあった。たとえば、新規参入業者の営業許可に対して、既存の許可営業者が取消しを求める法的利益を有するかをめぐって、最高裁は、既存公衆浴場業者については原告適格を認めた一方で（最高裁昭和37年1月19日判決民集16巻1号57頁）、既存の質屋営業者には原告適格を否定している（最高裁昭和34年8月18日判決民集13巻10号1286頁）。また、一般消費者の利益に関しては、果汁飲料の表示方法をめぐり、その認可処分が争われた「主婦連ジュース訴訟」（最高裁昭和53年3月14日判決民集32巻2号211頁）において、消費者団体が「不当景品類及び不当表示防止法」において有する法的利益を否定している。このような一定の利益集団による団体的な利益は、団体訴訟という形式において代表させることも政策的には検討されるべきであるが、その範囲および個別的影響という点において、訴訟提起の適格者を特定することが困難であるという問題を有するために、実際には原告適格が認められない傾向にある。地方鉄道事業者に対する特急料金改定の認可処分をめぐって、その鉄道利用者の原告適格を否定した「近鉄特急事件訴訟」(最高裁平成元年4月13日判決判時1313号121頁)、文化財保護法および県文化財保護条例にもとづく史跡指定解除処分について、その指定史跡を研究対象としていた学術研究者らの原告適格を否定した、「伊場遺跡保存訴訟判決」(最高裁平成元年6月20日判決判時1334号201頁）などがそれである。

[ii]　近隣住民の原告適格

一方で、処分を通じて生命や身体に重大な影響を受けることになる近隣住民の原告適格については、その関係者の範囲が比較的特定しやすいこともあって、おおむね容認される傾向にある。自衛隊基地建設のための保安林指定解除が周辺住民らによって争われた「長沼ナイキ基地訴訟判決」において、最高裁は、保安林指定解除によって洪水緩和や渇水予防の面で直接影響を受ける者について、原告適格を認めている(最高裁昭和57年9月9日判決民集36巻9号1679頁)。また、航空会社に与えられた定期空港運送事業免許の取消訴訟が、空港周辺住民から提起された「新潟空港訴訟」において、最高裁は、原告適格の有無を、処分の根拠法規のみならず、それと目的を共通する関連法規をも考慮して決定するべきであるとして、新規路線免許によって生じる航空機騒音によって社会通念上著しい障害を受ける者に、原告適格を認めている(最高裁平成元年2月17日判決民集43巻2号56頁)。原告適格の判定にあたり、このように直接の根拠法規のみならず、関連する法律の合理的解釈の必要性を説いたのは、この判決に先立つ「伊達火力発電所訴訟判決」であった(最高裁昭和60年12月17日判決判時1179号56頁)。さらにこのような傾向は、原子炉設置許可をめぐる「もんじゅ訴訟」において、当該行政法規が保護する利益の内容および性質をも考慮して、事故によって生命や身体に直接的かつ重大な被害を受ける住民に原告適格を認めるという、被侵害利益を含めた判断方法を採用する方向に発展することになった。

[iii]　改正法〔第9条第2項〕による原告適格の拡大

2004年の法改正で新設された行政事件訴訟法第9条第2項は、以上の判例を確認した規定である。すなわち同項は、処分または裁決の相手方以外の者について、「法律上の利益の有無を判断するに当たつては、当該処分又は裁決の根拠となる法令の規定の文言のみによることなく、当該法令の趣旨及び目的並びに当該処分において考慮されるべき利益の内容及び性質を考慮するものとする」と規定した。そして、「当該法令の趣旨及び目的を考慮するに当たつては、当該法令と目的を共通にする関係法令があるときはその趣旨及び目的をも参酌する」こと。また、「当該利益の内容及び性質を考慮するに当たつては、当該処分又は裁決がその根拠となる法令に違反してなされた場合に害されることとなる利益の内容及び性質並びにこれが害される態様及び程度をも勘案するもの」とした。

2005年になされた「小田急高架訴訟大法廷判決」は、この点にもとづいて、鉄道の連続立体交差化によって住環境に著しい被害を直接に受けることになる周辺住民に対して、原告適格を認定した判決である（最高裁平成17年12月7日判決民集59巻10号2645頁）。そして、都市計画事業認可の取消訴訟の原告適格を、当該都市計画事業地内の地権者に限定した先例である「環状6号線訴訟判決」（最高裁平成11年11月25日判決判時1698号66頁）を変更して、原告適格を、事業地外の一定範囲の住民らにまで拡大して認定している。

4　狭義の訴えの利益

(1)　回復可能な現実の利益

取消訴訟が認められるためには、さらに、取消判決によって回復することができる現実の利益があることが必要である。これを狭義の訴えの利益、または、単に訴えの利益ともいう。したがって、処分後の期間の経過によって処分自体の効力がもはや失効してしまった場合や、処分後の事情の変更によって、取り消しを求める法的な利益が消失してしまったような場合には、法的利益の回復はもはや不可能になる。たとえば、メーデー開催のために皇居外苑の使用許可を申請したがこれが拒否されたため、その取り消しを求める訴えを提起したが、その事件の係争中にメーデーの期日を経過してしまった場合（最高裁大法廷昭和28年12月23日判決民集7巻13号1561頁)、自動車運転免許を停止する処分の取消訴訟を継続中に処分期間が経過し、しかも無事故無違反で1年を経過した場合（最高裁昭和55年11月25日判決民集34巻6号781頁)、保安林指定解除処分の取消訴訟の継続中に、保安林に代わる治水施設（ダム）が建設されたため、渇水や洪水の危険がなくなった場合（前出、長沼ナイキ基地訴訟判決)、などがそれである。

これらに関連して、工事の前提をなす処分の効果が、工事自体の完了によって消滅する場合がある。たとえば、建築基準法上の建築確認は、当該建築工事を適法に行わせる法的効果しか有しないため、工事完了後は、もはやその取り消しを求める法的利益を有しないとされた（最高裁昭和59年10月26日判決民集38巻10号1169頁)。都市計画法上の開発許可についても、同趣旨の判決がなされている（最高裁平成5年9月10日判決民集47巻7号4955頁、同平成14年1月22日判決民集56巻1号46頁)。そのほかにも、生活保護受給権が相続人に継承されないことを理由に、原告の死亡により訴えの利益がなくなるとされた、「朝日訴訟」の最高裁大法廷判決などを挙げることができる（最高裁大法廷昭和42年5月24日判決民集21巻5号1043頁)。

(2)　回復すべき利益を有する者〔第9条第1項かっこ書き〕

ただし、行政事件訴訟法第9条第1項は、そのかっこ書きにおいて、期間の経過により処分の効果がなくなった場合においても、なお処分の取り消しにより回復すべき法律上の利益がある場合には、訴えの利益があるとしている。たとえば、地方議会の議員が除名処分を受け、その取消訴訟をしている間に任期が満了したとしても、議員在任中の歳費請求権は依然としてあるため、除名処分の取り消しを求める法的利益があることになる。ただし、当初、行政事件訴訟特例法下で争われた最高裁大法廷判決では、訴えの利益は認められてはなかった（最高裁大法廷昭和35年3月9日判決民集14巻3号355頁)。しかしこの判決は、第9条第1項かっこ書きを新設するきっかけともなったのであり、改めて新法下でなされた最高裁判決では、免職処分の取消訴訟継続中に公職選挙に立候補した者について、その届出により公務員の職を辞したとみなされるにもかかわらず、歳費請求権などを有することを理由に、訴えの利益を認めている（最高裁大法廷昭和40年4月28日判決民集19巻3号721頁）。

第3章　取消訴訟の審理と仮の救済

1　職権証拠調べ・訴訟参加

以上のような訴訟要件を欠く訴えは不適法なものとして、裁判所によって却下される。いわゆる門前払いの判決である。ただし、本案審理に至ったとしても、行政事件訴訟は、広く社会一般にも影響を与える公共の利益にかかわる裁判であるため、民事訴訟とは異なるいくつかの特例が設けられている。まず、証拠調べは、民事訴訟における弁論主義を基調としながらも、必要に応じて、裁判所による職権証拠調べも認められている〔24条〕。また、判決（取消判決）の効力は第三者にも及び〔32条1項〕、処分や裁決をした行政庁以外の関係行政庁をも制約する拘束力が認められる結果〔33条1項〕、広く利害を有する者の訴訟参加が認められている。第三者〔22条〕および行政庁の訴訟参加〔23条〕の制度がそれであり、また、自己の責めに帰することができない理由により、訴訟参加できなかった者の攻撃・防御の機会を保障するため、第三者の再審の訴えも認められている〔34条〕。そこで、本案審理の結果出される裁判所の終局判決は、原告の請求が認められるか、理由があるかを基準として、これを認める認容判決と、否定する棄却判決とに区別される。ただし、行政事件の特殊性を反映して、さらに特殊な規定が設けられており、認容判決に至るまでには、なお困難がともなっている。

2　仮の権利保護

(1)　執行不停止原則

まず、取消訴訟の提起によっても、そもそも処分の効力や処分の執行、または手続の続行は妨げられない「執行不停止」が原則とされている〔25条1

項〕。さらに、行政庁の処分その他公権力の行使にあたる行為については、民事保全法による仮処分もなすこともできない〔44条〕。したがって、訴訟要件を満たして本案審理に至ったとしても、取消訴訟の係争中に、処分の効果や手続が進行して既成事実が積み重ねられ、取消判決がなされた段階ではもはや原状回復が困難になり、権利救済の実効性が得られなくなる場合もある。そのために、たとえ原告の請求に理由があるとしても、処分を取り消すことによって、かえって公の利益に著しい障害をもたらし、公共の福祉に反する事態をまねくことになる場合には、その請求を棄却することができる「事情判決」の制度も設けられている〔31条〕。その場合、裁判所は、原告の受ける損害の程度、その損害の賠償または防止の程度や方法、その他一切の事情を考慮しなければならず、さらに、事情判決を下す場合には、判決の主文において、当該処分が違法であることを宣言しなければならない〔同1項〕。したがって、原告の救済は国家賠償による金銭的給付によって行われることになる。

(2)　執行停止と内閣総理大臣の異議

しかし、最も望ましい救済は、原告の請求内容が認容されることにあることはいうまでもない。そのため、行政事件訴訟法は、原告の申立てにもとづき、裁判所の決定によって、処分の効力や執行、その手続の続行の全部または一部を停止できる「執行停止」を定めている〔25条〕。ただし処分、処分の執行や手続の続行によって生じる重大な損害を避けるため、緊急の必要がある場合に限られる〔同2項〕。このうち、「重大な損害」という要件は、従来までの「回復困難な損害」という要件に代えて、より認定を緩やかにすることを目的に、2004年の法改正によって変更されたものである。その判断にあたって裁判所は、損害の回復の困難の程度を、損害の性質および程度、ならびに、処分の内容および性質をも勘案して、行わなければなければならない〔同3項〕。

ただし、執行停止は、公共の福祉に重大な影響を及ぼすおそれがあるときや、そもそも本案に理由がないとみえるときにはなすことができない〔同4項〕。また、仮に裁判所にその申立てがなされ、執行停止の決定がなされたとしても、内閣総理大臣はその決定の前後を通じて、申立てや決定に異議を述べることにより、停止の効力を失わせることが可能である〔27条1項〕。こちらも、公共の福祉に対する重大な影響を理由としてなされなければならないが、やむを得ない場合に限り、また、内閣総理大臣は異議を述べた場合には、次の常会において国会にその報告をしなければならない〔同6項〕。とはいえ、申立てによって裁判所の決定が覆される〔同4項参照〕ことには、権力分立の均衡の観点から問題がないとはいえず、これに対して違憲の疑いをかける学説もある。

(3) 仮の義務付け・仮の差止め

そのほか、義務付け訴訟、差止訴訟の新設にともなって、仮の権利救済制度として、仮の義務付け、仮の差止めの訴えも規定されることになった〔37条の5〕。これは、「訴えに係る処分又は裁決がされないこと」(仮の義務付けの場合)、あるいは、「されること」(仮の差止めの場合)により生じる、「償うことのできない損害を避けるため緊急の必要があり、かつ、本案について理由があるとみえるとき」に行うことができ、裁判所は申立てにより決定をもって、これを命じることができる〔同1･2項〕。ただし、執行停止の場合と同様に、公共の福祉に重大な影響を及ぼすおそれがあるときはなすことができず〔同3項〕、また、内閣総理大臣による異議の規定も準用されている〔同4項〕。

第4章 その他の行政訴訟

1 当事者訴訟

取消訴訟をはじめとした抗告訴訟の規定は、行政事件訴訟法におけるその他の訴訟類型にも、適用可能な限りさまざまに準用されている〔41条および43条参照〕。まず、抗告訴訟から区別される当事者訴訟は、前者が公権力の行使、すなわち行為そのものを訴訟対象とするのに対して、後者は公法上の権利や法律関係を訴訟物(審理の対象)とすること、しかし、民事訴訟と同様に、対等な当事者間で争われる点に特色を有している。行政事件訴訟法が規定する当事者訴訟には、二つの訴訟形態が含まれる。「当事者間の法律関係を確認し又は形成する処分又は裁決に関する訴訟で法令の規定によりその法律関係の当事者の一方を被告とするもの」、いわゆる形式的当事者訴訟と、「公法上の法律関係に関する確認の訴えその他の公法上の法律関係に関する訴訟」、すなわち、実質的当事者訴訟といわれるものである〔4条〕。形式的当事者訴訟は、処分や裁決を争う訴訟であるため、本来であれば抗告訴訟によるべきであるが、一定の理由により、法律によって当事者間で争うべきであるとされた訴訟である。その典型的な例として、土地収用に際してなされた収用委員会の裁決のうち、損失補償金額の増減をめぐって、起業者と土地所有者との間でなされる訴訟を挙げることができる〔土地収用法133条〕。

一方で、実質的当事者訴訟は、本来的な当事者訴訟ともいうべきものであって、公法と私法との区別を前提としたうえで、広く公法上の法律関係をめぐって生じる紛争の解決を目指して提起される訴訟をいう。憲法第29条第3項にもとづく損失補償請求訴訟や、公務員の給与支払請求訴訟などの公法上の権利を主張して一定の給付を求める訴訟や、公務員としての地位を確認する訴え、国籍を確認する訴訟などが含まれる。ただし、国家賠償請求訴訟は、通説・判例によれば、民事訴訟として扱われる。なお、2004年度の法改正において、行政事件訴訟法第4条に「公法上の法律関係に関する確認の訴え」という一文が加えられている。実質的当事者訴訟に確認訴訟が含まれることは、従来から認められてきたところである。むしろ、この文章が付け加えられたのは、この訴訟類型を活用することにより、従来、行政庁による公権力の行使として争うことが困難だった紛争についても、実質的当事者訴訟を経由して争う余地を認めることにより、国民の権利救済の可能性を拡大する意図があったことが指摘されている。これに相応するかのように、最高裁も法改正後の2005年に、在外国民が次回の国政選挙において投票することができる権利の確認を求めた訴訟において、この訴えを実質的当事者訴訟と位置づけたうえで、請求を認容する判決を下している（最高裁大法廷平成17年9月14日判決民集59巻7号2087頁）。

2　民衆訴訟・機関訴訟

最後に、民衆訴訟および機関訴訟は、前述したように、行政活動の適法性を維持することを目的に、法律に特別の定めがある場合に、法律に定められた者だけが提起することができる客観訴訟に属する。このうち民衆訴訟は、「国又は公共団体の機関の法規に適合しない行為の是正を求める訴訟で、選挙人たる資格その他自己の法律上の利益にかかわらない資格で提起するもの」〔行政事件訴訟法5条〕をいう。公職選挙法上の各種の選挙関連訴訟、すなわち、地方公共団体の議会の議員および長の選挙の効力に関する訴訟〔同法203条〕や、それらの当選の効力に関する訴訟〔207条〕、衆議院議員または参議院議員の選挙の効力に関する訴訟〔204条〕や、それらの当選の効力に関する訴訟〔208条〕、および、地方自治法上の住民訴訟〔同法242条の2〕がその代表例である。そのほかにも、地方自治法が規定する各種の訴訟、すなわち、直接請求による議会の解散投票や、議員・長の解職投票の効力を争う訴訟〔85条〕、地方自治特別法の住民投票の効力を争う訴訟〔262条〕、さらに、最高裁判所裁判官の国民審査の効力を争う訴訟〔最高裁判所裁判官国民審査法36条〕などを挙げることができる。

そして、機関訴訟は、「国又は公共団体の機関相互間における権限の存否又はその行使に関する紛争についての訴訟」をいう〔行政事件訴訟法6条〕。本来、行政機関相互の権限をめぐる紛争は、行政部内において組織法上解決されるべき問題ともいえるが、行政事件訴訟法は、裁判所による公平な第三者的な判断がなされることを理由として、機関訴訟を導入するに至っている。機関訴訟には、地方公共団体の議会の議決または選挙に関する、議会と長の間の訴訟〔地方自治法176条7項〕、違法な国の関与に対し、地方公共団体の長などが提起する訴訟〔同251条の5〕、都道府県知事による法定受託事務の管理・執行が違法である場合などに、大臣が提起する代執行訴訟などがある〔245条の8〕。

【参考文献】

塩野宏『行政法Ⅱ』(有斐閣・2006年)

藤田宙靖『行政法入門』（有斐閣・2006年）
原田尚彦『行政法要論』（学陽書房・2006年）
櫻井敬子・橋本博之『行政法』（弘文堂・2007年）
北村和生・佐伯彰洋・佐藤英世・高橋明男『行政法の基本』（法律文化社・2007年）

日本国憲法

朕は、日本国民の総意に基いて、新日本建設の礎が、定まるに至つたことを、深くよろこび、枢密顧問の諮詢及び帝国憲法第七十三条による帝国議会の議決を経た帝国憲法の改正を裁可し、ここにこれを公布せしめる。

御　名　御　璽

昭和21年11月３日

内閣総理大臣兼 外務大臣	吉田　茂
国務大臣 男爵	幣原喜重郎
司法大臣	木村篤太郎
内務大臣	大村　清一
文部大臣	田中耕太郎
農林大臣	和田　博雄
国務大臣	斎藤　隆夫
逓信大臣	一松　定吉
商工大臣	星島　二郎
厚生大臣	河合　良成
国務大臣	植原悦二郎
運輸大臣	平塚常次郎
大蔵大臣	石橋　湛山
国務大臣	金森徳次郎
国務大臣	膳　桂之助

日本国憲法

日本国民は、正当に選挙された国会における代表者を通じて行動し、われらとわれらの子孫のために、諸国民との協和による成果と、わが国全土にわたつて自由のもたらす恵沢を確保し、政府の行為によつて再び戦争の惨禍が起ることのないやうにすることを決意し、ここに主権が国民に存することを宣言し、この憲法を確定する。そもそも国政は、国民の厳粛な信託によるものであつて、その権威は国民に由来し、その権力は国民の代表者がこれを行使し、その福利は国民がこれを享受する。これは人類普遍の原理であり、この憲法は、かかる原理に基くものである。われらは、これに反する一切の憲法、法令及び詔勅を排除する。

日本国民は、恒久の平和を念願し、人間相互の関係を支配する崇高な理想を深く自覚するのであつて、平和を愛する諸国民の公正と信義に信頼して、われらの安全と生存を保持しようと決意した。われらは、平和を維持し、専制と隷従、圧迫と偏狭を地上から永遠に除去しようと努めてゐる国際社会において、名誉ある地位を占めたいと思ふ。われらは、全世界の国民が、ひとしく恐怖と欠乏から免かれ、平和のうちに生存する権利を有することを確認する。

われらは、いづれの国家も、自国のことのみに専念して他国を無視してはならないのであつて、政治道徳の法則は、普遍的なものであり、この法則に従ふことは、自国の主権を維持し、他国と対等関係に立たうとする各国の責務であると信ずる。

日本国民は、国家の名誉にかけ、全力をあげてこの崇高な理想と目的を達成することを誓ふ。

第1章　天　皇

第1条　〔天皇の地位、国民主権〕天皇は、日本国の象徴であり日本国民統合の象徴であつて、この地位は、主権の存する日本国民の総意に基く。

第2条　〔皇位の継承〕皇位は、世襲のものであつて、国会の議決した皇室典範の定めるところにより、これを継承する。

第3条　〔天皇の国事行為に対する内閣の助言と承認〕天皇の国事に関するすべての行為には、内閣の助言と承認を必要とし、内閣が、その責任を負ふ。

第4条　〔天皇の権能の限界・天皇の国事行為の委任〕①　天皇は、この憲法の定める国事に関する行為のみを行ひ、国政に関する権能を有しない。

②　天皇は、法律の定めるところにより、その国事に関する行為を委任することができる。

第5条　〔摂政〕皇室典範の定めるところにより摂政を置くときは、摂政は、天皇の名でその国事に関する行為を行ふ。この場合には、前条第一項の規定を準用する。

第6条　〔天皇の任命権〕①　天皇は、国会の指名に基いて、内閣総理大臣を任命する。

②　天皇は、内閣の指名に基いて、最高裁判所の長たる裁判官を任命する。

第7条　〔天皇の国事行為〕天皇は、内閣の助言と承認により、国民のために、左の国事に関する行為を行ふ。

1　憲法改正、法律、政令及び条約を公布すること。

2　国会を召集すること。

3　衆議院を解散すること。

4　国会議員の総選挙の施行を公示すること。

5　国務大臣及び法律の定めるその他の官吏の任免並びに全権委任状及び大使及び公使の信任状を認証すること。

6　大赦、特赦、減刑、刑の執行の免除及び復権を認証すること。

7　栄典を授与すること。

8　批准書及び法律の定めるその他の外交文書を認証すること。

9　外国の大使及び公使を接受すること。

10　儀式を行ふこと。

第8条　〔皇室の財産授与〕皇室に財産を譲り渡し、又は皇室が、財産を譲り受け、若しくは賜与することは、国会の議決に基かなければならない。

第2章　戦争の放棄

第9条　〔戦争の放棄・軍備及び交戦権の否認〕①　日本国民は、正義と秩序を基調とする国際平和を誠実に希求し、国権の発動たる戦争と、武力による威嚇又は武力の行使は、国際紛争を解決する手段としては、永久にこれを放棄する。

②　前項の目的を達するため、陸海空

軍その他の戦力は、これを保持しない。国の交戦権は、これを認めない。

第３章　国民の権利及び義務

第10条〔国民の要件〕日本国民たる要件は、法律でこれを定める。

第11条〔基本的人権の享有〕国民は、すべての基本的人権の享有を妨げられない。この憲法が国民に保障する基本的人権は、侵すことのできない永久の権利として、現在及び将来の国民に与へられる。

第12条〔自由、権利の保持の責任とその濫用の禁止〕この憲法が国民に保障する自由及び権利は、国民の不断の努力によつて、これを保持しなければならない。又、国民は、これを濫用してはならないのであつて、常に公共の福祉のためにこれを利用する責任を負ふ。

第13条〔個人の尊重〕すべて国民は、個人として尊重される。生命、自由及び幸福追求に対する国民の権利については、公共の福祉に反しない限り、立法その他の国政の上で、最大の尊重を必要とする。

第14条〔法の下の平等・貴族の禁止・栄典〕①　すべて国民は、法の下に平等であつて、人種、信条、性別、社会的身分又は門地により、政治的、経済的又は社会的関係において、差別されない。

②　華族その他の貴族の制度は、これを認めない。

③　栄誉、勲章その他の栄典の授与は、いかなる特権も伴はない。栄典の授与は、現にこれを有し、又は将来これを受ける者の一代に限り、その効力を有する。

第15条〔公務員の選定及び罷免権・公務員の本質・普通選挙の保障・秘密投票の保障〕①　公務員を選定し、及びこれを罷免することは、国民固有の権利である。

②　すべて公務員は、全体の奉仕者であつて、一部の奉仕者ではない。

③　公務員の選挙については、成年者による普通選挙を保障する。

④　すべて選挙における投票の秘密は、これを侵してはならない。選挙人は、その選択に関し公的にも私的にも責任を問はれない。

第16条〔請願権〕何人も、損害の救済、公務員の罷免、法律、命令又は規則の制定、廃止又は改正その他の事項に関し、平穏に請願する権利を有し、何人も、かかる請願をしたためにいかなる差別待遇も受けない。

第17条〔国及び公共団体の賠償責任〕何人も、公務員の不法行為により、損害を受けたときは、法律の定めるところにより、国又は公共団体に、その賠償を求めることができる。

第18条〔奴隷的拘束及び苦役からの自由〕何人も、いかなる奴隷的拘束も受けない。又、犯罪に因る処罰の場合を除いては、その意に反する苦役に服させられない。

第19条〔思想及び良心の自由〕思想及び良心の自由は、これを侵してはならない。

第20条〔信教の自由〕①　信教の自

由は、何人に対してもこれを保障する。いかなる宗教団体も、国から特権を受け、又は政治上の権力を行使してはならない。

② 何人も、宗教上の行為、祝典、儀式又は行事に参加することを強制されない。

③ 国及びその機関は、宗教教育その他いかなる宗教的活動もしてはならない。

第21条〔集会、結社、表現の自由、通信の秘密〕① 集会、結社及び言論、出版その他一切の表現の自由は、これを保障する。

② 検閲は、これをしてはならない。通信の秘密は、これを侵してはならない。

第22条〔居住、移転及び職業選択の自由・外国移住・国籍離脱の自由〕① 何人も、公共の福祉に反しない限り、居住、移転及び職業選択の自由を有する。

② 何人も、外国に移住し、又は国籍を離脱する自由を侵されない。

第23条〔学問の自由〕学問の自由は、これを保障する。

第24条〔家族生活における個人の尊厳と両性の平等〕① 婚姻は、両性の合意のみに基いて成立し、夫婦が同等の権利を有することを基本として、相互の協力により、維持されなければならない。

② 配偶者の選択、財産権、相続、住居の選定、離婚並びに婚姻及び家族に関するその他の事項に関しては、法律は、個人の尊厳と両性の本質的平等に立脚して、制定されなければならない。

第25条〔生存権、国の社会的使命〕① すべて国民は、健康で文化的な最低限度の生活を営む権利を有する。

② 国は、すべての生活部面について、社会福祉、社会保障及び公衆衛生の向上及び増進に努めなければならない。

第26条〔教育を受ける権利、教育の義務〕①すべて国民は、法律の定めるところにより、その能力に応じて、ひとしく教育を受ける権利を有する。

② すべて国民は、法律の定めるところにより、その保護する子女に普通教育を受けさせる義務を負ふ。義務教育は、これを無償とする。

第27条〔勤労の権利及び義務、勤労条件の基準、児童酷使の禁止〕① すべて国民は、勤労の権利を有し、義務を負ふ。

② 賃金、就業時間、休息その他の勤労条件に関する基準は、法律でこれを定める。

③ 児童は、これを酷使してはならない。

第28条〔勤労者の団結権〕勤労者の団結する権利及び団体交渉その他の団体行動をする権利は、これを保障する。

第29条〔財産権〕① 財産権は、これを侵してはならない。

② 財産権の内容は、公共の福祉に適合するやうに、法律でこれを定める。

③　私有財産は、正当な補償の下に、これを公共のために用ひることができる。

第30条　**〔納税の義務〕**国民は、法律の定めるところにより、納税の義務を負ふ。

第31条　**〔法定の手続の保障〕**何人も、法律の定める手続によらなければ、その生命若しくは自由を奪はれ、又はその他の刑罰を科せられない。

第32条　**〔裁判を受ける権利〕**何人も、裁判所において裁判を受ける権利を奪はれない。

第33条　**〔逮捕の要件〕**何人も、現行犯として逮捕される場合を除いては、権限を有する司法官憲が発し、且つ理由となつてゐる犯罪を明示する令状によらなければ、逮捕されない。

第34条　**〔抑留・拘禁の要件、不法拘禁に対する保障〕**何人も、理由を直ちに告げられ、且つ、直ちに弁護人に依頼する権利を与へられなければ、抑留又は拘禁されない。又、何人も、正当な理由がなければ、拘禁されず、要求があれば、その理由は、直ちに本人及びその弁護人の出席する公開の法廷で示されなければならない。

第35条　**〔住居の不可侵〕**①　何人も、その住居、書類及び所持品について、侵入、捜索及び押収を受けることのない権利は、第33条の場合を除いては、正当な理由に基いて発せられ、且つ捜索する場所及び押収する物を明示する令状がなければ、侵されない。

②　捜索又は押収は、権限を有する司法官憲が発する各別の令状により、これを行ふ。

第36条　**〔拷問及び残虐刑の禁止〕**公務員による拷問及び残虐な刑罰は、絶対にこれを禁ずる。

第37条　**〔刑事被告人の権利〕**①　すべて刑事事件においては、被告人は、公平な裁判所の迅速な公開裁判を受ける権利を有する。

②　刑事被告人は、すべての証人に対して審問する機会を充分に与へられ、又、公費で自己のために強制的手続により証人を求める権利を有する。

③　刑事被告人は、いかなる場合にも、資格を有する弁護人を依頼することができる。被告人が自らこれを依頼することができないときは、国でこれを附する。

第38条　**〔自己に不利益な供述、自白の証拠能力〕**①　何人も、自己に不利益な供述を強要されない。

②　強制、拷問若しくは脅迫による自白又は不当に長く抑留若しくは拘禁された後の自白は、これを証拠とすることができない。

③　何人も、自己に不利益な唯一の証拠が本人の自白である場合には、有罪とされ、又は刑罰を科せられない。

第39条　**〔遡及処罰の禁止・一事不再理〕**何人も、実行の時に適法であつた行為又は既に無罪とされた行為については、刑事上の責任を問はれない。又、同一の犯罪について、重ねて刑事上の責任を問はれない。

第40条〔刑事補償〕何人も、抑留又は拘禁された後、無罪の裁判を受けたときは、法律の定めるところにより、国にその補償を求めることができる。

第４章　国　会

第41条〔国会の地位・立法権〕国会は、国権の最高機関であつて、国の唯一の立法機関である。

第42条〔両議院制〕国会は、衆議院及び参議院の両議院でこれを構成する。

第43条〔両議院の組織・代表〕①　両議院は、全国民を代表する選挙された議員でこれを組織する。

②　両議院の議員の定数は、法律でこれを定める。

第44条〔議員及び選挙人の資格〕両議院の議員及びその選挙人の資格は、法律でこれを定める。但し、人種、信条、性別、社会的身分、門地、教育、財産又は収入によつて差別してはならない。

第45条〔衆議院議員の任期〕衆議院議員の任期は、四年とする。但し、衆議院解散の場合には、その期間満了前に終了する。

第46条〔参議院議員の任期〕参議院議員の任期は、六年とし、三年ごとに議員の半数を改選する。

第47条〔選挙に関する事項〕選挙区、投票の方法その他両議院の議員の選挙に関する事項は、法律でこれを定める。

第48条〔両議院議員兼職の禁止〕何人も、同時に両議院の議員たることはできない。

第49条〔議員の歳費〕両議院の議員は、法律の定めるところにより、国庫から相当額の歳費を受ける。

第50条〔議員の不逮捕特権〕両議院の議員は、法律の定める場合を除いては、国会の会期中逮捕されず、会期前に逮捕された議員は、その議院の要求があれば、会期中これを釈放しなければならない。

第51条〔議員の発言・表決の無責任〕両議院の議員は、議院で行つた演説、討論又は表決について、院外で責任を問はれない。

第52条〔常会〕国会の常会は、毎年一回これを召集する。

第53条〔臨時会〕内閣は、国会の臨時会の召集を決定することができる。いづれかの議院の総議員の四分の一以上の要求があれば、内閣は、その召集を決定しなければならない。

第54条〔衆議院の解散・特別会・参議院の緊急集会〕①　衆議院が解散されたときは、解散の日から四十日以内に、衆議院議員の総選挙を行ひ、その選挙の日から三十日以内に、国会を召集しなければならない。

②　衆議院が解散されたときは、参議院は、同時に閉会となる。但し、内閣は、国に緊急の必要があるときは、参議院の緊急集会を求めることができる。

③　前項但書の緊急集会において採られた措置は、臨時のものであつて、

次の国会開会の後十日以内に、衆議院の同意がない場合には、その効力を失ふ。

第55条〔資格争訟の裁判〕 両議院は、各々その議員の資格に関する争訟を裁判する。但し、議員の議席を失はせるには、出席議員の三分の二以上の多数による議決を必要とする。

第56条〔定足数、表決〕 ① 両議院は、各々その総議員の三分の一以上の出席がなければ、議事を開き議決することができない。

② 両議院の議事は、この憲法に特別の定のある場合を除いては、出席議員の過半数でこれを決し、可否同数のときは、議長の決するところによる。

第57条〔会議の公開、会議録、表決の記載〕 ① 両議院の会議は、公開とする。但し、出席議員の三分の二以上の多数で議決したときは、秘密会を開くことができる。

② 両議院は、各々その会議の記録を保存し、秘密会の記録の中で特に秘密を要すると認められるもの以外は、これを公表し、且つ一般に頒布しなければならない。

③ 出席議員の五分の一以上の要求があれば、各議員の表決は、これを会議録に記載しなければならない。

第58条〔役員の選任、議院規則・懲罰〕 ① 両議院は、各々その議長その他の役員を選任する。

② 両議院は、各々その会議その他の手続及び内部の規律に関する規則を定め、又、院内の秩序をみだした議員を懲罰することができる。但し、議員を除名するには、出席議員の三分の二以上の多数による議決を必要とする。

第59条〔法律案の議決、衆議院の優越〕 ① 法律案は、この憲法に特別の定のある場合を除いては、両議院で可決したとき法律となる。

② 衆議院で可決し、参議院でこれと異なつた議決をした法律案は、衆議院で出席議員の三分の二以上の多数で再び可決したときは、法律となる。

③ 前項の規定は、法律の定めるところにより、衆議院が、両議院の協議会を開くことを求めることを妨げない。

④ 参議院が、衆議院の可決した法律案を受け取つた後、国会休会中の期間を除いて六十日以内に、議決しないときは、衆議院は、参議院がその法律案を否決したものとみなすことができる。

第60条〔衆議院の予算先議、予算議決に関する衆議院の優越〕 ① 予算は、さきに衆議院に提出しなければならない。

② 予算について、参議院で衆議院と異なつた議決をした場合に、法律の定めるところにより、両議院の協議会を開いても意見が一致しないとき、又は参議院が、衆議院の可決した予算を受け取つた後、国会休会中の期間を除いて三十日以内に、議決しないときは、衆議院の議決を国会の議決とする。

第61条〔条約の承認に関する衆議院

の優越〕条約の締結に必要な国会の承認については、前条第二項の規定を準用する。

第62条〔議院の国政調査権〕両議院は、各々国政に関する調査を行ひ、これに関して、証人の出頭及び証言並びに記録の提出を要求することができる。

第63条〔閣僚の議院出席の権利と義務〕内閣総理大臣その他の国務大臣は、両議院の一に議席を有すると有しないとにかかはらず、何時でも議案について発言するため議院に出席することができる。又、答弁又は説明のため出席を求められたときは、出席しなければならない。

第64条〔弾劾裁判所〕① 国会は、罷免の訴追を受けた裁判官を裁判するため、両議院の議員で組織する弾劾裁判所を設ける。

② 弾劾に関する事項は、法律でこれを定める。

第５章　内　閣

第65条〔行政権〕行政権は、内閣に属する。

第66条〔内閣の組織、国会に対する連帯責任〕① 内閣は、法律の定めるところにより、その首長たる内閣総理大臣及びその他の国務大臣でこれを組織する。

② 内閣総理大臣その他の国務大臣は、文民でなければならない。

③ 内閣は、行政権の行使について、国会に対し連帯して責任を負ふ。

第67条〔内閣総理大臣の指名、衆議院の優越〕① 内閣総理大臣は、国会議員の中から国会の議決で、これを指名する。この指名は、他のすべての案件に先だつて、これを行ふ。

② 衆議院と参議院とが異なつた指名の議決をした場合に、法律の定めるところにより、両議院の協議会を開いても意見が一致しないとき、又は衆議院が指名の議決をした後、国会休会中の期間を除いて十日以内に、参議院が、指名の議決をしないときは、衆議院の議決を国会の議決とする。

第68条〔国務大臣の任命及び罷免〕内閣総理大臣は、国務大臣を任命する。但し、その過半数は、国会議員の中から選ばれなければならない。

② 内閣総理大臣は、任意に国務大臣を罷免することができる。

第69条〔内閣不信任決議の効果〕内閣は、衆議院で不信任の決議案を可決し、又は信任の決議案を否決したときは、十日以内に衆議院が解散されない限り、総辞職をしなければならない。

第70条〔内閣総理大臣の欠缺・新国会の召集と内閣の総辞職〕内閣総理大臣が欠けたとき、又は衆議院議員総選挙の後に初めて国会の召集があつたときは、内閣は、総辞職をしなければならない。

第71条〔総辞職後の内閣〕前二条の場合には、内閣は、あらたに内閣総理大臣が任命されるまで引き続きその職務を行ふ。

第72条〔内閣総理大臣の職務〕内閣

総理大臣は、内閣を代表して議案を国会に提出し、一般国務及び外交関係について国会に報告し、並びに行政各部を指揮監督する。

第73条〔**内閣の職務**〕内閣は、他の一般行政事務の外、左の事務を行ふ。

1　法律を誠実に執行し、国務を総理すること。

2　外交関係を処理すること。

3　条約を締結すること。但し、事前に、時宜によつては事後に、国会の承認を経ることを必要とする。

4　法律の定める基準に従ひ、官吏に関する事務を掌理すること。

5　予算を作成して国会に提出すること。

6　この憲法及び法律の規定を実施するために、政令を制定すること。但し、政令には、特にその法律の委任がある場合を除いては、罰則を設けることができない。

7　大赦、特赦、減刑、刑の執行の免除及び復権を決定すること。

第74条〔**法律・政令の署名**〕法律及び政令には、すべて主任の国務大臣が署名し、内閣総理大臣が連署することを必要とする。

第75条〔**国務大臣の特典**〕国務大臣は、その在任中、内閣総理大臣の同意がなければ、訴追されない。但し、これがため、訴追の権利は、害されない。

第6章　司　法

第76条〔**司法権・裁判所、特別裁判所の禁止、裁判官の独立**〕①　すべて司法権は、最高裁判所及び法律の定めるところにより設置する下級裁判所に属する。

②　特別裁判所は、これを設置することができない。行政機関は、終審として裁判を行ふことができない。

③　すべて裁判官は、その良心に従ひ独立してその職権を行ひ、この憲法及び法律にのみ拘束される。

第77条〔**最高裁判所の規則制定権**〕①　最高裁判所は、訴訟に関する手続、弁護士、裁判所の内部規律及び司法事務処理に関する事項について、規則を定める権限を有する。

②　検察官は、最高裁判所の定める規則に従はなければならない。

③　最高裁判所は、下級裁判所に関する規則を定める権限を、下級裁判所に委任することができる。

第78条〔**裁判官の身分の保障**〕裁判官は、裁判により、心身の故障のために職務を執ることができないと決定された場合を除いては、公の弾劾によらなければ罷免されない。裁判官の懲戒処分は、行政機関がこれを行ふことはできない。

第79条〔**最高裁判所の裁判官、国民審査、定年、報酬**〕①　最高裁判所は、その長たる裁判官及び法律の定める員数のその他の裁判官でこれを構成し、その長たる裁判官以外の裁判官は、内閣でこれを任命する。

②　最高裁判所の裁判官の任命は、その任命後初めて行はれる衆議院議員総選挙の際国民の審査に付し、その

後十年を経過した後初めて行はれる衆議院議員総選挙の際更に審査に付し、その後も同様とする。

③　前項の場合において、投票者の多数が裁判官の罷免を可とするときは、その裁判官は、罷免される。

④　審査に関する事項は、法律でこれを定める。

⑤　最高裁判所の裁判官は、法律の定める年齢に達した時に退官する。

⑥　最高裁判所の裁判官は、すべて定期に相当額の報酬を受ける。この報酬は、在任中、これを減額することができない。

第80条　〔下級裁判所の裁判官・任期・定年、報酬〕①　下級裁判所の裁判官は、最高裁判所の指名した者の名簿によつて、内閣でこれを任命する。その裁判官は、任期を十年とし、再任されることができる。但し、法律の定める年齢に達した時には退官する。

②　下級裁判所の裁判官は、すべて定期に相当額の報酬を受ける。この報酬は、在任中、これを減額することができない。

第81条　〔法令審査権と最高裁判所〕最高裁判所は、一切の法律、命令、規則又は処分が憲法に適合するかしないかを決定する権限を有する終審裁判所である。

第82条　〔裁判の公開〕①　裁判の対審及び判決は、公開法廷でこれを行ふ。

②　裁判所が、裁判官の全員一致で、公の秩序又は善良の風俗を害する虞があると決した場合には、対審は、公開しないでこれを行ふことができる。但し、政治犯罪、出版に関する犯罪又はこの憲法第三章で保障する国民の権利が問題となつてゐる事件の対審は、常にこれを公開しなければならない。

第７章　財　政

第83条　〔財政処理の基本原則〕国の財政を処理する権限は、国会の議決に基いて、これを行使しなければならない。

第84条　〔課税〕あらたに租税を課し、又は現行の租税を変更するには、法律又は法律の定める条件によることを必要とする。

第85条　〔国費の支出及び国の債務負担〕国費を支出し、又は国が債務を負担するには、国会の議決に基くことを必要とする。

第86条　〔予算〕内閣は、毎会計年度の予算を作成し、国会に提出して、その審議を受け議決を経なければならない。

第87条　〔予備費〕①　予見し難い予算の不足に充てるため、国会の議決に基いて予備費を設け、内閣の責任でこれを支出することができる。

②　すべて予備費の支出については、内閣は、事後に国会の承諾を得なければならない。

第88条　〔皇室財産・皇室の費用〕すべて皇室財産は、国に属する。すべて皇室の費用は、予算に計上して国会の議決を経なければならない。

第89条　〔公の財産の支出又は利用の制限〕 公金その他の公の財産は、宗教上の組織若しくは団体の使用、便益若しくは維持のため、又は公の支配に属しない慈善、教育若しくは博愛の事業に対し、これを支出し、又はその利用に供してはならない。

第90条　〔決算検査、会計検査院〕 ①　国の収入支出の決算は、すべて毎年会計検査院がこれを検査し、内閣は、次の年度に、その検査報告とともに、これを国会に提出しなければならない。

②　会計検査院の組織及び権限は、法律でこれを定める。

第91条　〔財政状況の報告〕 内閣は、国会及び国民に対し、定期に、少くとも毎年一回、国の財政状況について報告しなければならない。

第８章　地方自治

第92条　〔地方自治の基本原則〕 地方公共団体の組織及び運営に関する事項は、地方自治の本旨に基いて、法律でこれを定める。

第93条　〔地方公共団体の機関、その直接選挙〕 ①　地方公共団体には、法律の定めるところにより、その議事機関として議会を設置する。

②　地方公共団体の長、その議会の議員及び法律の定めるその他の吏員は、その地方公共団体の住民が、直接これを選挙する。

第94条　〔地方公共団体の権能〕 地方公共団体は、その財産を管理し、事務を処理し、及び行政を執行する権能を有し、法律の範囲内で条例を制定することができる。

第95条　〔特別法の住民投票〕 一の地方公共団体のみに適用される特別法は、法律の定めるところにより、その地方公共団体の住民の投票においてその過半数の同意を得なければ、国会は、これを制定することができない。

第９章　改　正

第96条　〔改正の手続、その公布〕 ①　この憲法の改正は、各議院の総議員の三分の二以上の賛成で、国会が、これを発議し、国民に提案してその承認を経なければならない。この承認には、特別の国民投票又は国会の定める選挙の際行はれる投票において、その過半数の賛成を必要とする。

②　憲法改正について前項の承認を経たときは、天皇は、国民の名で、この憲法と一体を成すものとして、直ちにこれを公布する。

第10章　最高法規

第97条　〔基本的人権の本質〕 この憲法が日本国民に保障する基本的人権は、人類の多年にわたる自由獲得の努力の成果であつて、これらの権利は、過去幾多の試錬に堪へ、現在及び将来の国民に対し、侵すことのできない永久の権利として信託されたものである。

第98条　〔最高法規、条約及び国際法規の遵守〕 ①　この憲法は、国の最高法規であつて、その条規に反する法律、命令、詔勅及び国務に関するその他の行為の全部又は一部は、その効力を有しない。

② 日本国が締結した条約及び確立された国際法規は、これを誠実に遵守することを必要とする。

第99条 〔憲法尊重擁護の義務〕 天皇又は摂政及び国務大臣、国会議員、裁判官その他の公務員は、この憲法を尊重し擁護する義務を負ふ。

第11章　補　則

第100条 〔憲法施行期日、準備手続〕

① この憲法は、公布の日から起算して六箇月を経過した日から、これを施行する。

② この憲法を施行するために必要な法律の制定、参議院議員の選挙及び国会召集の手続並びにこの憲法を施行するために必要な準備手続は、前項の期日よりも前に、これを行ふことができる。

第101条 〔経過規定－参議院未成立の間の国会〕 この憲法施行の際、参議院がまだ成立してゐないときは、その成立するまでの間、衆議院は、国会としての権限を行ふ。

第102条 〔同前－第一期の参議院議員の任期〕 この憲法による第一期の参議院議員のうち、その半数の者の任期は、これを三年とする。その議員は、法律の定めるところにより、これを定める。

第103条 〔同前－公務員の地位〕 この憲法施行の際現に在職する国務大臣、衆議院議員及び裁判官並びにその他の公務員で、その地位に相応する地位がこの憲法で認められてゐる者は、法律で特別の定をした場合を除いては、この憲法施行のため、当然にはその地位を失ふことはない。但し、この憲法によつて、後任者が選挙又は任命されたときは、当然その地位を失ふ。

事項索引

【ア行】

【カ行】

【サ行】

【タ行】

【ナ行】

【ハ行】

【マ行】

【ヤ行】

【ラ行】

判例索引

上野幸彦（うえの ゆきひこ）
日本大学教授
〔ⅠAB ⅡABC ⅢABCD 執筆〕

古屋 等（ふるや ひとし）
茨城大学教授
〔ⅠCD ⅢE 執筆〕

国家と社会の基本法〔第5版〕

2008年3月31日 初 版第1刷発行
2009年5月20日 補訂版第1刷発行
2012年3月30日 第2版第1刷発行
2015年4月1日 第3版第1刷発行
2018年4月20日 第4版第1刷発行
2023年10月20日 第5版第1刷発行

著 者 上 野 幸 彦
古 屋 等
発行者 阿 部 成 一

〒162-0041 東京都新宿区早稲田鶴巻町514番地
発行所 株式会社 成 文 堂
電話 03(3203)9201(代) Fax 03(3203)9206
http://www.seibundoh.co.jp

製版・印刷・製本 藤原印刷

ISBN 978-4-7923-0722-6 C 3032

定価（本体2500円＋税）